미래와 통하는 책

동양북스 외국어 베스트 도서

700만 독자의 선택!

새로운 도서,
다양한 자료
동양북스
홈페이지에서
만나보세요!

www.dongyangbooks.com
m.dongyangbooks.com

※ 학습자료 및 MP3 제공 여부는 도서마다 상이하므로 확인 후 이용 바랍니다.

홈페이지 도서 자료실에서 학습자료 및 MP3 무료 다운로드

PC

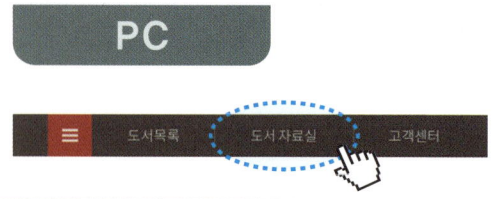

❶ 홈페이지 접속 후 도서 자료실 클릭
❷ 하단 검색 창에 검색어 입력
❸ MP3, 정답과 해설, 부가자료 등 첨부파일 다운로드

* 원하는 자료가 없는 경우 '요청하기' 클릭!

MOBILE

* 반드시 '인터넷, Safari, Chrome' App을 이용하여 홈페이지에 접속해주세요. (네이버, 다음 App 이용 시 첨부파일의 확장자명이 변경되어 저장되는 오류가 발생할 수 있습니다.)

❶ 홈페이지 접속 후 ☰ 터치

❷ 도서 자료실 터치

❸ 하단 검색창에 검색어 입력
❹ MP3, 정답과 해설, 부가자료 등 첨부파일 다운로드

* 압축 해제 방법은 '다운로드 Tip' 참고

일단 합격하고 오겠습니다

DELF
프랑스어능력시험

B2

초판 1쇄 인쇄 | 2022년 3월 10일
초판 2쇄 발행 | 2024년 10월 5일

지은이 | Stéphane JOUAUD, Jérémie DENIS
발행인 | 김태웅
기획 편집 | 김현아
마케팅 총괄 | 김철영
제　작 | 현대순

발행처 | ㈜동양북스
등　록 | 제 2014-000055호
주　소 | 서울시 마포구 동교로22길 14 (04030)
구입 문의 | 전화 (02)337-1737　팩스 (02)334-6624
내용 문의 | 전화 (02)337-1762　이메일 dybooks2@gmail.com

ISBN　979-11-5768-795-4　13760

ⓒ 2022, Stéphane JOUAUD, Jérémie DENIS

▶ 본 책은 저작권법에 의해 보호를 받는 저작물이므로 무단 전재와 복제를 금합니다.
▶ 잘못된 책은 구입처에서 교환해드립니다.
▶ ㈜동양북스에서는 소중한 원고, 새로운 기획을 기다리고 있습니다.
　http://www.dongyangbooks.com

일단 합격하고 오겠습니다

DELF
프 랑 스 어 능 력 시 험

Stéphane JOUAUD, Jérémie DENIS 지음

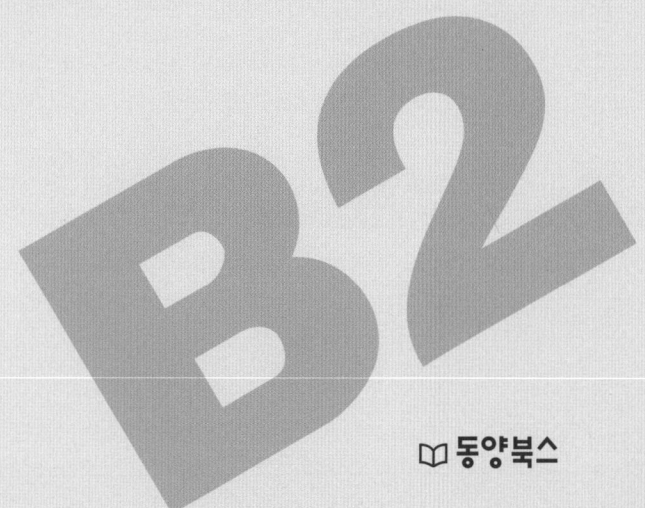

동양북스

Avant-propos

Cet ouvrage s'adresse aux apprenants adultes et juniors ainsi qu'aux enseignants. Il a en effet été conçu pour qu'un élève puisse, en autonomie ou à l'aide d'un professeur, se préparer efficacement à l'examen du DELF B2.

L'ouvrage se compose de quatre parties correspondant aux quatre compétences évaluées : la compréhension de l'oral, la compréhension des écrits, la production écrite et la production orale.

Chaque partie est composée de sujets conformes à ceux de l'examen. Des conseils méthodologiques et linguistiques sont proposés avant chaque épreuve.

Dans les deux premières parties, traitant de la compréhension de l'oral et de la compréhension des écrits, la difficulté est croissante. De ce fait, les premiers exercices sont accessibles à un niveau B1 avancé. L'apprenant progressera au fil des épreuves jusqu'à atteindre un niveau de maîtrise dépassant les attentes du DELF B2.

Les deux dernières parties, la production écrite et la production orale, explorent les différents types de sujets et thèmes que les candidats peuvent potentiellement rencontrer le jour de l'examen.
Chacun de ces sujets est expliqué de manière détaillée et est accompagné de conseils méthodologiques. Les parties de production sont de surcroît enrichies d'un très grand nombre de sujets types. À la fin de chaque partie, une grille d'auto-évaluation, pensée pour être comprise de tous, permet aux apprenants de discerner d'éventuels axes de progression.

Forts d'une longue expérience dans l'enseignement du français auprès d'élèves coréens, nous avons longtemps ressenti de la frustration du fait de ne pas pouvoir disposer, en Corée du Sud, de ressources adaptées permettant une préparation efficace aux examens du DELF et du DALF.
Nous avons donc, depuis des années, développé nos propres méthodologies ainsi que des documents pédagogiques pour nos élèves.

Nous nous sommes appuyés sur notre pratique pour écrire ce manuel. Son objectif est simple : donner aux apprenants toutes les clés pour réussir l'examen du DELF B2.
Cet ouvrage a pour maxime l'efficacité. En proposant un programme de préparation stratégique, son but est de maximiser les chances de réussite en entraînant au mieux à tous les aspects essentiels du DELF B2.

Étant nous-mêmes examinateurs, nous connaissons précisément les leviers qui permettent à un candidat d'optimiser ses efforts afin d'obtenir un maximum de points.

Aussi, plus qu'un simple manuel de préparation, nous nous sommes efforcés de concevoir une recette magique, accessible à tous, assurant la réussite à l'examen du DELF B2.

Les auteurs

머리말

본 교재는 DELF B2 시험을 준비하는 성인 및 청소년, 그리고 교사를 위한 것으로서, 독학과 수업에 모두 사용할 수 있도록 설계되었습니다.

본 교재는 듣기, 읽기, 말하기, 쓰기 4개 평가 영역을 각 파트에서 다루고 있습니다.

각 파트에서는 시험에 출제되는 주제를 다루기에 앞서 방법론적·언어학적 조언을 제시함으로써 보다 효율적인 학습을 유도하고 있습니다.
읽기 파트와 듣기 파트의 문제들은 쉬운 문제에서 점점 더 어려운 문제 순으로 배치되어 있습니다. 초반부 문제는 B1 상급 학습자들이 풀 수 있는 수준의 난이도이며, 마지막 문제는 B2에서 일반적으로 요구되는 수준보다 조금 높습니다.

쓰기 파트와 말하기 파트에서는 실제 출제 가능성이 높은 여러 문제 유형과 주제를 망라하고 있습니다.
각 문제에 대해 상세하게 설명한 후 실용적이고 방법론적인 조언들을 제시하고, 핵심 어휘와 표현 리스트를 추가했습니다. 특히 쓰기 파트와 말하기 파트에서 여러분은 매우 다양한 주제를 접하게 될 겁니다. 각 파트의 마지막 부분에는 〈자가 진단표〉가 있는데, 이 표는 모두가 쉽게 이해할 수 있도록 고안되어 학습자들이 스스로 개선 가능한 영역을 식별할 수 있게 해 줍니다.

오랜 기간 한국 학생들에게 프랑스어를 가르치면서, 한국에서 DELF와 DALF 시험을 효과적으로 준비할 수 있는 마땅한 자료를 구할 수 없다는 좌절감을 느껴왔습니다.
그래서 몇 년 전부터 학생들을 위해 방법론과 교육 자료들을 개발했습니다.

이 교재는 저희가 실제로 가르쳐 온 것을 바탕으로 만들었습니다. 목표는 단순합니다. 학습자들에게 DELF B2 시험에 합격하기 위한 모든 열쇠를 제공하는 것입니다.
이 교재가 추구하는 것은 효율성입니다. 여러분이 전략적으로 시험을 준비할 수 있도록 하는 프로그램을 통해, DELF B2에 중요한 모든 면면을 최선의 방법으로 연습하면서 합격 가능성을 극대화하는 것이 목적입니다.

저희는 시험 감독관으로서의 경험을 통해, 고득점을 위해 구체적으로 어떠한 노력을 어떻게 해야 하는지 매우 잘 알고 있습니다.

이 책이 단순한 교재가 아닌, DELF B2를 준비하는 모든 수험생들에게 성공을 위한 마법 공식이 될 수 있도록 만들기 위해서 최선을 다했습니다.

Bon courage !

저자 일동

차례

I. Compréhension de l'oral 듣기 시험

- I   Présentation de l'épreuve 듣기 시험 소개 16
- II   Entraînement à l'épreuve de compréhension de l'oral N°1 듣기 시험 연습 N°1 17
- III   Entraînement à l'épreuve de compréhension de l'oral N°2 듣기 시험 연습 N°2 23
- IV   Entraînement à l'épreuve de compréhension de l'oral N°3 듣기 시험 연습 N°3 31
- V   Entraînement à l'épreuve de compréhension de l'oral N°4 듣기 시험 연습 N°4 38
- VI   Entraînement à l'épreuve de compréhension de l'oral N°5 듣기 시험 연습 N°5 46
- VII   Entraînement à l'épreuve de compréhension de l'oral N°6 듣기 시험 연습 N°6 52
- VIII   Questions au format de l'ancien DELF B2 델프 B2 기존 버전 문제 유형 60
- IX   Transcription des exercices de compréhension de l'oral 듣기 스크립트 67

Correction des épreuves 연습 문제 정답 105

II. Compréhension des écrits 읽기 시험

- I   Présentation de l'épreuve 읽기 시험 소개 110
- II   Entraînement à l'épreuve de compréhension des écrits N°1 읽기 시험 연습 N°1 111
- III   Entraînement à l'épreuve de compréhension des écrits N°2 읽기 시험 연습 N°2 120
- IV   Entraînement à l'épreuve de compréhension des écrits N°3 읽기 시험 연습 N°3 128
- V   Entraînement à l'épreuve de compréhension des écrits N°4 읽기 시험 연습 N°4 137
- VI   Entraînement à l'épreuve de compréhension des écrits N°5 읽기 시험 연습 N°5 146
- VII   Entraînement à l'épreuve de compréhension des écrits N°6 읽기 시험 연습 N°6 155
- VIII   Questions au format de l'ancien DELF B2 델프 B2 기존 버전 문제 유형 170

Correction des épreuves 연습 문제 정답 183

Production écrite 쓰기 시험

- I Présentation de l'épreuve 시험 소개 — 190
- II Ecrire un texte argumentatif : l'essai 논증하는 쓰기 : 에세이 — 197
- III Les types de plans 개요 타입 — 217
- IV La lettre formelle : la lettre de proposition 격식을 갖춘 편지 : 제안 편지 — 226
- V La lettre formelle : la lettre de protestation 격식을 갖춘 편지 : 항의 편지 — 237
- VI La lettre formelle : la lettre de protestation et de proposition
       격식을 갖춘 편지 : 항의&제안 편지 — 255
- Sujets d'entraînement 실전 연습 문제 — 266

# Production orale 말하기 시험

- I Présentation de l'épreuve 시험 소개 — 290
- II L'exposé 발표 — 303
- III Le débat 토론 — 336
- Sujets d'entraînement 실전 연습 문제 — 346

DELF B2 개요

● DELF는...
— DELF(Diplôme d'études en langue française) 시험은 4가지 영역으로 구성된 시험입니다.
— 일상 생활이나 직장 생활에서 적용할 수 있는 과제의 형태로 출제됩니다.

● DELF B2 수준과 활용
— B2 수준의 실력을 갖춘 사람은 자신의 의견을 옹호하고 견해를 개진하고 협상할 수 있는 독립성을 갖습니다. 이 레벨에서 응시자는 프랑스어로 편안하게 말할 수 있고, 자신의 실수를 스스로 고칠 수 있습니다.
— DELF B2는 약 350-550 시간의 프랑스어 실용 학습이 요구됩니다.
— B2를 취득하면 학사 수준의 프랑스 대학교 입학을 위한 언어 테스트가 면제됩니다.

● 새로운 버전의 DELF (2020년부터 도입)
— France Education international(구CIEP)은 2020년부터 새로운 DELF 시스템을 도입하였습니다.
— DELF 전반에 관한 정보는 현재 인터넷 사이트(www.france-education-international.fr)에서 확인할 수 있습니다.
— 2019년부터 주한 프랑스문화원이 시험을 주관하고, 합격증/자격증 배부도 담당하고 있습니다. 시험 접수를 원하거나 더 자세한 정보를 원한다면, www.delf-dalf.co.kr 사이트를 방문하면 됩니다.

● 시험 일정
일반적으로 매년 3월, 5월, 11월 3회 시험이 실시되고 있습니다.

세션	접수 기간	단계	시험 센터
3월	2월	DELF B2	서울, 대전, 광주, 인천
5월	4월	DELF B2	서울, 부산, 대전, 대구, 광주, 인천
11월	10월	DELF B2	서울, 부산, 대전, 대구, 광주, 인천

DELF B2 시험 안내

● **시험의 구성**
— B2 시험은 듣기, 읽기, 쓰기, 말하기의 4가지의 영역으로 이루어져 있습니다.
— 듣기, 읽기, 쓰기 3개의 영역을 동시에 치르는 단체 시험(고사실에서 감독관 감시 하에 다른 응시자와 함께 진행)과 응시자가 2명의 시험관 앞에서 말하기 능력을 평가하는 개별 시험으로 구성되어 있습니다.

● **점수와 합격 기준**
— 각 영역별 만점은 총 25점입니다.
— B2 자격을 취득하기 위해서는 총 100점 만점에 최소 50점 이상 받아야 합니다.
— 영역별로 25점 만점에서 최소 5점 이상을 받아야 합니다. (한 영역에서라도 25점 만점에 5점 미만의 점수를 받으면 시험은 불합격입니다.)

● **시간 및 구성**

단체 시험		시간
	듣기 2 exercices 두 종류의 오디오 자료를 듣고 주어진 문제 풀기	30분
	읽기 2 exercices 두 종류의 지문을 읽고 주어진 문제에 답하기	1시간
	쓰기 1 sujet 최소 250 단어의 글 쓰기	1시간

개별 시험		시간
	말하기 : 두 파트 발표/토론	20분 (준비 시간 30분)

♣ 주의하세요!

— 사전 이용은 금지됩니다.
— 신분증과 수험표를 꼭 지참하셔야 합니다.
— 휴대폰의 전원을 끄고 가방에 넣어주세요.
— 감독관이 시험지와 연습지를 제공합니다.
— 연필이나 샤프를 이용할 수 없으며, 펜으로 답안지를 작성해야 합니다. 연필이나 샤프로 작성된 답안지는 무효 처리됩니다.
— 응시자는 시험 종료 후 시험지를 가지고 갈 수 없습니다.

♣ 다음의 능력을 갖추면 B2 시험을 보시길 권장합니다!

— 논거와 예시를 들면서 자신의 의견을 옹호할 수 있습니다.
— 관점을 개진시키고 장점과 단점에 대해 말할 수 있습니다.
— 원인과 결과를 표현할 수 있습니다.
— 누군가를 설득시킬 수 있습니다.
— 자신의 실수를 스스로 고칠 수 있습니다.
— 메모를 할 수 있습니다.
— 어떤 아이디어를 명확하게 다시 표현하고, 함축적인 부분을 설명할 수 있습니다.

이 책의 특징

여러분의 DELF B2 합격을 위해 집필했습니다.

— 이 책은 여러분의 B2 합격 가능성을 최대한 높이는 방향으로 집필되었습니다.
— 교재 내용은 저자의 경험과 DELF-DALF 시험관/채점관이 여러 한국 수험자를 대상으로 쌓은 경험을 바탕으로 쓰여졌습니다.
— 이 책에서 다루는 시험 방법론과 주제는 세밀하고 전략적으로 준비되었습니다.
— 모든 테마, 주제 및 연습문제는 2020년부터 적용된 새 유형으로 집필했습니다.
— 혼자서 혹은 친구나 선생님과 함께 시험을 준비하는 데 도움이 되도록 구성했습니다.

이 교재에서 다음의 내용을 참고하실 수 있습니다.

— 다양한 논증을 일관되게 문법적으로 구성하는 방법을 소개했습니다.
— 어휘와 표현을 사용하는 방법과 쓰기, 말하기 시험을 준비하는 효과적인 방법을 볼 수 있습니다.
— 실제 시험에서 볼 수 있는 다양한 유형의 주제가 수록된 모의고사를 볼 수 있습니다.
— 실제 시험과 동등한 상황에서 준비할 수 있도록 원본 자료, 기사 및 오디오 파일을 준비했습니다.
— 쓰기 및 말하기를 최적화하기 위한 다양한 조언을 담았습니다.

이제 여러분은 델프 B2에 합격하기 위한 완벽한 도구를 손에 쥐었습니다!
힘내세요!

이 책의 구성과 활용

● **듣기 시험**

총 6회분의 모의고사로 구성되어 있습니다. 전체 스크립트는 모의고사 뒤에 수록되어 있으며 MP3 음원을 다운로드와 QR 코드로 제공합니다.

* 이 책의 듣기, 말하기 MP3 음원은 프랑스 원어민 15명이 녹음에 참여하여 다양한 억양과 말하기 속도를 들어볼 수 있습니다. 실제 시험과 비슷한 난이도의 원어민 음성으로 문제를 풀고 말하기를 연습할 수 있습니다.

● **읽기 시험**

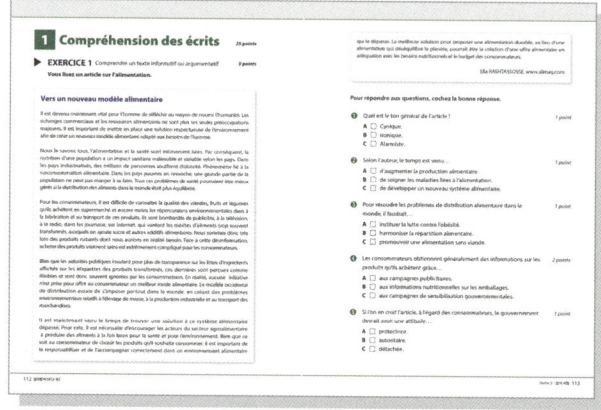

총 6회분의 모의고사로 구성되어 있습니다. 프랑스어 교육 전문가인 원어민 저자의 수준 높은 프랑스어 원문을 통해 시험을 대비하고 프랑스어 독해 실력을 키울 수 있습니다.

* 이 책의 모든 문제는 효과적인 시험 준비를 위해 난이도를 낮은 수준부터 높은 수준까지 점진적으로 상향되도록 출제했습니다. 실제 시험보다 조금 낮은 난이도로 시작해서 마지막 모의고사는 실제 시험보다 조금 더 어렵습니다.

* 듣기 스크립트와 읽기 텍스트 해석, 쓰기/말하기 모범답안은 동양북스 홈페이지 도서 자료실에서 'DELF'를 검색하여 다운받을 수 있습니다.

● **쓰기 시험**

쓰기 유형별 문제 풀이 방법을 제시하고 직접 답안을 작성해볼 수 있습니다. 다양한 주제의 연습 문제와 예시 답안이 수록되어 있습니다.

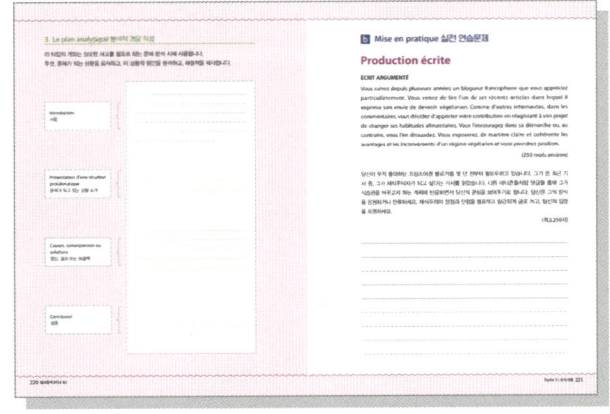

● **말하기 시험**

발표의 개요부터 실전까지 대비 방법을 상세히 제시하고 다양한 주제의 연습 문제를 수록했습니다.

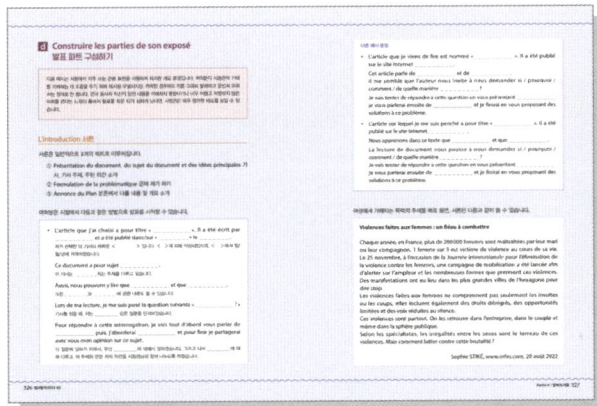

● **자가 진단표**

쓰기, 말하기 시험을 준비하면서 활용하면 좋은 자가 진단표를 제공합니다. 진단표의 평가 기준을 통해 자신의 실력을 객관적으로 파악할 수 있습니다.

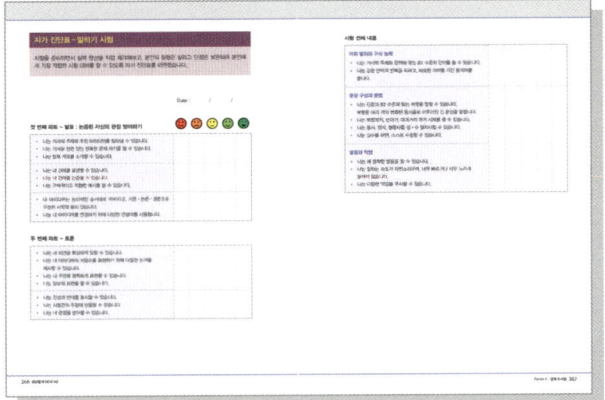

Compréhension de l'oral

I

듣기 시험

B2

I. Présentation de l'épreuve
듣기 시험 소개

듣기 시험은 인터뷰, 정보 제공, 발표, 강연, 연설, 다큐멘터리, 라디오 혹은 TV 방송 같은 여러 종류의 녹음을 듣고 주어진 문제를 푸는 방식입니다.

구분	녹음 분량	청취 횟수
파트 1	약 3분	2회
파트 2	약 3분	2회
파트 3	약 1분	1회
총 시험 시간 : 약 30분		

듣기 시험은 일반적으로 총 3개의 파트로 구성되어 있습니다.

— 첫 번째 파트는 3분 분량의 녹음으로 이루어집니다. 약 7개의 문항을 읽는 데 1분의 시간이 주어집니다. 첫 번째 청취 후 30초 동안 문제를 풀고, 두 번째 청취 후 약 1분 동안 앞서 다 풀지 못한 문제들에 대한 답을 보충합니다.

— 두 번째 파트 또한 3분 분량의 녹음으로 이루어집니다. 약 7개의 문항을 읽는 데 1분의 시간이 주어집니다. 첫 번째 오디오 파일 청취 후 30초 동안 문제를 풀고, 두 번째 청취 후 1분 동안 앞서 다 풀지 못한 문제들에 대한 답을 보충합니다.

— 세 번째 파트는 각각 1분 분량의 짧은 녹음 3개로 이루어져 있습니다. 첫 번째 녹음에 관한 약 2개의 문항을 15초 동안 읽은 다음, 녹음을 듣고 20초 동안 문제에 답합니다.
두 번째 녹음 자료로 이동하여 다시 약 2개의 질문을 15초 동안 읽은 다음, 녹음을 듣고 20초 동안 문제에 답합니다. 세 번째 녹음 자료도 똑같은 방법으로 진행하면 됩니다.
녹음 내용과 이에 관한 2개의 문항을 동시에 이해할 수 있도록 집중하세요.

※ DELF B2 듣기 시험을 효과적으로 준비하기 위해, 이 교재의 모의고사는 난이도가 점진적으로 높아지도록 구성했습니다. 첫 번째 모의고사는 실제 시험보다 약간 쉽고, 마지막 모의고사는 실제 시험보다 조금 더 어렵습니다.

Entraînement à l'épreuve de compréhension de l'oral N°1

듣기 시험 연습 N°1

 **Méthodologie générale de la compréhension de l'oral
듣기 시험 문제를 푸는 일반적인 방법**

프랑스 교육부와 델프 시험을 주관하는 FEI(France Éducation international)의 시험 시작을 알리는 지시 사항 방송이 시작되면, 여러분은 바로 약 20초 동안 듣기 시험 문항을 읽을 수 있습니다. 이 지시 사항 방송은 듣기 시험의 여러 단계를 설명하는 것이므로 이를 듣지 않고 바로 문제를 읽으면 됩니다.

— 문항에 제시된 어휘나 장소, 사람, 사건, 원인/결과, 숫자 등 여러분이 찾아야 할 정보를 바탕으로 나올 주제를 예상해봅니다.

— 시험지에 있는 문제와 녹음 자료에서 사용되는 어휘에 주의하세요. 여러분이 가지고 있는 어휘의 범위를 평가하기 위해서 동의어가 많이 사용됩니다.

— 듣기 지문의 전반적인 이해를 요하는 문제들은 각 파트의 처음이나 마지막 문항에 주로 위치합니다.

— 듣기 시험은 객관식으로 출제됩니다. 채점자가 여러분이 표시한 답을 혼동하지 않도록 정확하게 표시하도록 합니다.

— 답에 확신이 없는 경우, 가장 정답에 가깝다고 생각하는 답에 표시하세요. 만약 답을 모르더라도 듣기 지문의 맥락과 다른 문항에서 선택한 답에 따라 상식적인 선에서 유추할 수 있도록 합니다.

1 Compréhension de l'oral

25 points

Vous allez écouter plusieurs documents.
Avant chaque écoute, vous entendez le son suivant.
Pour répondre aux questions, cochez ☒ la bonne réponse.

MP3

▶ EXERCICE 1
9 points

Vous allez écouter 2 fois un document.
Vous écoutez une émission à la radio.
Lisez les questions, écoutez le document puis répondez.

❶ Dans ce nouvel hypermarché, le dimanche on trouve… *1 point*

- **A** ☐ des caissiers.
- **B** ☐ des chefs de rayon.
- **C** ☐ des vigiles.

❷ Selon la femme interviewée, les Français passent traditionnellement leur dimanche… *1,5 point*

- **A** ☐ en famille.
- **B** ☐ au cinéma.
- C ☐ dans les magasins.

❸ La femme interviewée préfère faire ses courses… *2 points*

- **A** ☐ le week-end.
- **B** ☐ en semaine.
- **C** ☐ en ligne.

❹ Selon l'homme, les magasins ouverts le dimanche existent… *1 point*

- **A** ☐ en Europe principalement.
- **B** ☐ dans la plupart des pays.
- **C** ☐ dans tous les pays.

❺ Pour les employés, le travail le dimanche est… *1,5 point*

- **A** ☐ obligatoire.
- **B** ☐ illégal.
- **C** ☐ facultatif.

6 Travailler le dimanche est… *1 point*

    A ☐ mieux

    B ☐ aussi bien   … rémunéré que les autres jours.

    C ☐ moins

7 Selon l'homme, ouvrir les magasins le dimanche permettrait… *1 point*

    A ☐ d'augmenter les ventes.

    B ☐ de créer des emplois.

    C ☐ de faciliter la consommation.

▶ EXERCICE 2

9 points

Vous allez écouter 2 fois un document.
Vous écoutez une émission à la radio.
Lisez les questions, écoutez le document puis répondez.

❶ L'objectif de ce reportage est de dénoncer… *1 point*

- **A** ☐ les inégalités salariales.
- **B** ☐ les conditions de travail des femmes.
- **C** ☐ les violences envers les femmes.

❷ À salaire égal, les femmes travaillent… *1,5 point*

- **A** ☐ moins
- **B** ☐ autant   … de temps que les hommes.
- **C** ☐ plus

❸ Selon le reportage, les femmes « travaillent bénévolement », car… *1,5 point*

- **A** ☐ elles travaillent généralement dans des associations.
- **B** ☐ elles perçoivent un salaire inférieur à celui des hommes.
- **C** ☐ elles s'occupent le plus souvent des tâches domestiques.

❹ Le travail à temps partiel concerne… *1 point*

- **A** ☐ principalement les femmes.
- **B** ☐ particulièrement les hommes.
- **C** ☐ autant les hommes que les femmes.

❺ Selon le reportage, les femmes occupent fréquemment des postes… *2 points*

- **A** ☐ dans le secteur de la santé.
- **B** ☐ qui manquent d'intérêt.
- **C** ☐ aux responsabilités limitées.

❻ À niveau d'étude égal, l'écart de salaire est… *1 point*

- **A** ☐ inexistant.
- **B** ☐ faible.
- **C** ☐ important.

❼ Afin de réduire les différences de salaires, il est important de… *1 point*

- **A** ☐ donner un congé parental aux deux sexes.
- **B** ☐ d'attribuer des primes aux femmes.
- **C** ☐ promouvoir la solidarité entre les genres.

▶ EXERCICE 3
7 points

Vous allez écouter 1 fois 3 documents.

DOCUMENT 1
Lisez les questions. Écoutez le document puis répondez.

❶ Le Festival de Cannes met en avant la réalité virtuelle pour… *0,5 point*
- **A** ☐ la première fois.
- **B** ☐ la deuxième fois.
- **C** ☐ la troisième fois.

❷ Les organisateurs du Festival de Cannes pensent … *1 point*
- **A** ☐ qu'à l'avenir, la réalité virtuelle sera très utilisée au cinéma.
- **B** ☐ que le cinéma va disparaître dans les années à venir.
- **C** ☐ que le développement technologique est néfaste au cinéma.

DOCUMENT 2
Lisez les questions. Écoutez le document puis répondez.

❶ D'après monsieur ALTEWELT, spécialiste en cybercriminalité… *1 point*
- **A** ☐ les hackers visent principalement les grosses entreprises.
- **B** ☐ les hackers sont intéressés par l'argent.
- **C** ☐ n'importe qui est susceptible de subir un vol d'identité.

❷ D'après l'invité, si l'on est victime d'une usurpation d'identité, il faut en premier lieu… *1,5 point*
- **A** ☐ prévenir sa banque.
- **B** ☐ le signaler à la police.
- **C** ☐ changer ses mots de passe.

DOCUMENT 3
Lisez les questions. Écoutez le document puis répondez.

❶ Être consom'acteur c'est… *1,5 point*
- **A** ☐ faire semblant de consommer.
- **B** ☐ être conscient du pouvoir de ses choix de consommation.
- **C** ☐ consommer en allant directement chez le producteur.

❷ Le boycott c'est… *1,5 point*

    A ☐ une marque alimentaire qui a vivement été critiquée.
    B ☐ un produit ne répondant pas aux normes environnementales.
    C ☐ le fait de ne pas acheter un produit par conviction personnelle.

Note pour l'épreuve de compréhension de l'oral :   **/25**

Ⅲ Entraînement à l'épreuve de compréhension de l'oral N°2
듣기 시험 연습 N°2

💡 Conseils généraux de la compréhension de l'oral
듣기 시험에 대한 전반적 조언

 반복되는 표현과 억양에 주의하세요.

전반적으로 반복되는 표현과 단어 중 여러분이 이미 알고 있고, 알아들을 수 있는 것부터 찾아보세요. 또한, 억양은 말하고자 하는 의미에 대해 힌트를 줄 수 있으므로 억양에 귀를 기울여 보세요. 말하는 이는 중요한 단어를 강조하게 되는데, 이를 언어의 선율에서 파악할 수 있습니다. 억양은 또한 슬픔, 무시, 반감, 두려움, 환멸, 기쁨, 흥분, 분노, 아이러니, 풍자 등 특정 의도나 감정 등을 반영할 수 있습니다. 반복되는 단어와 억양에서 찾아낸 정보를 적고, 그것들을 연결하여 지문 내용에 대한 가설을 세워보세요. 숫자, 백분율, 날짜, 통계 등을 설명하기 위해 제시된 근거나 예시에도 주의를 기울이세요.

 다양한 연습 문제를 들으세요.

여러분의 모국어인 한국어에서는 상황에 따라 듣는 방식을 맞춥니다. 이는 모든 근육을 사용해야 하는 스포츠와도 같습니다! 따라서 프랑스어를 들을 때 다양한 오디오 자료를 접하도록 하세요.

 전반적인 듣기 이해를 우선시하세요.

우리는 종종 학습자들이 녹음 재생이 시작되자마자 손으로 머리를 붙잡고 '나는 아무것도 이해하지 못했어...!'라고 말하며 한숨 쉬는 것을 봅니다. 이들과 얘기를 나눠보면 실제로 그들이 모르는 단어를 듣게 되거나 아는 단어인데 들리지 않은 사실에 당황했다는 것을 알게 되었습니다. 모르는 어휘가 나오면 녹음 자료의 이해가 방해될 수 있습니다. 따라서 듣기 시험을 대비하여 공부할 때는 모르는 단어를 이해하는 데 초점을 맞추는 것이 아니라 녹음 내용의 전반적인 의미를 파악하는 데 집중해야 합니다. 이를 위해서는 먼저 녹음의 내용이 어떤 형식인지 파악한 다음 키워드, 고유명사, 숫자를 식별하는 것이 중요합니다. 이 식별 단계에서는 언어 이외의 많은 지식이 듣기 자료를 이해하는 데 도움을 줍니다.

오디오 파일에서 들릴 수 있는 잡음에 신경 쓰지 않기

듣기 시험에 사용되는 녹음 자료에는 소음이 포함된 경우가 있습니다. 배경 소음(잡담, 거리 소음, 음악), 통화 녹음에 의해 변형된 목소리, 흐느낌, 녹음의 품질 등에 의한 잡음이 들릴 수 있습니다. 분명 이 소음은 이해를 힘들게 하지만, 소음이 포함된 녹음에 집중하는 법을 배워야 합니다.

2 Compréhension de l'oral

25 points

Vous allez écouter plusieurs documents.
Avant chaque écoute, vous entendez le son suivant.
Pour répondre aux questions, cochez ☒ la bonne réponse.

▶ EXERCICE 1

9 points

Vous allez écouter 2 fois un document.
Vous écoutez une émission à la radio.
Lisez les questions, écoutez le document puis répondez.

❶ Le recours à la violence dans l'éducation… *1 point*

- **A** ☐ vient d'être interdit.
- **B** ☐ sera interdit en juillet prochain.
- **C** ☐ ne sera finalement pas interdit.

❷ D'après le professeur BALINE, la punition corporelle est… *1,5 point*

- **A** ☐ efficace, mais dégradante.
- **B** ☐ inefficace.
- **C** ☐ efficace avec certains enfants.

❸ Une étude a souligné que lorsque les parents abandonnaient le châtiment corporel… *1,5 point*

- **A** ☐ leurs enfants devenaient moins dissipés.
- **B** ☐ leurs enfants faisaient plus de bêtises.
- **C** ☐ leurs enfants avaient moins de problèmes de santé.

❹ Selon de nombreuses recherches, les enfants victimes de punitions corporelles… *1,5 point*

- **A** ☐ peuvent devenir dangereux pour la société.
- **B** ☐ peuvent obtenir de moins bons résultats scolaires.
- **C** ☐ quittent très jeunes le domicile familial.

❺ Selon l'invité, les adultes ayant reçu des punitions corporelles dans leur enfance… *1,5 point*

- **A** ☐ se portent tous très bien maintenant.
- **B** ☐ en subissent encore parfois les conséquences.
- **C** ☐ ont échoué professionnellement.

6 Selon l'invité, un enfant ayant reçu des punitions corporelles a tendance à… *1,5 point*

    A ☐ vouloir s'isoler de la société.
    B ☐ devenir pacifiste.
    C ☐ reproduire la violence subie.

7 Si nous sommes témoins de violences faites à un enfant, quel numéro devons-nous appeler ? *0,5 point*

    A ☐ le 19.
    B ☐ le 019.
    C ☐ le 119.

▶ EXERCICE 2   *9 points*
Vous allez écouter 2 fois un document.
Vous écoutez une émission à la radio.
Lisez les questions, écoutez le document puis répondez.

❶ Quand la trottinette électrique est-elle devenue populaire à Paris ?   *1 point*
    A ☐ En juin 2018.
    B ☐ En juillet 2018.
    C ☐ En août 2018.

❷ Selon madame DELAVILLA, la trottinette électrique a l'avantage…   *1 point*
    A ☐ de coûter moins cher que les transports en commun.
    B ☐ de ne créer ni pollution de l'air ni pollution sonore.
    C ☐ de n'être responsable que de 26 % des émissions de CO_2.

❸ Selon l'invitée, quel aspect de l'utilisation des trottinettes n'est pas écologique ?   *1,5 point*
    A ☐ La production des trottinettes nécessite de nombreux matériaux polluants.
    B ☐ Une trottinette ne peut être utilisée qu'individuellement.
    C ☐ La recharge en électricité des trottinettes est polluante.

❹ Les trottinettes sont rechargées par…   *1,5 point*
    A ☐ des employés de la mairie de Paris.
    B ☐ des personnes souhaitant avoir des revenus complémentaires.
    C ☐ l'entreprise qui a fabriqué les trottinettes.

❺ Pourquoi les trottinettes sont-elles autant appréciées d'après l'invitée ?   *1,5 point*
    A ☐ Elles permettent de se déplacer à n'importe quel moment en évitant les embouteillages.
    B ☐ Elles sont à la mode, car elles donnent une allure moderne et dynamique aux usagers.
    C ☐ Elles sont peu onéreuses et ne consomment généralement pas d'essence.

6 Selon l'invitée, les Parisiens reprochent aux trottinettes… *1,5 point*

  A ☐ de ne pas être suffisamment bien rangées sur la chaussée.
  B ☐ d'être dangereuses, car le conducteur n'est pas protégé en cas d'accident.
  C ☐ d'avoir une espérance de vie plus courte que les vélos.

7 Le bilan de l'utilisation des trottinettes électriques à Paris semble être… *1 point*

  A ☐ mitigé.
  B ☐ positif.
  C ☐ négatif.

▶ EXERCICE 3

7 points

Vous allez écouter 1 fois 3 documents.

DOCUMENT 1
Lisez les questions. Écoutez le document puis répondez.

❶ La mélatonine est nécessaire pour… *1 point*
  - **A** ☐ le sommeil
  - **B** ☐ la croissance   … des ados.
  - **C** ☐ la concentration

❷ Selon le reportage, que faire pour contrer la lumière bleue ? *1 point*
  - **A** ☐ Limiter le temps d'écran.
  - **B** ☐ Utiliser des filtres sur l'écran.
  - **C** ☐ Porter des lunettes adaptées.

DOCUMENT 2
Lisez les questions. Écoutez le document puis répondez.

❶ Les ados sont fatigués à cause… *1 point*
  - **A** ☐ des écrans.
  - **B** ☐ de leur croissance.
  - **C** ☐ de leur inactivité.

❷ Cette fatigue a des conséquences sur… *1,5 point*
  - **A** ☐ leurs muscles.
  - **B** ☐ leurs études.
  - **C** ☐ leur bien-être.

DOCUMENT 3
Lisez les questions. Écoutez le document puis répondez.

❶ Selon le reportage, la consommation de sucre des Français est relativement… *1 point*
  - **A** ☐ normale.
  - **B** ☐ élevée.
  - **C** ☐ faible.

❷ Les édulcorants cités dans le reportage offrent une alternative… *1,5 point*
   A ☐ négligeable.
   B ☐ intéressante.
   C ☐ douteuse.

Note pour l'épreuve de compréhension de l'oral : /25

Ⅳ. Entraînement à l'épreuve de compréhension de l'oral N°3
듣기 시험 연습 N°3

💡 Méthodologie proposée lors de l'écoute
듣기 훈련 방법

📖 가장 최상의 조건에서 들으세요.

— 시험에서는 들리는 내용이 금방 지나가기 때문에 평소보다 훨씬 더 집중해야 합니다. 능동적으로 듣는 것과 수동적으로 들리는 것은 다릅니다.

— 녹음 파일을 듣기 전에 듣기에만 집중할 수 있는 환경인지 꼭 확인하세요. 듣기 이외에는 아무것도 하지 않도록 합니다. 만약 도움이 된다면, 눈을 감고 들을 수도 있습니다.

📖 듣기 시험을 준비하는 단계

1. 청취 전 단계

— 가장 먼저 시험 문항부터 읽으세요. 문제를 읽으면서 곧 듣게 될 녹음의 주제에 대해서 상상해 보고, 듣기를 준비하세요. 녹음의 내용에 대해서 예상해보는 것은 듣기의 이해를 용이하게 해줍니다.

오디오 파일을 듣기 전에, 다음과 같은 준비를 할 수 있습니다.
- 주제와 관련된 여러분의 의견에 관한 정보에 대해서 생각해보기
- 녹음에서 다뤄질 수 있는 여러 측면에 관한 리스트 작성하기
- 녹음의 이해에 유용한 핵심 어휘 찾아보기

— 청취 전에 모든 문항을 주의 깊게 읽는 것은 청취에서 '기준점'이 될 수 있기 때문에 매우 중요합니다. 실제로 시험 문항의 순서는 녹음 내용 진행과 동일한 순서로 이루어집니다. 왜냐하면 시험 문항은 녹음 내용의 흐름과 구성을 따르기 때문입니다. 따라서 문항을 먼저 읽는다면 녹음 자료가 무엇을 어느 시점에 얘기하게 되는지 세부적으로 미리 알 수 있습니다.

— 이 단계를 거치면 녹음을 들을 준비가 된 것입니다. 들을 내용을 예상하고 있기 때문에 녹음에서 말하고자 하는 내용을 더 잘 추측하고 가정할 수 있습니다.

2. 첫 번째 청취
— 녹음 자료의 내용을 전반적으로 파악할 수 있습니다. 즉, 자료의 유형, 등장인물, 주제 및 주제의 측면 등 전반적 이해를 목표로 합니다.
— 질문과 녹음 자료의 구조 사이에서 상관 관계를 확인할 수 있습니다.
— 첫 번째 청취 시 답을 찾은 문항이 있다면, 망설이지 말고 원하는 답에 표시하세요. 이를 통해 두 번째 청취에서는 앞서 답하지 못한 문항에 더 집중할 수 있습니다.

3. 두 번째 청취
— 두 번째 청취에서는 어느 부분에서 답을 찾을 수 있는지 정확히 알고 있으므로 각 문항에 대한 답을 쉽게 찾을 수 있습니다.

3 Compréhension de l'oral

25 points

Vous allez écouter plusieurs documents.
Avant chaque écoute, vous entendez le son suivant.
Pour répondre aux questions, cochez ☒ la bonne réponse.

▶ EXERCICE 1

9 points

Vous allez écouter 2 fois un document.
Vous écoutez une émission à la radio.
Lisez les questions, écoutez le document puis répondez.

❶ Qu'est-ce que le tourisme durable ? *1 point*

- A ☐ Un tourisme respectant la nature et les populations.
- B ☐ Un voyage de longue durée, à l'autre bout du monde.
- C ☐ Un tourisme en pleine nature, dans des conditions extrêmes.

❷ Le magazine VoyageMag organise… *1,5 point*

- A ☐ un concours qui récompense les voyageurs.
- B ☐ une remise de récompenses.
- C ☐ un tirage au sort pour des cadeaux.

❸ Quelle initiative a été prise par le cuisinier cité ? *1 point*

- A ☐ De ne cuisiner qu'avec des produits bio.
- B ☐ De ne faire aucun gaspillage alimentaire.
- C ☐ De ne préparer que des plats végétariens.

❹ En Normandie, il est possible d'utiliser des bateaux… *1,5 point*

- A ☐ qui fonctionnent à la vapeur.
- B ☐ qui fonctionnent à l'énergie solaire.
- C ☐ qui fonctionnent à l'énergie éolienne.

❺ Quel est l'autre avantage du tourisme durable cité dans le document ? *2 points*

- A ☐ Les populations locales en tirent des bénéfices économiques.
- B ☐ Les locaux adoptent un mode de vie occidental.
- C ☐ Les transports sont toujours respectueux de la nature.

❻ Selon le reportage, le tourisme durable coûte… *1 point*

- A ☐ moins cher
- B ☐ légèrement plus cher   … que les voyages classiques.
- C ☐ beaucoup plus cher

❼ Que fait l'association « Passer un savon » ? *1 point*

A ☐ Elle fabrique
B ☐ Elle recycle   … des savons.
C ☐ Elle revend

▶ **EXERCICE 2** *9 points*

Vous allez écouter 2 fois un document.
Vous écoutez une émission à la radio.
Lisez les questions, écoutez le document puis répondez.

❶ Le ton du reportage est plutôt… *1 point*

  A ☐ élogieux.
  B ☐ critique.
  C ☐ neutre.

❷ Le jeu vidéo est reconnu comme étant… *2 points*

  A ☐ le 8e art.
  B ☐ le 9e art.
  C ☐ le 10e art.

❸ Il est considéré comme un art… *1 point*

  A ☐ à part entière.
  B ☐ mineur.
  C ☐ moderne.

❹ Selon Philippe SINED, quelle forme d'art ne retrouve-t-on pas dans le jeu vidéo ? *1 point*

  A ☐ L'architecture.
  B ☐ La littérature.
  C ☐ La peinture.

❺ Les concepteurs de jeux vidéo … *1,5 point*

  A ☐ ont une marge de manœuvre très limitée dans leur travail.
  B ☐ ont une liberté totale dans la conception des jeux.
  C ☐ respectent scrupuleusement les codes traditionnels de ce secteur.

❻ Les anciens jeux vidéo … *1,5 point*

  A ☐ sont très critiqués maintenant.
  B ☐ sont rapidement oubliés.
  C ☐ redeviennent à la mode.

❼ Dans leur interaction avec le jeu, les joueurs … *1 point*

  A ☐ ont souvent un comportement violent.
  B ☐ ressentent des émotions différentes.
  C ☐ ne sont que des spectateurs.

▶ EXERCICE 3

7 points

Vous allez écouter 1 fois 3 documents.

DOCUMENT 1
Lisez les questions. Écoutez le document puis répondez.

❶ Qu'apprenons-nous dans ce document ? *1 point*

  A ☐ Des médicaments ont été retirés de la vente libre.
  B ☐ Des médicaments vont être retirés de la vente libre.
  C ☐ Des médicaments vont prochainement être en vente libre.

❷ D'après le docteur YAOWU, … *1,5 point*

  A ☐ seul le médecin doit être autorisé à prescrire des médicaments.
  B ☐ il faut que le pharmacien conseille les patients sur l'utilisation des médicaments.
  C ☐ il faudrait augmenter le nombre de médicaments en vente libre.

DOCUMENT 2
Lisez les questions. Écoutez le document puis répondez.

❶ Selon le professeur KALAM, … *1 point*

  A ☐ les mots évoluent en même temps que la société.
  B ☐ le vocabulaire d'une langue nous donne des informations sur la société qui la parle.
  C ☐ certaines langues sont moins riches que d'autres.

❷ Il est constaté que… *1,5 point*

  A ☐ dans une société, lorsqu'un concept est banal, aucun mot n'existe pour le décrire.
  B ☐ dans une société, lorsqu'un concept est ancien, aucun mot n'existe pour le décrire.
  C ☐ dans une société, lorsqu'un concept est courant, de nombreux mots existent pour le décrire.

DOCUMENT 3
Lisez les questions. Écoutez le document puis répondez.

❶ D'après une étude, d'ici 50 ans, … *1 point*
    A ☐ une plante sur trois devrait disparaître.
    B ☐ un quart des plantes devraient disparaître.
    C ☐ les trois quarts des plantes devraient disparaître.

❷ Ces extinctions s'expliquent par… *1 point*
    A ☐ une augmentation progressive de la température.
    B ☐ de courts pics de chaleur.
    C ☐ les inondations résultant du réchauffement climatique.

Note pour l'épreuve de compréhension de l'oral :   /25

V. Entraînement à l'épreuve de compréhension de l'oral N°4
듣기 시험 연습 N°4

Méthodologie
듣기 시험 문제 푸는 방법

 듣기에서 만날 수 있는 난관

녹음을 들을 때 몇 가지 난관에 직면할 수 있습니다. 이를 극복하기 위해서 어떤 어려움이 있는지 인식하는 것이 중요합니다. 따라서 어떤 난관에 부딪힐 수 있는지 함께 보도록 하겠습니다.

1. 단어 간의 구별
두 개의 소리, 두 단어 또는 두 어군을 혼동하는 경우입니다. 예를 들어, "12명(douze personnes)이 있습니다"라는 표현 대신 "2명(deux personnes)이 있습니다"라고 들었다고 착각할 수 있습니다. 이것은 소리 구별의 문제입니다. 즉, 비슷한 소리 사이에서 혼동하거나 한국어에 존재하지 않는 소리에 대한 낮은 분별력을 의미합니다.

이것은 모국어에서도 할 수 있는 실수이지만 외국어에서 더 흔하게 발생합니다. 왜냐하면 글에서 모르는 단어를 처음으로 보면 그 단어가 어떻게 발음 되는지 잘 모르기 때문입니다. 프랑스어와 한국어는 발음에 많은 차이가 있습니다. 따라서 새로운 단어를 볼 때마다 정확하게 발음하는 연습을 많이 해야 합니다. 그렇지 않으면 듣기 활동에서 그 단어를 알아듣지 못 할 수도 있습니다. 모든 문제가 소리 구별로 설명되는 것은 아닙니다. 소리가 잘 들림에도 그 의미를 이해하지 못한다면, 어휘력이 부족하기 때문일 수 있습니다.

2. 단어와 문장의 분절
단어나 문장을 듣고 그 음을 단어나 문장으로 분류하지 못하는 경우입니다. 예를 들어, "douiouéveurfil…"라는 긴 소리가 들리는 것은, 발화 연쇄 분절의 문제입니다. 우리가 모국어로 된 말을 들을 때 단어로 구성된 문장을 인식하여 이에 의미를 부여합니다. 외국어로 된 메시지를 들을 때는 어떤 의미를 부여하기 힘든 연속적으로 쏟아져 나오는 소리를 듣는다는 느낌을 받습니다. 왜냐하면 단어와 문장의 소리를 분리할 수 없기 때문입니다. 실제로 말할 때 각 단어 사이를 끊어서 말하지 않고 때때로 단어의 일부를 삭제하거나, 축약하거나, 더 빨리 말하기 위해서 문장을 짧게 변형시킵니다 (Chaipa = je ne sais pas).

3. 특정 단어나 문장의 이해 부족

모르는 단어나 문장을 듣고 당황하는 경우에 발생하는 실수입니다. 보통 이런 경우 녹음의 전반적인 의미를 파악하는 대신 이해하지 못한 단어나 문장을 이해하려는 데만 중점을 둡니다. 특정 요소에 집중함으로써 녹음 자료의 나머지 부분을 덜 중요하게 생각하게 되는 것입니다. 이해하지 못하는 특정 요소 때문에 전체 내용을 이해할 수 없다는 것은 잘못된 생각이므로 듣기 자료의 전반적인 의미를 파악하도록 노력해야 합니다.

 듣기에서 만날 수 있는 난관 요점 정리

— 들리는 소리는 구별할 수 있지만 단어는 구별할 수 없을 때 : **분절 문제**
— 녹음에서 말하는 속도가 매우 빠르다고 느껴질 때 : **분절과 구별 문제**
— 단어는 식별하지만, 그것이 무슨 의미인지 모를 때 : **어휘력 문제**
— 속담, 관용표현, 비유법을 이해하지 못할 때 : **어휘력 문제**
— 모르거나 듣지 못한 단어의 의미를 추측할 수 없을 때 : **단어 막힘의 문제**
— 단어는 모두 이해하지만 문장은 이해하지 못할 때 : **문법 문제**
— 어떤 내용에 관한 것인지 모를 때 : **일반 상식 문제**
      예 la COP21 유엔기후변화협약 당사국 총회, l'ONU 국제연합
— 문장들 사이의 관계를 따라가지 못할 때 : **일관성을 나타내는 표현 지식 문제**

 각 문제에 대한 해결책

— **분류/식별의 문제** : 라디오, 팟캐스트를 듣거나 영화, 단편물 혹은 유튜버들이 올린 프랑스어로 된 영상을 보면서 프랑스어 구어에 더 노출되는 것이 필요합니다. 이때 오디오 자료를 들으면서 동시에 스크립트를 읽는 것이 매우 유용합니다. 이 교재의 연습 문제 자료를 이용하여 연습해볼 수 있습니다.
   받아쓰기도 매우 유용한 방법입니다. 받아쓰기를 하면서 원하는 만큼 쉬었다가 앞의 내용으로 다시 되돌아갈 수 있습니다. 처음에는 매우 어려울 수 있지만 받아쓰기가 매우 효과적이고 실력 향상 속도가 매우 빠른 방법이라는 것을 여러분도 알게 될 것입니다.

— **단어 간의 구별 문제** : 위와 같은 매체들로 프랑스어 구어에 더 노출되어야 합니다. 받아쓰기도 매우 효과적인 방법입니다. 두 단어가 혼동될 때, 혼동되는 단어에 집중하여 발음의 차이가 있는지 보아야 합니다. 혼동되는 단어들과 구별하기 어려운 발음의 리스트를 정리한 표를 직접 만들어도 좋습니다.

— **어휘 문제** : 새로 알게 된 단어를 정리한 단어장을 만들고, 외우세요. 이 교재 연습 문제의 어휘는 반드시 외워야 합니다. 실제로 이 교재는 여러분이 B2 시험에 자주 나오는 어휘에 익숙해

지도록 연습 문제를 집필했습니다. 그러므로 이 교재를 공부하면서 새로 본 단어를 쓰고, 암기해야 합니다. 이 방법대로 단어를 익히면, 실제 시험에서 낯선 어휘로 인해 놀라는 일은 없을 것입니다!

— 문법 문제 : 이 문제를 해결하는 가장 좋은 방법은 프랑스어 문장을 많이 읽고 문장의 구성과 문법을 자세히 이해하는 것입니다. 프랑스어 문법 규칙을 암기하고 사용하는 방법을 알아야 합니다.

— 일반 상식 문제 : 최신 시사 뉴스와 사회 문제에 더 관심을 가져야 합니다. 프랑스어 또는 한국어로 신문을 읽으세요.

— 일관성을 나타내는 표현에 관한 지식의 문제 : 일관성을 나타내는 표현에 익숙해져야 합니다. 이를 위해 라디오, 팟캐스트를 듣고 영화, 단편물, 유튜버들이 올린 프랑스어로 된 영상을 보면서 프랑스어 오디오 콘텐츠에 대한 노출을 늘려야 합니다. 토론을 듣는 것도 흥미로운 활동입니다. 프랑스어에서 일관성과 통일성을 드러내는 표현은 이 교재의 말하기 파트에 자세히 설명되어 있습니다. 이 파트를 꼭 참조하길 바랍니다.

— 단어와 문장을 모두 이해하지는 못하는 문제 : 우선 모든 내용을 다 이해하지 못하는 것은 정상이라는 것을 알아두세요. 가장 중요한 것은 메시지의 중요한 핵심을 이해하는 것입니다. 요점을 이해한 다음 부족한 부분을 추측해야 합니다. 이때 일반 상식, 프랑스어 문법 및 구문에 대한 지식, 말하는 사람의 말의 요소들을 사용해야 합니다. 예를 들어 '그러나'라는 단어를 들으면 앞의 내용과 반대되는 말을 할 것이라고 예상할 수 있습니다.

듣기에서는 모든 단어가 다 중요한 것은 아닙니다. 실제로 시험을 볼 때 우리가 모르는 단어를 발견했을 때, 거기에 멈춰있어서는 안 됩니다. 일단 그것을 제쳐두어야 합니다. 우리는 문장의 맥락에서 그 의미를 이해할 수도 있고, 그 단어가 꼭 중요하지 않을 수도 있습니다. 어떤 경우든 모르는 단어에 막혀 있는 것은 중대한 실수입니다. 왜냐하면 더 중요한 다른 정보를 놓칠 위험이 있기 때문입니다.

따라서 여러분은 모르는 단어를 보더라도 그대로 두는 것이 좋습니다. 이는 외국어를 잘 듣기 위한 기본 전략입니다! 가능한 한 많은 정보를 이해하기 위해 모든 수단을 이용하세요. 하지만 녹음의 일부를 이해하지 못하는 것은 그리 중요하지 않습니다. 이는 언어를 배울 때 흔히 겪는 일입니다. 스트레스 받지 않고 규칙적으로 듣기 연습을 하면 여러분의 자신감이 더 커질 것입니다.

4 Compréhension de l'oral

25 points

Vous allez écouter plusieurs documents.
Avant chaque écoute, vous entendez le son suivant.
Pour répondre aux questions, cochez ☒ la bonne réponse.

MP3

▶ EXERCICE 1

9 points

Vous allez écouter 2 fois un document.
Vous écoutez une émission à la radio.
Lisez les questions, écoutez le document puis répondez.

① Selon le reportage, les femmes représenteraient… *1 point*

- **A** ☐ une minorité
- **B** ☐ la moitié   … des diplômés.
- **C** ☐ une majorité

② De nos jours, les femmes occuperaient… *1 point*

- **A** ☐ une minorité
- **B** ☐ la moitié   … des postes à hautes responsabilités.
- **C** ☐ une majorité

③ Cette différence se ressent surtout … *2 points*

- **A** ☐ dans le secteur public.
- **B** ☐ dans le secteur privé.
- **C** ☐ dans le secteur tertiaire.

④ Les femmes qui accèdent plus facilement à des promotions… *1 point*

- **A** ☐ ont fait des études très réussies.
- **B** ☐ maîtrisent plusieurs langues étrangères.
- **C** ☐ ont choisi de ne pas fonder de famille.

⑤ Les difficultés que les femmes rencontrent au travail s'expliquent par… *1,5 point*

- **A** ☐ le manque de professionnalisme des femmes.
- **B** ☐ des préjugés sexistes.
- **C** ☐ le niveau d'études des femmes.

⑥ Selon le document, quel préjugé reste très ancré dans la société ? *1,5 point*

- **A** ☐ Les femmes doivent s'occuper de l'éducation des enfants.
- **B** ☐ Les femmes doivent s'occuper des finances de la famille.
- **C** ☐ Les femmes doivent s'occuper des repas, notamment du dîner.

7 Selon le texte, les femmes sont…   *1 point*

    A ☐ moins ambitieuses que les hommes.
    B ☐ plus ambitieuses que les hommes.
    C ☐ aussi ambitieuses que les hommes.

▶ EXERCICE 2   *9 points*
Vous allez écouter 2 fois un document.
Vous écoutez une émission à la radio.
Lisez les questions, écoutez le document puis répondez.

1 D'après monsieur JANIER, avec le smartphone…   *1,5 point*

    A ☐ il est plus facile de travailler à distance et cela nous offre plus de mobilité.
    B ☐ nous sommes beaucoup plus productifs qu'autrefois.
    C ☐ il est difficile de faire la distinction entre une utilisation privée et professionnelle.

2 L'hyperconnectivité est…   *1 point*

    A ☐ un problème de santé en lien avec l'hypertension.
    B ☐ le fait d'être toujours connecté à un appareil numérique.
    C ☐ la capacité à travailler très rapidement.

3 À cause des nouvelles technologies, les travailleurs…   *1 point*

    A ☐ ont un trop grand nombre d'informations à traiter.
    B ☐ ont des problèmes cérébraux du fait de leur surexposition aux ondes.
    C ☐ perdent beaucoup de poids, car leur rythme de vie est déréglé.

4 Pour quelle raison ramener du travail à la maison provoque une addiction ?   *1,5 point*

    A ☐ Parce que si nous ne travaillons pas chez nous, nous n'avons rien à faire et nous nous ennuyons.
    B ☐ Parce que les écrans émettent une lumière bleue qui est à l'origine de l'addiction.
    C ☐ Parce qu'en travaillant le soir chez soi, nous pouvons avoir le plaisir de terminer notre travail.

5 Selon l'invité, la plupart des entreprises… *1,5 point*

    A ☐ font des efforts pour lutter contre ce phénomène.
    B ☐ n'ont pas conscience de ce phénomène.
    C ☐ veulent des employés réactifs, y compris sur leur temps personnel.

6 Monsieur JANIER croit que c'est… *1,5 point*

    A ☐ à l'État
    B ☐ aux entreprises   … de régler ce problème.
    C ☐ aux travailleurs

7 Selon l'invité, si l'utilisation du numérique à des fins professionnelles était régulée… *1 point*

    A ☐ les entreprises en profiteraient aussi.
    B ☐ cela nuirait à la performance des entreprises.
    C ☐ Il n'y aurait aucun changement notable pour les entreprises.

▶ EXERCICE 3

7 points

Vous allez écouter 1 fois 3 documents.

DOCUMENT 1
Lisez les questions. Écoutez le document puis répondez.

① Certains cadres perçoivent les réseaux sociaux comme… *1 point*

- **A** ☐ un moyen de communiquer avec leurs amis.
- **B** ☐ un divertissement nécessaire pour gérer leur stress.
- **C** ☐ un outil de travail à part entière.

② Dans certaines entreprises, une utilisation abusive des réseaux sociaux peut mener… *1 point*

- **A** ☐ à une déconnexion temporaire.
- **B** ☐ à un renvoi.
- **C** ☐ au blocage de la messagerie.

DOCUMENT 2
Lisez les questions. Écoutez le document puis répondez.

① Selon le reportage, l'accès aux études supérieures est devenu… *1,5 point*

- **A** ☐ moins
- **B** ☐ aussi … difficile qu'auparavant.
- **C** ☐ plus

② Selon le journaliste, il est préférable de … *1 point*

- **A** ☐ faire des études longues.
- **B** ☐ faire des études courtes.
- **C** ☐ faire des études intéressantes.

DOCUMENT 3
Lisez les questions. Écoutez le document puis répondez.

① L'objectif de Maxime est… *1 point*

- **A** ☐ de créer une loi contre le plastique.
- **B** ☐ de recycler les emballages.
- **C** ☐ de ne pas utiliser les sacs à usage unique.

❷ Les jeunes d'aujourd'hui se sentent généralement…   *1,5 point*

    A ☐ concernés par les problèmes environnementaux.
    B ☐ indifférents aux problèmes environnementaux.
    C ☐ impuissants face aux problèmes environnementaux.

Note pour l'épreuve de compréhension de l'oral :   /25

VI. Entraînement à l'épreuve de compréhension de l'oral N°5
듣기 시험 연습 N°5

💡 Méthodologie
듣기 시험 문제 푸는 방법

이전 파트에서 **듣기 시험을 준비하는 단계**와 방법에 대해 조언해드렸지만, 모든 수험생들은 각자 스타일이 다릅니다. 이전 파트의 조언을 토대로 자신에게 맞는 듣기 테크닉을 찾아야 합니다.

실제로 듣기 시험에서 한국 학생들은 대부분 다음의 두 가지 방식을 선택합니다.

— **메모하기** : 녹음을 들으면서 시간을 절약하기 위해 중요한 정보를 문장이 아닌 키워드 중심으로 메모하는 것입니다.

— **전반적 이해** : 첫 번째 청취 시에는 메모를 하지 않고 녹음을 주의 깊게 듣고, 답을 찾은 문항에 정답을 표시합니다. 두 번째 청취 시에는 답을 찾지 못한 문항에 대한 정보를 메모합니다.

다시 말하지만, 본인에게 맞는 전략이 가장 좋은 전략입니다. 따라서 자신에게 맞는 듣기 전략을 찾기 위해 여러 방법을 테스트해보는 것이 좋습니다. IV장에서 자세히 설명된 듣기 전략은 효과적이라는 것이 입증되었으므로 시도해보는 것을 권장합니다.

또한, 이미 언급했듯이 듣기 문항은 녹음의 순서와 동일하게 출제된다는 것을 꼭 명심해야 합니다. 첫 번째 문항은 녹음의 시작 부분, 마지막 문항은 녹음의 마지막 부분과 연관됩니다. 하지만 녹음의 전체 흐름을 잃지 않도록 한 질문에만 초점을 맞추지 말고 앞뒤로 이어지는 2~3개의 질문에 집중하도록 합니다. 만약 한 질문에 대한 내용을 놓쳤다면, 의미를 이해한 다른 부분, 가능하면 다음 문항에 연관된 내용을 이해하는 데 집중하세요.

5 Compréhension de l'oral

25 points

Vous allez écouter plusieurs documents.
Avant chaque écoute, vous entendez le son suivant.
Pour répondre aux questions, cochez ☒ la bonne réponse.

MP3

▶ EXERCICE 1

9 points

Vous allez écouter 2 fois un document.
Vous écoutez une émission à la radio.
Lisez les questions, écoutez le document puis répondez.

❶ De nos jours, les consommateurs préfèrent acheter des produits bio, car ces derniers sont… *1 point*

    A ☐ généralement moins onéreux.
    B ☐ de meilleure qualité.
    C ☐ respectueux de l'environnement.

❷ Combien de personnes ont participé à cette étude ? *1 point*

    A ☐ 4 000.
    B ☐ 40 000.
    C ☐ 400 000.

❸ Cette étude avait notamment pour objectif de connaître… *1,5 point*

    A ☐ le budget alimentaire mensuel des Français.
    B ☐ les effets des produits bio sur la santé des Français.
    C ☐ les raisons pour lesquelles les Français mangeaient bio.

❹ Quels spécialistes n'ont pas participé à l'analyse des données ? *1 point*

    A ☐ Des nutritionnistes.
    B ☐ Des psychologues.
    C ☐ Des économistes.

❺ Selon les résultats de l'enquête, il ne sert à rien de manger bio si l'on consomme en grande quantité… *1 point*

    A ☐ de la viande.
    B ☐ des œufs.
    C ☐ du poisson.

6 Selon l'étude, les consommateurs de produits bio… *2 points*

   A ☐ auraient un poids normal.
   B ☐ seraient en surpoids.
   C ☐ seraient obèses.

7 La production d'aliments bio coûte en général… *1,5 point*

   A ☐ moins cher
   B ☐ aussi cher … que celle des produits industriels.
   C ☐ plus cher

▶ EXERCICE 2 *9 points*

Vous allez écouter 2 fois un document.
Vous écoutez une émission à la radio.
Lisez les questions, écoutez le document puis répondez.

1 D'après monsieur OUTANG, la nouvelle génération… *1 point*

   A ☐ maîtrise parfaitement les nouvelles technologies.
   B ☐ ne maîtrise que partiellement les nouvelles technologies.
   C ☐ ne maîtrise pas du tout les nouvelles technologies.

2 D'après l'invité, les nouvelles technologies… *1,5 point*

   A ☐ doivent être bannies
   B ☐ doivent remplacer les livres et cahiers … de la classe.
   C ☐ doivent faire partie

3 Les élèves doivent apprendre à… *2 points*

   A ☐ utiliser à bon escient
   B ☐ ne pas se servir de toutes … les nouvelles technologies.
   C ☐ réparer et faire l'entretien de toutes

4 D'après monsieur OUTANG, pourquoi les enseignants sont-ils irremplaçables ? *1,5 point*

   A ☐ Parce que les appareils technologiques peuvent tomber en panne.
   B ☐ Parce que la relation entre les professeurs et les élèves est nécessaire pour bien apprendre.
   C ☐ Parce que les nouvelles technologies ne peuvent pas s'adapter à tous les élèves.

❺ Cet accès facile et illimité à l'information, offert par les nouvelles technologies, est… *1 point*

    A ☐ négatif pour les élèves.
    B ☐ positif pour les élèves.
    C ☐ a un impact qui n'a pas encore été évalué.

❻ D'après monsieur OUTANG, l'Éducation nationale devrait… *1 point*

    A ☐ offrir une tablette à tous les élèves.
    B ☐ former les professeurs à l'utilisation des nouvelles technologies.
    C ☐ interdire l'utilisation du téléphone portable en cours.

❼ Les nouvelles technologies pourraient… *1 point*

    A ☐ rapprocher les élèves de leur environnement scolaire.
    B ☐ créer une rupture entre les enseignants et les élèves.
    C ☐ rendre les élèves plus intelligents.

▶ EXERCICE 3

7 points

Vous allez écouter 1 fois 3 documents.

DOCUMENT 1
Lisez les questions. Écoutez le document puis répondez.

❶ Quand les premiers MOOCs sont-ils apparus ? *1 point*
- **A** ☐ Il y a 10 ans.
- **B** ☐ En 2001.
- **C** ☐ En 2011.

❷ Les MOOCs sont… *1,5 point*
- **A** ☐ des cours toujours gratuits, ouverts à tous et en ligne.
- **B** ☐ des cours la plupart du temps gratuits, ouverts à tous et en ligne.
- **C** ☐ des cours en ligne gratuits, ouverts à tous et systématiquement diplômants.

DOCUMENT 2
Lisez les questions. Écoutez le document puis répondez.

❶ Le droit à l'oubli correspond au droit de… *1 point*
- **A** ☐ pouvoir télécharger en toute liberté un contenu ayant dépassé un certain âge.
- **B** ☐ pouvoir demander à une plateforme quel est notre mot de passe si nous l'oublions.
- **C** ☐ pouvoir demander l'effacement des données et résultats nous concernant sur Internet.

❷ Le droit à l'effacement est… *1,5 point*
- **A** ☐ le droit d'une personne à demander à un site la suppression du contenu la mentionnant.
- **B** ☐ le droit d'une personne de demander à un moteur de recherche d'éliminer son nom des résultats.
- **C** ☐ le droit d'un individu de pouvoir supprimer tout contenu le dérangeant sur Internet.

DOCUMENT 3
Lisez les questions. Écoutez le document puis répondez.

❶ Le transhumanisme a pour objectif… *0,5 point*
    A ☐ l'amélioration des capacités d'un être humain.
    B ☐ la transformation des êtres humains en robots.
    C ☐ l'amélioration de l'apparence des êtres humains.

❷ Le docteur IROBHOTHI… *1,5 point*
    A ☐ est un fervent défenseur du transhumanisme.
    B ☐ est intéressé par le transhumanisme, mais a tout de même quelques doutes.
    C ☐ est convaincu que le transhumanisme est une aberration et une escroquerie.

Note pour l'épreuve de compréhension de l'oral : /25

Entraînement à l'épreuve de compréhension de l'oral N°6
듣기 시험 연습 N°6

 S'entraîner à la compréhension de l'oral : ressources extérieures 듣기 연습 : 다양한 외부 자료

다양한 외부 자료를 통해 듣기 연습을 보충하는 것이 좋습니다. 도움이 될 만한 인터넷 사이트와 자료를 소개합니다.

1. RFI SAVOIRS — EXERCICES DE COMPRÉHENSION DE L'ORAL DE TYPE DELF

RFI savoir는 DELF 주관처인 France Éducation international의 새 프랑스 미디어 파트너입니다. 따라서 RFI가 제공하는 자료들은 DELF의 기대 및 내용과 정확히 일치하므로 반드시 보셔야 합니다.
(https://savoirs.rfi.fr)

2. RFI SAVOIRS — EXERCICES DE COMPRÉHENSION

RFI 사이트에서는 B2 수준의 듣기 문제를 제공합니다. 반드시 보셔야 할 자료입니다. 테마와 레벨을 선택할 수 있습니다.
(https://savoirs.rfi.fr)

3. RFI SAVOIRS — JOURNAL EN FRANÇAIS FACILE

Le Journal en français facile은 세계적 관심사의 단어나 개념을 이해하기 위해 각 사건의 맥락, 역사, 인물을 통해 그 사건을 알려주는 정보 신문입니다. 각 듣기 방송은 스크립트를 제공합니다.
(https://savoirs.rfi.fr)

4. RFI SAVOIRS — LES MOTS DE L'ACTUALITÉ

Les Mots de l'actualité는 최신 뉴스에서 많이 다루는 중요한 단어나 표현을 자세히 설명해주는 3분 분량의 듣기 프로그램입니다. 듣기 연습을 하면서 어휘력을 키울 수 있습니다.
(https://savoirs.rfi.fr/fr)

5. 7 JOURS SUR LA PLANÈTE

매주 두 개의 최신 보도 뉴스 영상이 듣기 연습 문제와 함께 제공됩니다. 또한 모바일 앱을 통해 어휘 연습 문제를 추가로 제공합니다. 각 보도 뉴스는 연습 문제에 대한 답안과 스트립트가 같이 제공됩니다.

(https://apprendre.tv5monde.com)

6. 1 JOUR 1 QUESTION (DELF JUNIOR)

어린이를 대상으로 하는 1 jour 1 actu 사이트의 이 섹션은 애니메이션 영상에서 나오는 이해하기 쉬운 단어로 시사 문제를 소개합니다. 영상의 스크립트도 제공됩니다.

(https://www.1jour1actu.com)

7. FRANCE INFO JUNIOR (DELF JUNIOR)

월요일부터 금요일까지 방송되는 이 라디오 프로그램은 시사에 관한 어린이의 질문에 전문가의 도움으로 답변합니다. 5분 분량의 각 방송은 스크립트가 부분적으로 제공됩니다.

(https://www.francetvinfo.fr)

8. REPORTAGES

TV 뉴스에서 발췌한 보도 영상을 바탕으로 듣기 연습을 할 수 있는 훌륭한 사이트입니다. 다양한 사회 주제에 대한 듣기 연습 문제와 답안 및 스크립트가 제공됩니다.

(http://fr.ver-taal.com)

9. FRANCE PODCASTS

이 사이트에는 보도 영상을 바탕으로 듣기 이해력을 향상시키는 섹션이 포함되어 있습니다. 라디오 또는 TV 프로그램의 일부분을 바탕으로 듣기 연습 문제와 답안이 제공됩니다.

(https://www.francepodcasts.com)

10. FRANCE INFO (LE REPLAY)

다양한 주제를 다루기로 유명한 프랑스 라디오 방송으로 일반적으로 3분 분량의 짧은 오디오 파일을 들을 수 있습니다. 듣기 내용이 요약된 자료와 전체 스크립트도 제공됩니다.

(https://www.francetvinfo.fr)

6 Compréhension de l'oral

25 points

Vous allez écouter plusieurs documents.
Avant chaque écoute, vous entendez le son suivant.
Pour répondre aux questions, cochez ☒ la bonne réponse.

MP3

▶ EXERCICE 1

9 points

Vous allez écouter 2 fois un document.
Vous écoutez une émission à la radio.
Lisez les questions, écoutez le document puis répondez.

❶ Le nombre de personnes ayant quitté la ville pour la campagne s'élève en France à…   *1 point*

- **A** ☐ 255 000.
- **B** ☐ 150 000.
- **C** ☐ 550 000.

❷ D'après l'invité, monsieur TANLIK, les citadins veulent vivre proches de la nature pour…   *1,5 point*

- **A** ☐ trouver une raison d'être, un sens à leur vie.
- **B** ☐ fuir le coût de la vie en ville.
- **C** ☐ échapper à la pollution urbaine.

❸ Selon l'invité, le retour à la terre est…   *1,5 point*

- **A** ☐ souvent un échec, car nous avons oublié comment vivre avec la nature.
- **B** ☐ la manifestation d'un mal-être sociétal plus grand.
- **C** ☐ la solution et doit être généralisé pour sauver la planète.

❹ Selon monsieur TANLIK ce retour à la terre est dangereux pour…   *2 points*

- **A** ☐ la terre, car l'homme a une capacité destructrice incontrôlée.
- **B** ☐ les hommes, car ils ne pourraient plus bénéficier des progrès techniques.
- **C** ☐ les animaux en captivité, car personne ne s'en occuperait.

❺ Les dernières communautés vivant avec la nature…   *1 point*

- **A** ☐ sont encore très nombreuses.
- **B** ☐ vont bientôt disparaître.
- **C** ☐ souhaitent partager leur savoir avec la civilisation occidentale.

6 Selon l'invité, quel est l'ennemi des communautés éloignées de la civilisation moderne ? *1 point*

    A ☐ Les maladies.
    B ☐ La mondialisation.
    C ☐ Le climat.

7 D'après monsieur TANLIK, si l'on veut protéger ces dernières communautés, il faut… *1 point*

    A ☐ protéger leurs espaces de vie, leurs territoires.
    B ☐ partager avec le reste du monde la culture de ces communautés.
    C ☐ partager avec elles le confort occidental.

▶ EXERCICE 2
9 points

Vous allez écouter 2 fois un document.
Vous écoutez une émission à la radio.
Lisez les questions, écoutez le document puis répondez.

❶ D'après monsieur DIANI les enfants passeraient… *1 point*

- **A** ☐ environ trois heures
- **B** ☐ environ deux heures trente minutes … par jour sur les écrans.
- **C** ☐ environ une heure trente minutes

❷ D'après madame LIANO, lorsqu'un enfant passe… *1,5 point*

- **A** ☐ 1 heure par jour sur les écrans, cela augmente de 50 % ses chances de moins dormir.
- **B** ☐ 2 heures 30 minutes par jour sur les écrans, cela double ses chances de moins dormir.
- **C** ☐ la moitié de son temps chaque jour sur les écrans, il ne pourra pas dormir.

❸ Une surexposition aux écrans peut avoir des conséquences néfastes sur… *1 point*

- **A** ☐ les capacités d'endurance.
- **B** ☐ les capacités motrices.
- **C** ☐ les capacités cérébrales.

❹ Monsieur DIANI déconseille très fortement à tous les parents… *1,5 point*

- **A** ☐ d'offrir un téléphone portable à des enfants de moins de 10 ans.
- **B** ☐ d'utiliser les écrans pour distraire de très jeunes enfants.
- **C** ☐ de se servir de son téléphone portable en présence d'enfants.

❺ Les réseaux sociaux poussent les ados à… *1,5 point*

- **A** ☐ toujours rester actifs de peur de se faire oublier.
- **B** ☐ créer de nombreux profils et comptes en ligne.
- **C** ☐ vouloir se différencier des autres.

❻ D'après madame LIANO, les adolescents… *1,5 point*

- **A** ☐ se servent mieux des réseaux sociaux que leurs parents.
- **B** ☐ savent comment se protéger des dérives des réseaux sociaux.
- **C** ☐ sont vulnérables aux dangers des réseaux sociaux.

7 Selon madame LIANO… *1 point*

　　A ☐ il faudrait interdire complètement l'accès aux écrans aux enfants.
　　B ☐ il est primordial d'enseigner aux jeunes la bonne utilisation des écrans.
　　C ☐ les jeunes apprendront par eux-mêmes à se servir des écrans.

▶ EXERCICE 3

7 points

Vous allez écouter 1 fois 3 documents.

DOCUMENT 1
Lisez les questions. Écoutez le document puis répondez.

❶ Le site dont parle le document, propose… *1 point*

  A ☐ de diffuser
  B ☐ d'identifier   … les fausses informations.
  C ☐ de bloquer

❷ Le travail de l'intelligence artificielle est associé à celui… *1,5 point*

  A ☐ d'un journaliste.
  B ☐ d'un programmeur.
  C ☐ d'un internaute.

DOCUMENT 2
Lisez les questions. Écoutez le document puis répondez.

❶ Concernant le langage SMS, les enseignants semblent… *1,5 point*

  A ☐ rassurés.
  B ☐ inquiets.
  C ☐ dépassés.

❷ Pour les ados, utiliser le langage SMS permet de… *1 point*

  A ☐ se couper du monde des adultes.
  B ☐ développer un nouveau vocabulaire.
  C ☐ rédiger rapidement des messages.

DOCUMENT 3
Lisez les questions. Écoutez le document puis répondez.

❶ Le principal avantage des voitures hybrides est… *1 point*

  A ☐ économique.
  B ☐ écologique.
  C ☐ sonore.

❷ À l'égard des véhicules hybrides, les Français semblent plutôt… *1 point*

    A ☐ intéressés.
    B ☐ méfiants.
    C ☐ indifférents.

Note pour l'épreuve de compréhension de l'oral : /25

VIII. Questions au format de l'ancien DELF B2
DELF B2 기존 버전 문제 유형

💡 Présentation
기존 버전 소개

2020년 봄부터 DELF 듣기 시험의 문제 유형이 바뀌었습니다. 기존 버전의 듣기 시험에는 문장으로 답변을 쓰는 **주관식 문제**도 있었습니다. 새 버전의 듣기 시험 문제는 객관식으로만 구성됩니다. 이 교재에서는 주로 이 유형의 문제를 다루었습니다.

그렇지만 한국에서는 기존 버전에서 새 버전으로의 전환이 3년에 걸쳐 점진적으로 이루어질 것입니다. 따라서 2023년까지는 이전 형식의 듣기 시험 문제가 출제될 수 있습니다. 그래서 다음 장에서는 이전 형식의 문제로 B2 시험을 치러야 하는 상황에 대비하기 위해서, 이전에 다루었던 녹음 자료를 바탕으로 주관식 문제를 출제했습니다.

— 기존 시험에서는 답안을 문장으로 쓰는 주관식 문제가 출제되었습니다.

— 주관식 문제가 출제된다고 하더라도 너무 걱정하지 마세요. 맞춤법 준수 여부와 상관없이 답변이 일관성 있고 이해가 가능하면 됩니다.

— 답안은 깔끔하고 명확하게 작성합니다. 맞춤법이 점수에 영향을 주지는 않지만, 그래도 맞춤법에 주의하면서 정확하고 간결하게 쓰세요.

1 Compréhension de l'oral

▶ EXERCICE 1

❶ Citez 3 activités que les Français avaient l'habitude de faire le dimanche, selon la femme interviewée.

1. _____
2. _____
3. _____

❷ Quel est le jour de repos de la plupart des commerçants ?

_____
_____

▶ EXERCICE 2

❶ À quelle date les femmes ont-elles commencé à « travailler gratuitement » en 2018 ?

_____
_____

❷ Quel est le pourcentage de femmes travaillant à mi-temps ?

_____
_____

2 Compréhension de l'oral

▶ EXERCICE 1

❶ Dans le cadre de l'étude canadienne, combien de familles ont-elles été interrogées ?

___

❷ Citez deux conséquences des violences faites aux enfants.

1. ___
2. ___

▶ EXERCICE 2

❶ Comment et quand sont rechargées les trottinettes ?

___

___

❷ Quel est l'avantage de la trottinette par rapport au bus ?

___

___

3 Compréhension de l'oral

▶ EXERCICE 1

❶ Les ferries « La manchette » permettent de réduire 2 types de pollution, lesquels ?

1. _____
2. _____

❷ En six mois, quelle quantité de savon a été récupérée ?

_____
_____

▶ EXERCICE 2

❶ Avec quel ancien produit culturel les anciens jeux vidéo sont-ils comparés ?

_____
_____

❷ Quelle expérience apportent les jeux narratifs ?

_____
_____

4 Compréhension de l'oral

▶ EXERCICE 1

❶ Pour le même poste, quel peut être le montant de l'écart salarial ?

_____
_____

❷ Qu'est-ce qui n'encourage pas les employeurs à promouvoir les femmes ? Citez 2 raisons.

1. _____

2. _____

▶ EXERCICE 2

❶ Quel appareil est responsable des difficultés de séparation entre la sphère privée et professionnelle ?

_____

❷ Pourquoi la déconnexion est-elle nécessaire pour les travailleurs ?

_____
_____

5 Compréhension de l'oral

▶ EXERCICE 1

❶ Quels sont les produits bio principalement achetés par les consommateurs ?

_____

_____

❷ Quel facteur de la production bio limite le développement de cancers ?

_____

_____

▶ EXERCICE 2

❶ D'après l'invité, quel niveau de maîtrise des nouvelles technologies les jeunes ont-ils généralement ?

_____

_____

❷ D'après l'invité, pourquoi les jeunes doivent-ils avoir accès aux technologies ?

_____

_____

6 Compréhension de l'oral

▶ EXERCICE 1

❶ Pour quelles raisons certaines personnes choisissent-elles « un retour à la terre » ?
Citez-en trois

3. _____

4. _____

5. _____

❷ De quelle manière devons-nous protéger les peuples autochtones ?

_____

_____

▶ EXERCICE 2

❶ Citez deux conséquences négatives d'un usage abusif des écrans sur le cerveau des enfants.

1. _____

2. _____

❷ Que déconseille monsieur DIANI aux parents de jeunes enfants ?

_____

_____

IX. Transcription des exercices de compréhension de l'oral
듣기 스크립트

1 Compréhension de l'oral

▶ **EXERCICE 1**

Journaliste

C'est une grande première, on pourrait même dire une révolution dans le domaine de la grande distribution puisque le premier hypermarché ouvert sept jours sur sept vient tout juste d'être inauguré. Ce magasin est donc ouvert à présent le dimanche après-midi de 13 h à 20 h. Pas de vendeurs ni de salariés, juste une dizaine d'agents de sécurité et une quinzaine de caisses automatiques en fonction. Entre surconsommation et droit du travail, cela relance donc le débat sur l'ouverture des magasins le dimanche. Micro-trottoir à la sortie de cet hypermarché afin de savoir ce qu'en pensent les consommateurs. Madame, bonjour, que pensez-vous de ce magasin qui ouvre même le dimanche maintenant ?

Femme interviewée

Honnêtement, autant c'est bien pour les personnes qui sont occupées en semaine et qui ne peuvent pas faire leurs courses, autant je trouve ça impensable de venir « se promener » dans les magasins le dimanche. J'en parlais avec une amie l'autre jour qui me disait que sa fille adorait aller faire du shopping dans les centres commerciaux ouverts le week-end. Où sont donc passés toutes ces activités traditionnelles, tous ces moments en famille que l'on vivait avant ? Finis les déjeuners de famille, les promenades, les après-midis jeu de société ou film quand il fait mauvais... Maintenant, les gens ne pensent plus qu'à consommer encore et encore. Si ça continue, le shopping va bientôt devenir l'activité familiale préférée des Français ! Et tous ces commerçants qui travaillent le week-end, qui se reposent le lundi, alors que de nombreux commerces sont fermés également. Vous êtes-vous déjà demandé quand est-ce qu'ils faisaient leurs courses ?

Eh bien voilà ! Alors moi, si j'ai besoin de faire mes courses, je les fais le mercredi, afin de profiter de mon week-end, pour passer le temps en famille, et penser à autre chose que consommer.

Journaliste

Et vous, monsieur, qu'en pensez-vous ?

Homme interviewé

Je ne comprends pas pourquoi la France continue à refuser l'ouverture des magasins le dimanche alors que cela se fait dans presque tous les pays du monde. Après tout, de nombreux autres commerces comme les restaurants par exemple sont ouverts ce jour-là. Qu'est-ce qui est différent pour un caissier de supermarché et un serveur dans un restaurant ? Déjà que certains médecins et autres pharmacies sont fermés le samedi, alors imaginez un peu si tout était fermé le dimanche ? Et les gens qui travaillent toute la semaine, samedi inclus, quand est-ce qu'ils font leurs courses ? Vous êtes-vous déjà posé la question ? Ce n'est pas le soir après le travail qu'ils vont aller s'embêter dans les magasins. Et puis à ce que je sache, les patrons proposent à leurs employés de venir travailler le dimanche, et ils peuvent tout à fait refuser s'ils ne le veulent pas ! S'ils acceptent ils sont presque payés double, alors tout le monde est gagnant non ? Et puis si les magasins ne trouvent aucun employé qui veut travailler ce jour-là, ils n'ont qu'à recruter de nouvelles personnes ! Je suis persuadé qu'il y a des personnes au chômage qui adoreraient pouvoir travailler même le dimanche.

Journaliste

Des avis très partagés donc, comme vous l'entendez. Ce qui est sûr c'est que cette tendance d'offrir au consommateur la possibilité de faire ses courses tous les jours ne fera que s'accentuer à l'avenir. Maintenant, travailler le dimanche reste un choix, tout comme aller consommer ce jour-là uniquement.

EXERCICE 2

Journaliste

En 2018, on peut dire que les Françaises ont travaillé gratuitement à partir du 8 novembre. En cause, les inégalités salariales. Je reçois donc pour en parler avec nous Isabella BLEULAIZIEUX. Bonjour.

Isabella BLEULAIZIEUX

Bonjour, et merci de m'avoir invitée.

Journaliste

Vous faites partie d'un collectif féministe qui souhaite dénoncer cette inégalité, et cette année encore, vous remontez au créneau, face à une situation de plus en plus critique selon vous, n'est-ce pas ?

Isabella BLEULAIZIEUX

Oui tout à fait, car si l'on en croit les chiffres concernant la différence de la moyenne horaire brute de rémunération entre femmes et hommes, tous secteurs économiques confondus. Selon les chiffres de l'organisme de statistiques de l'Union européenne, et bien, sur l'année 2017, les femmes ont gagné 16,7 % de moins que les hommes — et ce n'est que l'une des façons de calculer l'inégalité salariale femmes-hommes. Par exemple, selon une autre étude de 2016 de l'Observatoire des inégalités, les salaires des femmes sont en moyenne inférieurs de 26,8 % à ceux des hommes, tous temps de travail confondus.

Journaliste

Et donc votre collectif a adapté ce rapport au nombre de jours ouvrés en 2018, et vous êtes arrivés à la date du 8 novembre 2018. Les Françaises travaillent donc « bénévolement » quatre jours de plus que l'année dernière, c'est bien ça ?

Isabella BLEULAIZIEUX

Oui, tout à fait. La date du 8 novembre était basée sur des analyses s'appuyant sur des chiffres de 2015 : l'organisme montre que les inégalités se sont accentuées entre 2015 et 2018. L'inégalité salariale est donc incontestablement en progression.

Journaliste

Mais ce n'est pas tout, car cette étude a révélé d'autres problèmes concernant l'inégalité ?

Isabella BLEULAIZIEUX

En effet, cela a également permis de faire apparaître au grand jour plusieurs grandes inégalités. Il y a, d'abord, le fait que la sphère privée influe sur la sphère publique pour les femmes, qui ont en majorité la responsabilité de l'éducation des enfants, la prise en charge de leurs parents, les tâches ménagères et la charge mentale.

Cela explique notamment la forte proportion des femmes travaillant à temps partiel : 29 % d'entre elles contre 7 % des hommes. Avoir des enfants influe considérablement sur leur taux d'activité, contrairement aux hommes.

Journaliste

Et concernant les études, est-ce qu'elles sont aussi un facteur de discrimination ?

Isabella BLEULAIZIEUX

Alors, nous avons également à souligner une répartition selon le genre au niveau des études supérieures, des métiers et des postes à responsabilités. Le rapport de l'étude montre que les femmes sont concentrées dans des niveaux hiérarchiques inférieurs : la communauté scientifique s'accorde à dire que ces « choix » sont influencés par la prévalence des stéréotypes genrés. Bien que les femmes soient parfois plus diplômées que les hommes, une internalisation des stéréotypes et des inégalités devant les négociations salariales minent leur carrière. Elles sont sous-représentées, mais aussi sous-rémunérées, et l'écart s'accentue avec le niveau d'études : c'est parmi les salariés les plus diplômés que l'écart de revenu salarial est le plus prononcé.

Journaliste

Et donc, votre collectif souhaiterait proposer des initiatives pour faire face à ces problèmes ?

Isabella BLEULAIZIEUX

En plus de cibler les sources principales de l'inégalité salariale entre femmes et hommes, nous avons en effet identifié trois niveaux d'action. À l'échelle individuelle, les femmes peuvent se serrer les coudes bien sûr dans l'entreprise ou encore négocier une augmentation. Par ailleurs, les entreprises devraient adopter une politique de transparence en matière de rémunération, mettre en place une aide à la garde d'enfants, revaloriser les emplois les moins payés et augmenter le salaire des employées. Et enfin, en matière de politiques publiques, notre collectif met en avant des initiatives inspirantes lancées dans d'autres pays européens. On y retrouve l'importance du congé parental, qui a montré son efficacité comme en Suède par exemple. Le pays a été le premier à remplacer le congé maternité par un congé parental de 16 mois. Depuis janvier 2016, les pères suédois ont l'obligation de prendre au minimum 90 jours de ce congé parental après la naissance de leur enfant.

Journaliste

Merci beaucoup Isabella pour toutes ces explications. Bonne journée à toutes et à tous !

EXERCICE 3

DOCUMENT 1

Animateur

Pour la deuxième année consécutive, le Festival de Cannes mettra à l'honneur la réalité virtuelle et augmentée. Baptisé Cannes XR, cet événement se déroulera au même moment que la compétition officielle du 12 au 17 mai. Écoutons Marie GALYCE, responsable communication du festival.

Marie GALYCE

Alors oui, c'est vrai. L'objectif de ce programme est très simple. Nous souhaitons que le Festival de Cannes joue un rôle d'accélérateur de croissance pour l'écosystème du divertissement en réalité virtuelle. Nous sommes convaincus que les technologies immersives telles que la RA et la XR sont l'avenir du cinéma et donc nous souhaitons jouer un rôle dans cette révolution en favorisant le développement de relations transnationales entre acteurs du secteur, tout en les aidant à promouvoir et développer leurs activités auprès de l'industrie cinématographique.

Alors cette année nous avons prévu une nouveauté importante, la création d'un nouveau prix axé sur la réalité virtuelle qui sera décerné à l'un des dix projets sélectionnés par le jury. Aussi ayant été relativement à l'étroit l'année dernière, nous disposerons cette fois-ci d'un espace de 2400 m². Nous souhaitons décloisonner le secteur du divertissement, être le pont entre technologie et cinéma. Des représentants de très grandes entreprises comme Google, Microsoft, Facebook et Intel seront donc présents.

DOCUMENT 2

Journaliste

Internet c'est plus de 3 milliards de personnes, des millions d'entreprises ou d'organismes privés ou publics à potentiellement cibler depuis votre canapé. Dans ce contexte, la cyberdélinquance se développe de façon exponentielle. Ces personnes mal intentionnées et à la recherche de forfaits à commettre, on les appelle des hackers, des crackers, des hacktivistes ou encore des pirates. Ils sont invisibles, mais pourtant omniprésents. Laissons la parole à monsieur ALTEWELT, spécialiste de la question. Alors, monsieur ALTEWELT, est-ce que le citoyen lambda doit s'inquiéter de la menace des hackers ?

Monsieur ALTEWELT

Alors oui, tout à fait. Via Internet, les acteurs mal intentionnés peuvent s'attaquer à n'importe lequel d'entre nous !

Le principal danger, très courant d'ailleurs, est l'usurpation d'identité. Le vol d'identité, cela arrive quand quelqu'un vole vos informations personnelles, les utilise sans permission et, se faisant passer pour vous, finit par endommager votre réputation, vos finances… Il faut savoir que deux millions de Français ont déjà été victimes d'usurpation d'identité. Si l'on est victime d'un vol d'identité, il faut immédiatement déposer plainte au commissariat de police ou à la brigade de gendarmerie, mais cela n'est pas suffisant, il faut en fait déposer plainte à chaque fois que l'on a connaissance d'une fraude, c'est le seul moyen de s'opposer aux créanciers.

DOCUMENT 3

Journaliste

Nous accueillons aujourd'hui monsieur ESISTKRIEG, auteur du livre Les Consom'acteurs. Bonjour, monsieur ESISTKRIEG, pouvez-vous nous dire ce que c'est d'être consom'acteur ?

Monsieur ESISTKRIEG

Bonjour à tous. Alors cela signifie devenir acteur de la consommation, être donc « consom'acteur ». C'est en d'autres mots le fait de se poser la question de savoir ce que l'on cautionne à travers son acte d'achat.

La décision de consommer est un choix individuel. Chacun a la possibilité, la liberté, le droit et le devoir de choisir à qui il donne son argent. Bien qu'il soit insignifiant à l'échelle individuelle, le pouvoir d'acheter ou non tel ou tel produit est considérable lorsqu'il est multiplié par des milliers ou des dizaines de milliers de consommateurs déterminés.

Depuis quelques années, cette prise de conscience du pouvoir que nous, consommateurs, possédons se traduit par l'apparition de nombreux appels au boycott. Le boycott, c'est-à-dire le refus d'acheter un produit précis, est plus que jamais un véritable moyen de pression dont disposent les consommateurs « citoyens » qui se sentent responsables et conscients de leurs achats.

Les motivations du boycott sont multiples. Elles peuvent être écologiques, c'est-à-dire contre un produit, ou une entreprise polluante ou encore éthiques par exemple contre une entreprise qui réalise sa production dans des pays où l'on fait travailler des enfants, où l'on exploite les ouvriers. La motivation peut finalement être morale. Par exemple contre un pays qui déclenche une guerre.

2 Compréhension de l'oral

▶ **EXERCICE 1**

Journaliste
> La fessée est désormais interdite en France. Le Parlement a adopté définitivement, mardi 2 juillet, par un ultime vote du Sénat, une proposition de loi déjà votée par l'Assemblée nationale visant à interdire les *« violences éducatives ordinaires »*.
> C'est une petite révolution. Pour en parler, nous accueillons monsieur BALINE, psychologue de la petite enfance et chercheur en neurologie. Bonjour, Professeur BALINE, merci d'avoir accepté notre invitation.

Professeur BALINE
> Bonjour. Merci de m'avoir convié à votre émission.

Journaliste
> Alors monsieur BALINE, pensez-vous que la France ait raison d'interdire la punition corporelle ?

Professeur BALINE
> Oui ! Enfin ! J'ai envie de dire ! C'est une pratique moyenâgeuse qui n'a rien à faire au XXIe siècle !

Journaliste
> Moyenâgeuse, mais efficace si l'on en croit certaines personnes !

Professeur BALINE
> Alors là, pas du tout ! C'est même le contraire. Plus des enfants se font punir avec violence, plus ils sont dissipés. C'est un cercle vicieux ! D'ailleurs au Canada, une étude menée auprès de 500 familles a démontré que lorsque les parents ont été formés à ne plus avoir recours à la punition physique, les comportements difficiles chez les enfants ont également diminué de manière significative. La punition physique est bien moins efficace que les méthodes de discipline positive pour obtenir une amélioration du comportement. Cela est prouvé.

Journaliste
> Mais à part avoir des bleus, quels sont les risques pour les enfants ?

Professeur BALINE
> À part avoir des bleus ? C'est déjà beaucoup et inacceptable ! Vous ne croyez pas ?! Un enfant ne devrait jamais avoir la peau meurtrie par l'un de ses parents.

Journaliste

Oui, désolé. Je me suis mal exprimé. Quelles sont les conséquences du châtiment corporel ?

Professeur BALINE

Je sais bien, je vous taquine. Alors en fait, sur le long terme, de nombreuses recherches indiquent que la punition physique est associée à une variété de problèmes de santé mentale, comme la dépression, l'anxiété et l'abus de drogues et d'alcool.

Certaines études plus récentes indiquent par ailleurs que la punition physique est aussi liée à un développement cognitif plus lent et une baisse du rendement scolaire. De plus, des recherches en imagerie cérébrale laissent entendre que le châtiment corporel pourrait être à l'origine d'une réduction de la matière grise du cerveau dans des régions associées à la performance lors de tests de quotient intellectuel.

Journaliste

Je vais là encore jouer l'avocat du diable, mais on entend souvent des adultes dire qu'ils ont reçu des fessées dans leur enfance et qu'ils vont très bien aujourd'hui ! Pensez-vous qu'ils mentent ?

Professeur BALINE

Il est possible qu'une personne ayant reçu des fessées dans l'enfance s'en sorte bien. Cependant, le risque est élevé pour que ce ne soit pas le cas pour bien des personnes. En effet, les enfants victimes de punitions corporelles sont nombreux à vivre des impacts négatifs sur leur développement. Ils apprennent également que la violence physique est une bonne stratégie pour gérer les conflits. Cette violence, ils la reproduiront donc. C'est leur entourage, notamment leurs propres enfants qui en feront les frais et cette transmission de la violence se reproduira encore et encore.

Journaliste

Merci monsieur BALINE d'avoir répondu à mes questions. Nous rappelons à nos auditeurs que s'ils sont témoins de violences faites à un enfant, ils ont le devoir de le signaler en appelant le 119 Allô Enfance en Danger.

EXERCICE 2

Journaliste

Aujourd'hui, la trottinette électrique est partout et a envahi le paysage urbain. Peu nombreux sont ceux qui ne l'ont pas encore testée.

Depuis quelques années, les grandes métropoles françaises cherchent, en effet, de nouvelles manières pour diminuer la pollution de l'air et favorisent de plus en plus les transports en commun et les solutions « vertes ».

Nous accueillons madame DELAVILLA et allons discuter avec elle de ce véritable boom.

Alors madame DELAVILLA, vous êtes conseillère en urbanisme, spécialisée dans les transports. Quand cet engouement pour ce petit véhicule a-t-il commencé ?

Madame DELAVILLA

Bonjour, merci de m'avoir conviée à votre émission. Alors depuis la fin du mois de juin 2018, la région parisienne a vu le nombre de trottinettes électriques en circulation exploser.

Journaliste

Ces nouveaux véhicules comportent de nombreux avantages et ont le mérite d'être moins polluants que les voitures. Mais est-ce que cette solution est vraiment 100 % écologique… ?

Madame DELAVILLA

Alors oui elle l'est, mais pas totalement. Aujourd'hui, 26 % des émissions de gaz à effet de serre en France proviennent des transports. Face à ce constat, la trottinette électrique apporte de nombreux avantages et a le mérite de ne produire aucun gaz à effet de serre. En effet, cette dernière fonctionne simplement avec une batterie électrique. En préférant ce mode de transport, nous diminuons notre consommation d'essence et économisons donc du pétrole. Aussi, puisque silencieuse, la trottinette électrique réduit également la pollution sonore.

Journaliste

Mais vous sembliez dire qu'elle n'était pas totalement écologique…

Madame DELAVILLA

C'est vrai. Le service de maintenance n'est pas si écologique que ça. En effet, la charge de la batterie d'une trottinette n'est pas illimitée. Alors, comment se fait-il qu'elles soient toujours pleines ? Bonne question…

En fait, pour pouvoir rouler toute la journée, les trottinettes doivent être « juicées », c'est-à-dire ramassées, ramenées, et branchées, afin de recharger entièrement la batterie. Un service de maintenance, polluant, est donc mis en place durant la nuit. Socialement aussi c'est dramatique. Les personnes qui s'occupent de « juicer » les trottinettes sont souvent des indépendants ou des étudiants, et ils font ce travail pour obtenir des revenus complémentaires. Ils sont généralement dans une situation très précaire. Donc la trottinette est écologique le jour, mais la nuit, pas tant que ça.

Journaliste
Mais pourquoi séduit-elle autant ?

Madame DELAVILLA
Il est vrai que c'est une alternative séduisante face aux voitures, et même aux transports en commun. En effet, plus besoin d'attendre à l'arrêt de bus ou de subir d'interminables embouteillages, la trottinette électrique vous accompagne dans tous vos déplacements. Voilà pourquoi elle a tant d'adeptes.

Journaliste
Les riverains sont, eux aussi, ravis, je suppose. Comme vous le disiez, la trottinette électrique réduit la pollution sonore.

Madame DELAVILLA
Oui, c'est l'un des plus grands avantages de la trottinette. Cependant, les riverains ont d'autres choses à reprocher à ce nouveau moyen de transport. Les trottinettes sont en effet éparpillées dans l'espace public, le plus souvent sur le trottoir. Même si seule, elle occupe moins d'espace qu'un vélo et bien moins encore qu'un scooter, l'agacement des piétons finit par peser, car la *« marchabilité »* de la ville se réduit et il en est de même pour sa qualité de vie.

Journaliste
Merci madame DELAVILLA d'être venue sur notre plateau.

Madame DELAVILLA
Merci à vous

EXERCICE 3

DOCUMENT 1

Journaliste

Selon une dernière étude menée par le professeur Rousseau de l'Association Nationale pour l'Amélioration de la Vue, les adolescents français passeraient un tiers de leur journée devant un écran, soit de télévision, d'ordinateur, de tablette ou bien encore de smartphone. On observe donc depuis plusieurs années une augmentation des troubles liés à cette surconsommation d'écran, tels que des problèmes visuels, une fatigue oculaire, un mal de tête, des démangeaisons au niveau des yeux ou bien encore des troubles du sommeil.

Concernant ce dernier problème, il semblerait que ce soit la lumière bleue qui en soit la cause. En effet, cette énergie émise également par le soleil serait même capable d'altérer certaines parties de l'œil. Elle perturberait aussi la production de mélatonine, l'hormone du sommeil produite par l'organisme et causerait des retards d'endormissement, d'apprentissage et de croissance chez de nombreux jeunes. Afin de se protéger de ces potentiels dégâts produits par cette lumière, il existe des applications pour « jaunir » les écrans. Il existe également d'autres solutions, comme des filtres que l'on peut appliquer sur son écran ou bien encore sur ses lunettes. Quoi qu'il en soit, nous devons rester vigilants, car nous ne connaissons pas encore tous les dangers de cette lumière bleue.

DOCUMENT 2

Journaliste

Vous en avez assez de voir votre ado affalé sur le canapé le week-end en train de regarder la télévision ou d'être scotché sur son téléphone portable. Vous essayez de le faire bouger, mais en vain, il vous répond qu'il est fatigué et qu'il ne veut rien faire, car il est en train de grandir.

Il s'agit là en fait d'un cercle vicieux, mal du XXIe siècle, qui fait que les enfants ont moins d'énergie et moins de motivation tout simplement parce qu'ils ne bougent plus assez.

En effet depuis maintenant une soixantaine d'années, la dépense énergétique des jeunes a diminué tout comme le temps consacré à l'activité physique. Durant la semaine, les jeunes restent assis à l'école tout au long de la journée, et cela renforce énormément leur passivité physique.

Les quelques heures d'éducation physique et sportive ne suffisent pas à compenser cette perte de puissance au niveau des muscles, qui provoque cette sensation de fatigue, et qui rend nos enfants moins toniques, et parfois même malheureux. Il n'y a donc qu'une seule chose à faire : c'est proposer à nos ados de sortir le week-end. Faire des choses ensemble comme des promenades, du vélo, de la cuisine ou bien toute autre activité pour le faire bouger. Votre adolescent vous en sera donc plus reconnaissant, car il sera plus motivé et sans doute bien plus épanoui.

DOCUMENT 3

Journaliste

Quand vous faites vos courses au supermarché, vous regardez la liste d'ingrédients qui composent votre plat préféré. Et là, vous tombez sur des termes un peu barbares comme glucose, fructose, saccharose, que vous ne connaissez pas du tout. Derrière ces noms scientifiques se cache en réalité le sucre, et plus précisément le sucre ajouté. On le retrouve dans plus de 200 produits de notre alimentation quotidienne. Il est maintenant devenu omniprésent dans nos plats. Il est souvent utilisé pour faciliter la production industrielle et la transformation alimentaire, mais surtout pour une histoire de goût, car l'homme a toujours aimé le sucre.

Cependant, il faut s'en méfier, car depuis quelques années, il est avéré que l'abus de sucre est très mauvais pour la santé et peut provoquer des maladies comme le diabète, le surpoids voire l'obésité. Selon l'OMS, la consommation journalière maximale de sucre par adulte devrait être de 50 grammes. Or en France, nous serions plutôt entre 70 et 100. À noter que la consommation d'édulcorants de type faux sucres comme l'aspartame ou la stévia est à proscrire, car ils comporteraient également des risques pour la santé. C'est pourquoi il est important de bien lire les étiquettes avant d'acheter les produits afin de réduire au mieux notre consommation de sucre.

3 Compréhension de l'oral

▶ EXERCICE 1

Journaliste
    Nicolas BULOT, Bonjour.

Nicolas BULOT
    Bonjour.

Journaliste
    Nous allons nous entretenir avec vous cet après-midi à propos du tourisme durable. Quand on entend parler de cette nouvelle forme de tourisme, on a tendance à penser à la protection de l'environnement et donc, indirectement, à la diminution de l'impact des voyages sur la nature. Cependant Nicolas ce n'est pas tout, n'est-ce pas ?

Nicolas BULOT
    Non, en effet, car lorsque l'on regarde la liste des nominés aux prochains grands prix du tourisme durable organisés par le magazine VoyageMag, prix qui seront décernés d'ici tout juste un mois, et bien on s'aperçoit que derrière cette expression se cachent de très nombreux acteurs et des projets très divers.

Journaliste
    On peut citer par exemple, Figatella, un tour-opérateur corse, qui réduit son empreinte carbone en plantant des marronniers en Corse. On trouve aussi le groupe hôtelier Barrière qui organise un challenge anti-gaspi pour que ses cuisiniers inventent des recettes sans gaspillage et pratiquement sans déchet. On pourrait en citer bien d'autres également, comme la compagnie de ferries la Manchette, qui assure la liaison France-Angleterre avec des bateaux électro-solaires, et que lorsque ces bateaux sont à quai, ils se raccordent au réseau électrique ce qui réduit leur impact carbone ainsi que les nuisances sonores. Mais surtout, il y a une notion extrêmement importante, celle du partage des fruits du tourisme, explication de Marco BUFFALO, expert en tourisme durable :

Marco BUFALLO
    Ce qui est bien avec le tourisme durable, c'est qu'une grande partie de l'économie revient directement à la population : on ne passe plus à côté des habitants locaux à travers les vitres d'un bus ou derrière les fenêtres des hôtels, on va les rencontrer, on vit avec eux, on partage, et on tente surtout de reverser les revenus de ces excursions directement à la population.

Une sortie dans un village pour un groupe de touristes qui va passer une journée avec des villageois. Ces derniers leur préparent des repas locaux, des activités traditionnelles, etc. c'est beaucoup plus intéressant financièrement que de manger tous les jours au restaurant d'un grand hôtel. Et surtout, pour le touriste, c'est très bien, car le coût du circuit n'est pas plus élevé, c'est une idée fausse : un circuit de tourisme responsable n'est absolument pas plus cher qu'un circuit normal ou qu'un voyage traditionnel, bien au contraire !

Journaliste

Et puis Nicolas, beaucoup plus près de chez nous encore, il existe d'autres initiatives qu'on pourrait qualifier aussi de tourisme durable, dans certains hôtels par exemple. Vous pouvez nous expliquer ?

Nicolas BULOT

En effet, on peut voir de plus en plus souvent de petits panneaux nous demandant d'utiliser moins de serviettes de toilette, mais il y a encore mieux, par exemple l'association bordelaise « Passer un savon » a eu une bonne idée toute simple et surtout très efficace, son directeur, Patrick GALBANI, nous explique laquelle.

Patrick GALBANI

Nous récupérons les savons usagés dans certains hôtels en France, nous les recyclons par la suite, avant de les donner à d'autres associations. Par exemple en un seul mois, nous avons collecté dans un hôtel niçois de 250 chambres plus de 66 kg de savon. Tout dépend de la taille de l'hôtel bien sûr, et du poids des savonnettes, car certains savons peuvent peser parfois entre 60 et 120 grammes. Mais nous avons environ une trentaine d'hôtels partenaires et nous avons déjà collecté en 6 mois un peu plus de 600 kg de savon.

▶ **EXERCICE 2**

Journaliste
Le jeu vidéo a longtemps été considéré comme un simple média de divertissement, mais depuis plusieurs années il a évolué et s'est diversifié. Il s'est mis à toucher différentes tranches d'âges et à aborder des thèmes touchant plus ou moins les joueurs. Parmi nous aujourd'hui, Philippe SINED, conservateur du Musée du Jeu Vidéo de Paris. Philippe, bonjour.

Philippe SINED
Bonjour.

Journaliste
Alors, expliquez-nous, les jeux vidéo sont souvent considérés comme des œuvres à part entière, mais peut-on parler d'œuvres d'art ?

Philippe SINED
Lorsque l'on parle de la classification des arts, le 8e, le 9e et le 10e sont rarement évoqués, cela est peut-être dû au fait que les termes « sept arts » ou « septième art » pour le cinéma sont fréquemment utilisés dans le langage courant. Ce qui en vient à faire oublier les trois derniers.

Journaliste
Mais concernant le jeu vidéo ?

Philippe SINED
Il est reconnu comme étant le 10e art si l'on en croit ce classement. De plus, il est officiellement reconnu comme un art par la Cour suprême des États-Unis depuis 2011. En France, le ministère de la Culture reconnaît, depuis 2006, le jeu vidéo comme une forme d'expression artistique.

Journaliste
Quand vous parlez d'expression artistique, qu'entendez-vous par là ?

Philippe SINED
Je veux dire que l'argument qui est très souvent mis en avant lorsqu'on se penche sur la question, c'est qu'il s'apparente à un art total. Regroupant ainsi plusieurs formes artistiques comme l'architecture, la musique, le dessin, la littérature ou encore la mise en scène, le cinéma par exemple bénéficie également de cette particularité. Ce qui est magnifique avec ce média, c'est la liberté d'expression à laquelle peuvent s'adonner les nombreux artistes travaillant à l'élaboration de leurs jeux. Ils peuvent créer ce qu'ils veulent, de la manière qu'ils le souhaitent.

Journaliste

Il y a donc des ressemblances avec les autres arts que nous connaissons ?

Philippe SINED

Il y a en effet un point commun entre les jeux vidéo et les autres formes d'art : l'évolution et l'adaptation à travers le temps. Certains jeux ont marqué l'histoire au point d'être clairement considérés comme des œuvres d'art, et de nombreux personnages sont aujourd'hui connus de tous et sont devenus des icônes de la pop culture. Dans toute forme d'art, des œuvres marquent, d'autres perdurent et certaines sont éphémères. Elles forment un tout qui s'adapte constamment à son époque. Certains courants artistiques reviennent cependant faire parler d'eux, en profitant au passage des technologies modernes. Les jeux en pixel art par exemple, sont récemment revenus sur le devant de la scène avec les jeux indépendants notamment et jouissent aujourd'hui d'une grande popularité. À titre de comparaison, on pourrait évoquer le retour du vinyle qui est presque devenu plus populaire que le format CD en musique.

Journaliste

Il y a donc des ressemblances, mais peut-on dire qu'il y a aussi des différences ?

Philippe SINED

Là où le jeu vidéo tranche avec les autres secteurs artistiques, c'est dans l'interaction entre lui et le joueur. Oui, ici on ne parle pas de spectateur, de lecteur ou d'auditeur, le joueur est tout ça à la fois en plus d'avoir un certain contrôle sur l'œuvre qui lui est exposée. Dans le cas d'un jeu en monde ouvert, il peut aller explorer chaque recoin de l'aire de jeu mise à sa disposition. Dans celui d'un jeu narratif, le scénario suit des embranchements choisis par les joueurs. Chaque personne aura finalement une expérience différente guidée par ses émotions et son ressenti devant les situations à choix multiples. C'est ici que ce média se démarque des autres, il peut faire tout ce qu'il veut. On peut rester le temps que l'on veut devant un tableau, il en est de même pour un jeu. Un film a une durée déterminée, il peut comporter plusieurs niveaux de compréhension, certains jeux aussi. On a le goût de la mise en scène et du bon jeu d'acteur, eh bien, certains jeux disposent de tout cela. Dans tous les cas et dans tous les genres de jeux, le but est de provoquer une réaction du joueur, initialement du plaisir, puis tout un tas d'émotions et de sentiments.

Journaliste
　　Dernière question Philippe, vous ne pensez pas que chaque personne perçoit l'art à sa manière et qu'il en est de même pour les jeux vidéo ?

Philippe SINED
　　Tout à fait, même si l'on peut globalement percevoir le jeu vidéo comme un art en considérant tout ce qu'il englobe, cela n'empêche pas les joueurs de décider quels jeux méritent d'être réellement classés comme des œuvres d'art. Et dans le cadre de l'esprit collectif, le fait de le considérer en tant que tel donnerait ses lettres de noblesse aux jeux vidéo.

Journaliste
　　Merci beaucoup Philippe SINED.

Philippe SINED
　　Je vous en prie.

EXERCICE 3

DOCUMENT 1

Animateur

Depuis 2008 et jusqu'à maintenant, de nombreux médicaments pouvaient être vendus en accès libre, le client pouvant se servir seul dans les rayons des pharmacies, chacune d'entre elles ayant la possibilité de placer ces médicaments derrière leurs comptoirs. Malheureusement, suite à des complications de santé de certains malades ayant pris des produits en automédication, un certain nombre de médicaments seront prochainement retirés des rayons de libre-service. Docteur YAOWU, vous êtes pharmacologue, que pensez-vous de cette mesure qui devrait être prise prochainement ?

Docteur YAOWU

Oui, comme vous l'avez dit, depuis juillet 2008, ce sont plus de 220 médicaments qui ont été mis en automédication, en vente libre. Ce sont des médicaments très utilisés, il est important que les patients puissent y avoir accès, mais encore faut-il qu'ils soient utilisés correctement. Il faut redonner de l'importance au rôle du pharmacien ou de la pharmacienne. Ils sont là pour conseiller les patients quant à l'utilisation de certains médicaments. Vous le savez tous, un mauvais usage comporte des risques. Prenons l'exemple de l'un des composants médicamenteux les plus connus, le paracétamol. Pris à des doses trop élevées, le paracétamol peut provoquer de graves lésions du foie, qui peuvent nécessiter une greffe, voire être mortelles.

DOCUMENT 2

Animateur

Nous accueillons aujourd'hui le professeur KALAM, linguiste de renommée internationale. Vous venez d'écrire un nouveau livre, *Nos Mots*. Vous y affirmez que le vocabulaire d'une langue est le miroir de la société qui la parle. En d'autres mots, que la surreprésentation lexicale d'un concept ou, au contraire son absence, révèle les caractéristiques et les maux, cette fois-ci, M-A-U-X, d'une société.

Docteur KALAM

Oui, tout à fait, dans les pays où la neige est abondante, les mots qui la décrivent abondent également.
En same, une langue parlée en Norvège, en Suède et en Finlande, on compte plusieurs dizaines de mots pour désigner la neige.

Il en va de même pour la corruption. Là où elle est courante, elle porte une foule de noms. Dans des pays comme l'Italie, la Grèce, le Nigeria et l'Inde, il existe des centaines de mots qui signifient « corruption ». Mais les concepts pour lesquels nous n'avons pas de mot sont tout aussi intéressants que ceux pour lesquels nous en avons trop.

En espagnol, par exemple, le terme de lanceur d'alerte n'a pas d'équivalent — impossible de faire référence, en un mot, à quelqu'un qui a le mérite de signaler une activité illégale ou un comportement contraire à l'éthique. En espagnol, les noms qui s'en rapprochent le plus ont tous des connotations négatives, évoquant plutôt un indic, un mouchard, un crapaud ou un rat — ce qui est révélateur de ces sociétés.

DOCUMENT 3

Chroniqueur

Une nouvelle étude affirme qu'à cause du changement climatique, un tiers des plantes pourraient disparaître d'ici 50 ans.

Des scientifiques ont essayé d'estimer les pertes futures de biodiversité dues au changement climatique et ils estiment qu'une espèce de plantes sur trois pourrait être menacée d'extinction d'ici à 2070.

538 espèces dans 581 milieux naturels ont été étudiées. À chaque fois, les scientifiques disposaient de relevés effectués à dix années d'écart. Ainsi, ils ont constaté que 44% d'entre elles avaient déjà disparu dans l'un de leurs milieux naturels habituels.

Alors pourquoi cette hécatombe ? Ce sont principalement les jours estivaux les plus chauds qui sont à blâmer. Les périodes de chaleur et sécheresse momentanées auraient un effet désastreux sur la faune.

Les animaux sont en effet très sensibles aux pics de chaleur. Ainsi, environ 50 % des espèces s'éteindraient dans un milieu donné si les températures maximales augmentaient de 1,5°C, 95% si elles augmentaient de 3°C.

Un seul espoir pour les chercheurs : si nous respectons les accords de Paris, et cela semble difficile, seules deux espèces sur dix seront victimes d'extinction d'ici à 2070. Si le réchauffement climatique ne ralentit pas, on pourrait bien provoquer l'extinction de la moitié des espèces et plantes.

4 Compréhension de l'oral

▶ **EXERCICE 1**

Journaliste

Les préjugés ont la vie dure. En effet, selon une dernière étude il semblerait que les femmes aient toujours environ deux fois moins de chances que les hommes d'accéder à des postes à hautes responsabilités via des promotions. Malgré des études et des compétences parfois égales, cette différence serait encore plus élevée dans le privé que dans le public.

Christian GAUTHIER, qui a réalisé cette étude nous explique pourquoi :

Christian GAUTHIER

« On s'est aperçu que l'égalité entre les sexes est loin d'être atteinte au travail. Les hommes accèderaient plus facilement à un emploi de cadre supérieur que les femmes, alors que ces dernières représentent plus de 65 % des jeunes diplômés. Seulement 40 % d'entre elles auraient des postes hautes responsabilités mais ce serait principalement dans l'administration et la fonction publique.

En effet, dans le privé, il leur faut plus de temps pour accéder au poste de manager et l'on trouve également une différence de salaire pouvant aller jusqu'à 300 € entre certains hommes et certaines femmes qui occupent ce même poste. De plus, les femmes se retrouveraient à la tête d'équipes réduites par rapport à celles de leurs collègues masculins.

On remarque également que les femmes ayant obtenu une mention très bien au bac, un doctorat, ou une expérience professionnelle à l'étranger rivaliseraient plus aisément avec leurs homologues masculins lors de promotions. Cela serait un gage supplémentaire de fiabilité selon certains employeurs.

Tout cela à cause de préjugés toujours bien ancrés dans notre société. Les responsables considèrent toujours que les femmes doivent rester plus impliquées dans la sphère familiale que les hommes, plus particulièrement dans l'éducation de leurs enfants. Devoir terminer son travail plus tôt pour aller à l'école, ne pas pouvoir se déplacer pour voyages d'affaires, sans parler des congés maternité… Tout cela dissuade de nombreux employeurs de confier des postes à hautes responsabilités aux femmes.

Mais surtout, il semblerait que les femmes soient moins ambitieuses que les hommes, puisque seulement un quart d'entre elles voient leur poste actuel comme un moyen d'atteindre à l'avenir de hautes responsabilités. Les hommes seraient donc plus carriéristes et profiteraient ainsi de la situation.

Journaliste

Il reste encore beaucoup de travail à faire, sachant que le gouvernement envisage de proposer prochainement un projet de loi afin de réduire cette inégalité. Merci beaucoup Christian GAUTHIER.

Christian GAUTHIER

Je vous en prie.

▶ EXERCICE 2

Animateur

Bonjour à tous, merci de nous écouter. Aujourd'hui, en compagnie de monsieur JANIER, responsable bien-être dans une grande entreprise du CAC 40, nous allons parler de la déconnexion numérique.

Monsieur JANIER

Alors, oui. Le numérique a pris une place très importante dans nos vies. Il suffit de se promener dans la rue ou de prendre les transports publics pour constater l'ampleur du phénomène : la très grande majorité des gens disposent d'un téléphone portable. Et cette dépendance se prolonge à la maison et au bureau. Au point, d'ailleurs, que le smartphone remplace de plus en plus l'ordinateur. Dans ces conditions, il devient difficile de tracer une frontière claire entre l'usage privé ou professionnel de cet accessoire désormais incontournable de la communication.

Animateur

Pouvez-vous nous expliquer rapidement en quoi l'hyperconnectivité est néfaste pour les travailleurs ?

Monsieur JANIER

En ramenant du travail à la maison, nous pensons gagner du temps et disposer d'une certaine liberté, or ces comportements, lorsqu'ils deviennent habituels, sont chronophages et coûteux sur le plan psychique.

Les nouvelles technologies entraînent un état de fatigue mentale, physique et un stress important dû au trop grand nombre d'informations à traiter. Cela favorise l'épuisement professionnel, qu'on appelle aussi burn-out.

Cela est également à l'origine de troubles du sommeil. En effet, se reconnecter au bureau avant de dormir provoque une excitation, souvent responsable de troubles de l'endormissement.

Par ailleurs, un autre danger est constaté. Celui de l'addiction. Lorsque nous ramenons du travail à la maison, une certaine accoutumance se crée. Nous plaçons, en effet, la barre très haut et manquons de temps pour pouvoir répondre à nos propres exigences. En travaillant le soir, nous voyons un moyen de compenser et d'éprouver de la satisfaction en mettant fin à notre stress, mais ce n'est que palliatif.

Animateur

De nombreuses personnes s'inquiètent de cette situation qui met à mal la sphère personnelle des travailleurs. Mais qui doit résoudre ce qui s'apparente à un problème de société : les entreprises ? L'État ?

Monsieur JANIER

Alors c'est une vraie question. Certaines entreprises mettent déjà en place des règlements intérieurs visant à garantir l'équilibre entre la vie professionnelle et la vie privée de leurs employés. Malheureusement, ces entreprises sont trop peu nombreuses. La tendance dans le monde de l'entreprise est même plutôt contraire. Un grand nombre d'employeurs attendent de leurs salariés d'être réactifs durant leur temps personnel, c'est-à-dire le soir ou pendant les vacances. Il me semble donc crucial que le gouvernement règle la question une fois pour toutes.

Animateur

Pensez-vous que les employés soient les seuls affectés par ce manque de régulation ?

Monsieur JANIER

Non pas seulement les employés. Les entreprises bénéficieront aussi de cette régulation. Elles souhaitent également des règles claires pour l'ensemble des collaborateurs. En effet, de nombreux chefs d'entreprise le constatent tous les jours : des employés n'hésitent pas à passer des commandes privées ou à réserver leurs vacances pendant les heures de travail.

EXERCICE 3

DOCUMENT 1

Journaliste

Aujourd'hui en France de nombreuses entreprises estiment que leurs salariés sont de moins en moins concentrés. Est mise en cause l'utilisation personnelle d'Internet pendant le temps de travail. En effet, selon une étude menée par un cabinet d'observation indépendant, certains employés passeraient jusqu'à 80 minutes par jour sur les réseaux sociaux. Il faut savoir que la nouvelle génération de cadres voit ces derniers comme un nouvel outil de travail au même titre que le téléphone ou bien encore l'ordinateur, il y a quelques années. Tout d'abord, cela leur permet de communiquer avec leurs collègues, mais également avec leurs associés et autres partenaires. Quand ils font face à des difficultés au travail, ils peuvent facilement rentrer en contact avec ces personnes afin de trouver une solution à leur problème.

Bien que de nombreuses entreprises comprennent et autorisent l'utilisation des réseaux sociaux, certaines ont, au contraire, tout simplement décidé de limiter voire de couper l'accès à Internet pour leurs employés. D'autres font signer une charte de bonne utilisation, obligeant les salariés à ne pas les utiliser, sous peine de sanctions pouvant aller jusqu'au licenciement. Enfin, d'autres ont décidé d'ouvrir de grands bureaux à partager afin que les employés puissent être côte à côte pour ainsi les dissuader d'utiliser leur messagerie personnelle et autres pendant leur temps de travail.

DOCUMENT 2

Journaliste

Selon une toute récente étude du ministère français de l'Enseignement supérieur de la recherche et de l'innovation, qui cherchait à comparer les niveaux de diplôme des jeunes actifs à celui de leurs parents, environ 45 % des Français de 24 à 60 ans auraient un niveau d'études supérieur à celui de leurs parents. En effet, ces dernières années, on observe que les lycéens après leur bac, accèdent de plus en plus facilement aux établissements d'enseignement supérieur. Il semblerait donc qu'une très faible proportion de ces actifs aient un diplôme de niveau inférieur.

Alors faire des études longues et être plus diplômé que ses parents c'est bien, mais attention cependant, car certains jeunes se lancent parfois dans des études de plus en plus longues, sans aucune garantie d'obtenir par la suite le poste qu'ils souhaitent. Bien qu'avoir un diplôme soit toujours une bonne solution face au chômage, il faut cependant savoir qu'il est préférable avant tout de se lancer dans des études qui vous plaisent. Eh oui, cela paraît simple à dire, cependant, il vaut mieux être épanoui par la suite dans son travail, que de regretter son choix d'orientation professionnelle une fois qu'il est trop tard !

DOCUMENT 3

Journaliste

Nous utilisons beaucoup trop de sacs en plastique lorsque nous faisons nos courses et les emballages de produits que nous achetons génèrent également par la suite une montagne de déchets, tout cela après une utilisation relativement brève. C'est le constat alarmant qui a incité Maxime à ouvrir sa propre supérette qui a pour objectif : zéro déchet. Elle vient tout juste de voir le jour dans le centre de Paris, le 15 juin dernier. Il nous explique pourquoi.

Maxime

Je me suis rendu compte en faisant les courses qu'entre les sacs plastiques et les emballages, je me retrouvais toujours avec une quantité énorme de déchets. Je me suis alors lancé dans l'ouverture de cette supérette écoresponsable au principe révolutionnaire : les clients viennent avec leurs propres sacs réutilisables, et achètent la quantité nécessaire d'aliments et de produits qu'ils souhaitent consommer. Une fois de retour chez eux, ils stockent ces produits dans des boîtes réutilisables. C'est une initiative qui plaît beaucoup aux jeunes principalement, car ils sont particulièrement sensibles aux problèmes environnementaux liés à la surconsommation dont la planète souffre depuis maintenant plusieurs années. Le but est maintenant d'inspirer un maximum d'autres commerces, dans le quartier d'abord, puis dans le reste de la ville si l'initiative fonctionne bien.

5 Compréhension de l'oral

▶ **EXERCICE 1**

Journaliste
Bonjour à toutes et à tous, aujourd'hui donc nous parlons consommation avec Régine BOULET.

Régine BOULET
Bonjour.

Journaliste
Régine, bienvenue, vous êtes médecin en nutrition et selon vous, il est impossible depuis quelques temps de faire ses courses sans voir sur la plupart des produits proposés en magasin des étiquettes estampillées « bio » : fruits, légumes, produits transformés même… Ce label rassure le consommateur, qui pense donc acheter des produits de qualité, mais surtout bons pour la santé.

Régine BOULET
En effet, il a plus confiance en achetant des produits marqués bio, pourtant le débat fait rage parmi les experts. Ils sont nombreux à se demander si les aliments bio sont réellement meilleurs pour la santé, comparés aux autres. C'est pourquoi une toute nouvelle étude a été menée par un laboratoire indépendant afin de prouver que les personnes qui mangent bio seraient en bien meilleure santé.

Journaliste
Alors, oui, parlons-en un peu de cette étude.

Régine BOULET
J'allais y venir, ne vous inquiétez pas. Débutée en 2016, cette enquête menée sur 40 000 individus avait pour objectif d'étudier leur comportement en tant que consommateur, et surtout leur état de santé générale. Ainsi des questionnaires alimentaires ont été spécialement établis et les participants ont dû détailler précisément leurs habitudes alimentaires.

Après quatre années d'analyse de données, les résultats ont été publiés dans le journal en ligne Masantédabord. Des spécialistes de l'environnement, des économistes ainsi que des nutritionnistes y ont ainsi participé afin de rendre l'étude la plus pertinente possible, et surtout pour interpréter la quantité phénoménale de données récoltées.

Journaliste

J'imagine bien. Et alors, qu'est-ce qu'a prouvé cette étude finalement ?

Régine BOULET

Alors que constatons-nous en regardant ces résultats : tout d'abord, manger bio ne sert à rien si l'on mange parallèlement trop de viande. En effet, les premiers consommateurs de produits bio sont avant tout végétariens et préfèrent choisir des fruits et légumes de bonne qualité. Ils ne consomment peu ou pas de viande rouge ni de produits laitiers, mais gardent tout de même un apport énergétique plus élevé. Car oui, le régime alimentaire bio apporterait plus de nutriments et serait donc plus sain. Il en est pour preuve que la plupart des consommateurs de produits bio seraient moins en surpoids ou obèse que la normale. Leur indice de masse corporelle serait de 23, ce qui est tout à fait correct, contre 27 pour les autres qui ne mangent pas bio.

Journaliste

Est-ce que cela a permis de prouver d'autres aspects positifs pour la santé ?

Régine BOULET

En effet, cela a également prouvé que la production d'aliments bio aurait moins d'impacts négatifs sur l'environnement, étant donné que l'agriculture biologique émet moins de gaz à effet de serre. Par ailleurs, les cultivateurs bio n'utilisant pas de pesticides, les aliments produits présenteraient moins de risques en matière de cancer, car il a été prouvé qu'une exposition aux résidus de pesticides par l'alimentation serait inférieure de 23 à 100 % pour les adeptes du bio, selon les molécules.

Journaliste

Alors, c'est très bien tout ça Régine, mais si manger bio est si bénéfique pour la santé, pourquoi toute la population n'en profite-t-elle pas ?

Régine BOULET

Et bien justement, l'étude a rapidement révélé le point négatif de la consommation bio et sans grande surprise, il s'agit du prix de ces produits, car manger bio coûte plus cher, en moyenne 3 € par jour. Ce qui est justifié par des coûts de production plus élevés que d'autres produits transformés traditionnels, toujours selon l'étude. Cela implique donc un choix important entre budget et santé, que malheureusement, beaucoup de personnes ne peuvent pas se permettre. Il devient urgent de rendre le plus accessible possible, la consommation de produits bio à l'avenir, car pour le moment, ils restent encore un luxe que de nombreuses familles ne peuvent pas s'offrir.

Journaliste
En effet, n'oublions pas que l'une des choses les plus importantes dans la vie, c'est la santé ! Régine merci, et à bientôt !

EXERCICE 2

Journaliste

Bonjour, nous accueillons monsieur Outang, Laurent de son prénom, professeur au collège.
Alors, monsieur Outang, les nouvelles technologies fournissent des outils de plus en plus employés dans les écoles. Pensez-vous que la nouvelle génération est celle de la technologie et ne peut apprendre que par elle ?

Monsieur OUTANG

Tout d'abord, il est important de remettre les choses en perspective. En effet, les enfants grandissent avec les nouvelles technologies, elles font partie aujourd'hui du quotidien des familles, mais ils ne les maîtrisent pas autant qu'on pourrait le croire. Ils connaissent seulement ce qui les intérese de ces objets technologiques. Par exemple, au niveau informatique, certains jeunes ne savent pas utiliser une suite bureautique et sont parfois incapables d'enregistrer une pièce jointe, parce que ce n'est pas de cette façon qu'ils manient les technologies.

Journaliste

Certains professeurs pensent que les nouvelles technologies devraient être bannies de la classe, car elles sont moins efficaces que les livres et ont des effets pervers sur la concentration des apprenants. Qu'en pensez-vous ?

Monsieur OUTANG

Les technologies doivent avoir une place en classe, car il est important que tous les jeunes aient accès aux TIC afin d'apprendre à les utiliser efficacement et à bon escient tout au long de leur vie. C'est à nous d'enseigner aux élèves le bon usage de ces outils.
Les élèves d'aujourd'hui n'apprennent pas mieux grâce à la technologie en classe. À mon avis, nous n'en sommes pas encore à éradiquer le papier des classes pour le remplacer par des tablettes, et aucune application ne remplacera un enseignant.

Journaliste

Pourquoi pensez-vous que les enseignants sont irremplaçables ?

Monsieur OUTANG

Les technologies de l'information et de la communication ne pourront jamais remplacer l'enseignant, car le lien entre l'adulte et le jeune est essentiel à la réussite scolaire de l'élève.

L'important, c'est la pédagogie développée par le professeur dans son ensemble... peu importent les outils que nous avons à notre disposition.

Journaliste

Quelle est d'après vous, la principale limite des nouvelles technologies dans l'éducation ?

Monsieur OUTANG

« Il vaut mieux une tête bien faite qu'une tête bien pleine » disait Montaigne, ces outils peuvent être tout aussi inutiles, voire dangereux, que formidables. Il y a désormais ce qu'on appelle le « mur de l'information » qui nous interdit justement d'accéder à l'information. Cet excès d'informations bloque la voie vers la connaissance. « L'homme contemporain court ainsi le risque de devenir un ignorant bourré d'informations. » Écrivait Igancio RAMONET.

Je crois que la technologie a sa place dans la classe, mais toutes les technologies ne sont pas bonnes à prendre.

Journaliste

Pensez-vous qu'à l'heure actuelle, les enseignants sont capables d'utiliser les outils numériques ?

Monsieur OUTANG

Je crois que l'Éducation nationale doit se donner les moyens d'intégrer la technologie dans les classes. Elle doit également donner les moyens aux enseignants de l'utiliser. Les élèves sont nés avec les nouvelles technologies. C'est donc un bel outil pour un meilleur rapprochement avec le milieu éducatif. Malheureusement, notre génération, celle des professeurs, est moins à l'aise avec les outils numériques. Nous devons donc être formés à leur utilisation.

EXERCICE 3

DOCUMENT 1

Animateur

Avec l'avènement des MOOCs, une révolution de l'enseignement semble se dessiner. Les cours sur Internet pourraient supplanter les cours en classe. Mais que sont ces fameux MOOCs ?
Le Docteur HADHA YAHMINI, s'est intéressé à ce phénomène et répond à nos questions.

Docteur HADHA YAHMINI

Bonjour à tous. Les MOOCs ont un objectif simple et louable. Il est de mettre à la portée de tous, souvent gratuitement et sur Internet, des cours de qualité. En 2011, les universités de Harvard et de Stanford ont pour la première fois proposé ce format de cours en ligne. L'année suivante, 5 millions d'étudiants avaient déjà suivi un MOOC.
Alors la grande question, en général c'est : « Mais que signifie le terme MOOC ? » Il s'agit en fait d'un acronyme anglais. Le M signifie « massive ». Ce qui veut dire que le nombre de participants aux cours est illimité. O signifie « open ». En anglais, open veut dire ouvert. Les cours sont donc ouverts à tous les internautes, quel que soit leur âge, leur nationalité ou leurs études. En général, les cours sont gratuits. Le second O signifie « online », soit en ligne en français. L'ensemble des cours se tiennent sur Internet. Enfin, le C signifie « course », soit cours. Ce sont de vrais cours qui affichent des objectifs pédagogiques, comme les cours classiques qui se donnent dans les universités.
Avec certains MOOCs, il y a même la possibilité de valider ses acquis par un certificat.

DOCUMENT 2

Journaliste

Lorsque vous tapez votre nom dans votre navigateur Internet, un certain nombre de pages s'affichent et certaines d'entre elles sont de mauvaises surprises. Photos de soirée qui datent d'une dizaine d'années, messages bourrés de fautes sur les réseaux sociaux. Bref, l'image qui est donnée de vous n'est pas très valorisante. Soucieux de votre réputation sur la toile, vous souhaitez faire effacer certaines données. Mais cela est-ce vraiment possible ? Je laisse la parole à monsieur IINSANIUN, spécialiste de la liberté d'image en ligne.

Monsieur IINSANIUN

Bonjour à tous. Oui. Nous avons tous des publications à supprimer sur Internet. Pour ce faire, nous jouissons du droit à l'oubli numérique. Le droit à l'oubli nous permet de faire disparaître les informations personnelles publiées sur la toile.

Les deux applications les plus connues du droit à l'oubli sont le droit à l'effacement et le droit au déréférencement. Le droit à l'effacement est celui de tout individu de demander aux propriétaires d'un site la suppression des postes et des articles le mentionnant. Ce droit concerne également les photos, vidéos, ainsi que tout autre contenu pouvant porter atteinte à une personne.

Le droit au déréférencement concerne, quant à lui, les moteurs de recherche comme Google. Nous pouvons donc faire valoir notre droit à l'oubli sur les résultats du moteur de recherche afin d'éliminer notre nom des résultats.

DOCUMENT 3

Animateur

Depuis quelques années, l'idée de transhumanisme séduit. Or, comme le dénonce le médecin Yves IROBHOTHI, sur le plan scientifique, le transhumanisme est un miroir aux alouettes. Docteur IROBHOTHI, bonjour.

Docteur IROBHOTHI

Bonjour à tous. Alors oui, demain, l'homme verra dans le noir et il entendra les ultrasons. Il courra plus vite, ne connaîtra plus la fatigue, ses capacités intellectuelles auront décuplé, sa mémoire sera prodigieuse, il se souviendra de tout, même à 100 ans, car les signes de vieillesse auront disparu. Le handicap, la maladie, la vieillesse et la mort auront disparu. L'homme sera immortel ! C'est ça la pensée du mouvement transhumaniste. Ce mouvement s'appuie sur deux mythes qui ont toujours fasciné l'être humain, l'immortalité et la fontaine de Jouvence.

Les leaders de ce mouvement font des appels aux dons constants et de nombreuses personnes, connues ou non, dépensent des sommes colossales pour le transhumanisme. Cependant, d'un point de vue scientifique, de telles améliorations ne sont pas possibles. Du moins dans les prochaines centaines d'années à venir. Alors où va tout cet argent ? On l'ignore. Il s'agit sans doute de l'une des plus grandes arnaques du siècle. Comme disait le philosophe chinois Lao Tseu *« Ceux qui savent ne parlent pas, ceux qui parlent ne savent pas ; le sage enseigne par ses actes, non par ses paroles ».*

6 Compréhension de l'oral

▶ **EXERCICE 1**

Journaliste

Stress, pollution ou dégradation de la qualité de vie sont autant d'arguments qui incitent les urbains à rejoindre les campagnes. Certains recherchent même une reconnexion à la terre. En France, ils sont plus de 150 000 à avoir franchi le pas, à avoir choisi de vivre en autonomie avec la nature. Pour décrypter ce phénomène, nous accueillons monsieur TANLIK, auteur du livre *Le retour à la terre*.
Bonjour, monsieur TANLIK. Alors, dites-nous, le bonheur est-il dans le pré ?

Monsieur TANLIK

Bonjour à tous. Merci de m'accueillir aujourd'hui sur votre plateau. Le bonheur est-il dans le pré, ça je ne sais pas. Le bonheur est quelque chose de très personnel. Mais il est vrai que nous assistons ces dernières années à un exode urbain d'un type nouveau. Des citadins quittent la ville pour vivre dans la nature. Ils veulent se reconnecter à l'essentiel, trouver un véritable sens à leur vie.

Journaliste

C'est un choix courageux. Est-il facile de tout lâcher pour aller vivre avec la nature ?

Monsieur TANLIK

C'est un souhait louable, voire salvateur, on pourrait tous y gagner : l'homme et son environnement.
Mais nous avons tellement été assistés au fil du temps que nous sommes quasiment dans l'impossibilité de tout faire en harmonie avec la nature, car nous n'avons aucune connaissance en matière de survie ni de plantes. Bêcher son lopin de terre, planter, attendre la récolte, pratiquer l'élevage… tous ces gestes oubliés restent un art difficile à maîtriser. Notre éducation nous a trop éloignés de mère Nature.

Journaliste

Donc vous pensez que nous ne sommes pas tous capables de survivre dans un milieu naturel ?

Monsieur TANLIK

    Je ne le crois pas. Et je pense même que la nature n'y survivrait pas. Nous avons appris à détruire la nature plus qu'à la protéger, si bien que nos gestes aujourd'hui pourraient tout aussi bien la ruiner davantage, si un flot important d'humains regagnait les clairières et les prairies désertes, quelles pourraient être les conséquences ?

Journaliste

    Mais… pourtant, il existe encore des communautés vivant dans la nature et avec la nature aux quatre coins de ce monde. Nous pouvons apprendre d'elles, en tirer quelques enseignements n'est-ce pas ?

Monsieur TANLIK

    Vous avez raison. Il reste encore dans ce monde préfabriqué des communautés qui vivent loin de la civilisation moderne. Mais pour encore combien de temps ? Ce sont les derniers vestiges de ce monde. Les témoins qui prouvent bien qu'il est encore possible de vivre de cette façon. Malheureusement, je ne crois pas que l'homme mondialisé soit capable d'apprendre de ces communautés. De toute façon, il n'en aura certainement pas le temps. Ces lueurs d'espoir s'éteignent sous le rouleau compresseur de la mondialisation. Les dernières communautés se font absorber et finissent toutes par disparaître.

Journaliste

    Quelle est la situation actuelle de ces communautés ?

Monsieur TANLIK

    La survie culturelle des peuples autochtones est menacée. La protection de leurs territoires ancestraux est primordiale non seulement parce qu'il s'agit d'une source de subsistance pour les peuples autochtones, mais aussi parce qu'ils font perdurer leur identité et leur mode de vie traditionnel. Malheureusement, ces territoires sont sujets à convoitise.

Journaliste

    Merci, monsieur TANLIK.

Monsieur TANLIK

    C'est moi qui vous remercie.

▶ **EXERCICE 2**

Journaliste
Face à l'omniprésence des ordinateurs, de la télévision et des tablettes dans nos vies et celles de nos enfants, l'inquiétude grandit. Nous allons creuser le sujet afin de vous aider à y voir plus clair avec nos deux invités : madame LIANO, pédiatre et monsieur DIANI, psychologue. Bonjour à tous les deux. Merci d'avoir accepté notre invitation.
Alors ma première question est la suivante : les enfants ont-ils vraiment une utilisation abusive des écrans ?

Monsieur DIANI
Oui, c'est vrai. Les chiffres sont explicites : selon une étude, les enfants français âgés de 6 à 14 ans passeraient environ 2 h 30 par jour sur un écran. Ce n'est pas rien ! Cela a bien entendu une incidence sur la santé et l'apprentissage de nos enfants et ados !

Journaliste
Vous dites qu'il y aurait une incidence sur la santé. En tant que pédiatre, pouvez-vous nous donner des précisions ?

Madame LIANO
Eh bien, tout d'abord, les écrans ont la réputation de nuire au sommeil. Lorsqu'un enfant passe 1 heure par jour sur les écrans, cela augmente de 50 % ses chances de moins dormir. Utiliser un appareil avant de se coucher entraîne des nuits plus courtes et une plus grande fatigue au réveil.

Monsieur DIANI
Et ce n'est pas tout ! Les objets technologiques peuvent avoir des conséquences directes sur le développement. La surexposition aux écrans peut modifier le cerveau des enfants. Les scientifiques ont découvert un amincissement prématuré du cortex chez les grands utilisateurs. Le cortex est utile dans les fonctions comme le langage, la mémoire, la conscience, le raisonnement… Il y a bien de quoi s'alarmer !

Journaliste
Cela est vraiment effrayant ! Et qu'est-ce qui rend si attrayants ces écrans ?

Monsieur DIANI
Alors pour les plus jeunes, ce sont les jeux vidéo et les vidéos en ligne. Je profite aussi de mon passage sur votre antenne pour déconseiller à tous les parents d'occuper leurs enfants en leur passant un dessin animé sur une tablette ou un téléphone. À un très jeune âge, cela peut être très dangereux !

Madame LIANO

Mais je voudrais préciser que ce qui retient tant l'attention des préados et des adolescents, ce sont les réseaux sociaux. Snapchat, Whatsapp ou encore Facebook. La course aux likes et à la popularité oblige l'adolescent à se surexposer, à rester connecté, à publier de peur d'être oublié. Les ados ne maîtrisent pas non plus les codes ou débordements possibles des réseaux sociaux comme la révélation de la vie privée. Ils se sentent en sécurité en ligne alors qu'ils ne le sont absolument pas.

Journaliste

En vous écoutant, je me dis qu'il faudrait complètement interdire les écrans !

Madame LIANO

C'est leur utilisation excessive qui est problématique. Une pratique qualifiée et encadrée pour les petits peut lancer les bases d'un apprentissage sain via les écrans.

Concernant les jeunes et les ados, tout n'est pas noir et si la situation vous inquiète, le dialogue reste la meilleure option. En cas de besoin, il est aussi possible d'installer un logiciel de contrôle parental sur les différents appareils de la maison pour surveiller les natures et durées de connexion de vos enfants sur les écrans.

Journaliste

Merci beaucoup docteur LIANO et docteur DIANI.

EXERCICE 3

DOCUMENT 1

Journaliste

Vous recevez un lien Internet qui vous renvoie vers un site d'informations inconnu et vous vous posez la question de savoir si ce que vous lisez est vrai ou non. Il existe aujourd'hui des solutions pour identifier les fake news, comme ce site Internet qui combine techniques d'intelligence artificielle et validation d'informations par des personnes. Le principe est simple : l'information proposée est analysée par différentes IA, c'est-à-dire, Intelligences Artificielles qui tiennent ici le rôle de journalistes qui vérifient avant tout la fiabilité de l'information, puis son contenu. Ensuite, le site va proposer quatre choix : tout d'abord un résumé par extraction généré automatiquement par l'IA, qui présente la partie de l'article la plus représentative du contenu. Puis le site proposera des recommandations à l'utilisateur : la fiabilité de l'information, en la comparant avec d'autres sites d'actualités partenaires, déjà validées pour leur véracité, afin de se rendre compte rapidement s'il s'agit d'une fausse information ou non. Et enfin, le site propose une analyse de l'émotion de la polarité, en d'autres mots, il va déterminer si l'article est partisan, s'il prend position plutôt de manière positive ou négative. Enfin, c'est à l'utilisateur lui-même d'être juge en validant la qualité de l'information, qui sera alors ensuite enregistrée sur le site, afin de faciliter de futures recherches par d'autres personnes.

DOCUMENT 2

Journaliste

Un beau jour, ou peut-être une nuit, vous entrez dans la chambre de votre ado et jetez un coup d'œil indiscret sur la messagerie de son téléphone. Là, vous tombez sur un tout un nouveau langage que vous ne connaissez pas. SMS, texto, smiley, vous n'y comprenez rien et vous vous sentez dépassé. Vous avez parfois l'impression que les jeunes ne savent plus écrire, qu'il n'y a plus de jeunesse. Pourtant certains professeurs de français voient dans le langage SMS non pas une méconnaissance de la langue française, mais une source de créativité et d'expression qui permettrait aux jeunes de simplement dire à leurs parents qu'ils ne sont plus dans le coup. Si tout simplement c'était ça être jeune au 21e siècle. Si c'était tout simplement le symptôme de la rébellion de la jeunesse d'aujourd'hui ?

En inventant cette nouvelle forme de communication écrite, les jeunes, qui pensent ne pas avoir besoin d'être compris de leurs aînés, écartent les adultes de leur univers. Ces derniers sont coupés du monde des ados et ne peuvent plus les comprendre. C'est en réalité à ceux qui veulent communiquer de s'adapter et de faire tomber la barrière de la langue.

DOCUMENT 3

Journaliste

Les voitures hybrides ont beaucoup de mal à percer sur le marché de l'automobile, bien que le principe séduise de plus en plus de personnes. En effet, elles seraient principalement plus écologiques et permettraient de diminuer la consommation d'essence d'environ 40 % dans les villes, si toutefois on les utilise d'une manière adaptée bien évidemment. Les particules polluantes, les gaz toxiques et le CO_2 seraient réduits, mais ce n'est pas tout, car on limiterait aussi la pollution sonore en ville, le moteur électrique étant extrêmement silencieux. Cependant attention aux risques d'accident, car ce type de véhicule qui a commencé à conquérir de nombreux pays, aux États-Unis, en Europe et en Asie, ne manifeste aucun bruit et représente un certain danger. Ainsi, selon un dernier sondage organisé par le magazine VroomVroom, il semblerait que 4 Français sur 5 seraient prêts à acheter une voiture de ce type, bien que le prix du véhicule reste élevé, et que les économies d'énergie ne soient pas significatives. Se pose maintenant la question de la pollution produite lors de la production de ces véhicules, ainsi que celle des batteries intégrées, car il semblerait que leur entretien et leur recyclage posent quelques soucis environnementaux.

Correction des épreuves 연습 문제 정답

듣기 영역

1 Compréhension de l'oral p.18

▶ **EXERCICE 1**
1 C 2 A 3 B 4 B
5 C 6 A 7 B

▶ **EXERCICE 2**
1 A 2 C 3 B 4 A
5 C 6 C 7 A

▶ **EXERCICE 3**

DOCUMENT 1
1 B 2 A

DOCUMENT 2
1 C 2 B

DOCUMENT 3
1 B 2 C

2 Compréhension de l'oral p.25

▶ **EXERCICE 1**
1 A 2 B 3 A 4 B
5 B 6 C 7 C

▶ **EXERCICE 2**
1 A 2 B 3 C 4 B
5 A 6 A 7 A

▶ **EXERCICE 3**

DOCUMENT 1
1 A 2 B

DOCUMENT 2
1 C 2 C

DOCUMENT 3
1 B 2 C

3 Compréhension de l'oral p.33

▶ **EXERCICE 1**
1 A 2 B 3 B 4 B
5 A 6 A 7 B

▶ **EXERCICE 2**
1 A 2 C 3 A 4 C
5 B 6 C 7 B

▶ **EXERCICE 3**

DOCUMENT 1
1 B 2 B

DOCUMENT 2
1 B 2 C

DOCUMENT 3
1 A 2 B

4 Compréhension de l'oral p.41

▶ **EXERCICE 1**
1 C 2 A 3 B 4 A
5 B 6 A 7 A

▶ **EXERCICE 2**
1 C 2 B 3 A 4 C
5 C 6 A 7 A

▶ **EXERCICE 3**

DOCUMENT 1
1 C 2 B

DOCUMENT 2
1 A 2 C

DOCUMENT 3
1 C 2 A

5 Compréhension de l'oral p.47

▶ **EXERCICE 1**

1 B 2 B 3 B 4 B
5 A 6 A 7 C

▶ **EXERCICE 2**

1 B 2 C 3 A 4 B
5 A 6 B 7 A

▶ **EXERCICE 3**

DOCUMENT 1

1 C 2 B

DOCUMENT 2

1 C 2 A

DOCUMENT 3

1 A 2 C

6 Compréhension de l'oral p.54

▶ **EXERCICE 1**

1 B 2 A 3 A 4 A
5 B 6 B 7 A

▶ **EXERCICE 2**

1 B 2 A 3 C 4 B
5 A 6 C 7 B

▶ **EXERCICE 3**

DOCUMENT 1

1 B 2 A

DOCUMENT 2

1 A 2 A

DOCUMENT 3

1 B 2 A

DELF 기존 버전 – 연습 문제 정답

1 Compréhension de l'oral p.61

▶ **EXERCICE 1**

1 1. Les déjeuners en famille.
   2. Les promenades.
   3. Les après-midis jeu de société ou film.
2 Le lundi.

▶ **EXERCICE 2**

1 Le 8 novembre 2018.
2 29 %

2 Compréhension de l'oral p.62

▶ **EXERCICE 1**

1 500 familles.
2 1. Reproduction de la violence subie.
   2. Développement cognitif plus lent.
   3. Baisse des résultats scolaires.
   4. Réduction de la matière grise du cerveau.

▶ **EXERCICE 2**

1 Elles sont rechargées la nuit par des travailleurs indépendants ou des étudiants.
2 Nous n'avons pas besoin d'attendre l'arrivée du bus, nous pouvons nous déplacer à tout moment.
   La trottinette ne subit pas les embouteillages alors que le bus oui.

3 Compréhension de l'oral p.63

▶ **EXERCICE 1**

1 1. L'impact carbone.
   2. La pollution sonore.
2 600 kg de savon.

▶ **EXERCICE 2**

1 Le vinyle.
2 Une expérience plus ou moins différente guidée par ses émotions et son ressenti devant des situations à choix multiples.

4 Compréhension de l'oral p.64

▶ **EXERCICE 1**
1 Il peut coûter jusqu'à 300 euros.
2 1. Les responsabilités familiales.
   2. Le manque d'ambition.

▶ **EXERCICE 2**
1 Le smartphone.
2 L'usage du smartphone à des fins professionnelles sur le temps personnel a pour conséquences un état de fatigue mentale, physique et un stress important. Il favorise l'épuisement professionnel et est également à l'origine de troubles du sommeil.

5 Compréhension de l'oral p.65

▶ **EXERCICE 1**
1 Les fruits et légumes.
2 Les cultivateurs bio n'utilisent pas de pesticides.

▶ **EXERCICE 2**
1 Les jeunes ne la maîtrisent pas autant qu'on pourrait le croire. Ils connaissent seulement ce qui les intéresse de ces objets technologiques.
2 Car il est important que tous les jeunes aient accès aux technologies de l'information et de la communication afin d'apprendre à les utiliser efficacement et à bon escient tout au long de leur vie.

6 Compréhension de l'oral p.66

▶ **EXERCICE 1**
1 1. À cause de la pollution.
   2. À cause de la dégradation de la qualité de vie.
   3. À cause du stress.
   4. Pour se reconnecter à l'essentiel.
   5. Pour trouver un véritable sens à leur vie.
2 Nous devons protéger leurs territoires.

▶ **EXERCICE 2**
1 1. Un sommeil de mauvaise qualité.
   2. Des modifications du cerveau des enfants.
2 Il déconseille très fortement aux parents d'occuper leur jeune enfant avec un dessin animé sur une tablette ou un téléphone.

Compréhension des écrits

II

읽기 시험

I. Présentation de l'épreuve
읽기 시험 소개

읽기 시험은 여러 종류의 지문을 읽고 주어진 문제에 답을 선택하는 방식입니다. 일반적으로 프랑스 혹은 프랑스어권 국가에 관련된 정보 전달 목적의 글 혹은 논설문이 출제됩니다. 보통 450자 내외의 긴 지문으로 이루어진 2개의 파트와 다양한 관점을 드러내는 120자 내외의 3개의 짧은 지문으로 구성된 1개의 파트로 구성되어 있습니다. 응시자는 1시간 동안 이 3개 파트의 문제를 풀게 됩니다.

 시험 준비를 위한 TIP

지문을 읽기 전에 여러분이 찾아야 할 정보의 유형을 알기 위해서 제시된 문항을 먼저 읽습니다.
— 450자 내외의 긴 지문의 경우 약 7개의 문항
— 120자 내외의 짧은 지문의 경우 약 6개의 문항

※ DELF 읽기 시험을 효과적으로 준비하기 위해 이 교재에서 제시되는 주제는 난이도가 점진적으로 높아지도록 조절했습니다. 첫 번째 모의고사는 실제 시험보다 약간 더 쉽고, 마지막 모의고사는 실제 시험보다 조금 더 어렵습니다.

Ⅱ Entraînement à l'épreuve de compréhension des écrits N°1
읽기 시험 연습 N°1

 Méthodologie et conseils généraux 1
읽기 시험 문제 푸는 방법과 전반적 조언 1

읽기 시험에서는 3가지 유형의 지문이 출제됩니다.

1. **정보 전달 목적의 글(informatif) : 중립적 어조로 사실을 소개하는 글**
   누가, 언제, 어디서, 무엇을, 왜(qui, quand, où, quoi, pourquoi)와 같은 기본 질문에 대해 생각해봅니다.

2. **논설문(argumentatif) : 설득을 목적으로 논거와 예시를 통해 의견을 주는 글**
   누가 무엇을 주장하는지, 누구를 설득하고자 하는지와 같은 질문에 대해 생각해봅니다. 또한, 지문의 어조에 대해 생각해봅니다(비판적, 회의적, 함축적, 낙관적, 비관적, 긍정적, 부정적, 중립적).

3. **다양한 관점을 제시하는 글 : 같은 주제에 대해 각기 다른 의견을 제시하는 글**
   지문을 읽기 전에 문제를 먼저 읽으면서 어떤 주제를 다룰지 예상해보는 것이 좋습니다. 지문을 읽으면서 어떤 사람이 어떤 견해를 가지고 있는지 파악합니다(낙관적, 비관적, 긍정적, 부정적, 중립적 견해).

* 읽기 시험 지문에서는 주로 일반적인 주제를 다루며, 여러분이 모르는 특정 어휘가 있는 경우는 문맥의 내용에 따라 의미를 유추해볼 수 있습니다. 읽기 시험에서는 여러분이 지문의 모든 내용을 이해하도록 요구하지는 않습니다. 특정 어휘보다는 지문의 일반적인 개념 및 가장 관련성 있는 정보를 이해하는 것이 중요합니다.
* 일반적으로 문항은 지문의 순서를 따릅니다. 따라서 지문을 읽기 전에 문항을 먼저 읽어보는 것이 도움이 됩니다.
* 지문을 읽는 동안 중요한 정보에 밑줄을 긋고 텍스트를 여러 파트로 나누세요. 전체 문장이나 전체 구절을 이해하지 못하면, 작은 단위로 나누어서 이해한 다음에 범위를 넓히는 것이 좋습니다.
* 2020년부터 시험은 객관식으로 출제됩니다. 따라서 채점자가 여러분이 표시한 답을 혼동하지 않도록 원하는 답에만 정확하게 표시하도록 합니다.
* 정답에 확신이 없는 경우에도 지문의 맥락과 다른 문항에서 선택한 답안을 비교하면서 상식적인 선에서 답을 선택할 수 있습니다. 여러분이 점수를 얻을 확률은 1/3입니다. 정답을 모르더라도 포기하지 말고 본인이 생각하기에 가장 정답에 가깝다고 생각하는 답에 표시하세요.

1 Compréhension des écrits   *25 points*

▶ **EXERCICE 1** Comprendre un texte informatif ou argumentatif   *9 points*

Vous lisez un article sur l'alimentation.

Vers un nouveau modèle alimentaire

Il est devenu maintenant vital pour l'homme de réfléchir au moyen de nourrir l'humanité. Les échanges commerciaux et les ressources alimentaires ne sont plus ses seules préoccupations majeures. Il est important de mettre en place une solution respectueuse de l'environnement afin de créer un nouveau modèle alimentaire adapté aux besoins de l'homme.

Nous le savons tous, l'alimentation et la santé sont intimement liées. Par conséquent, la nutrition d'une population a un impact sanitaire indéniable et variable selon les pays. Dans les pays industrialisés, des millions de personnes souffrent d'obésité. Phénomène lié à la surconsommation alimentaire. Dans les pays pauvres en revanche, une grande partie de la population ne peut pas manger à sa faim. Tous ces problèmes de santé pourraient être mieux gérés si la distribution des aliments dans le monde était plus équilibrée.

Pour les consommateurs, il est difficile de connaître la qualité des viandes, fruits et légumes qu'ils achètent en supermarché et encore moins les répercussions environnementales dues à la fabrication et au transport de ces produits. Ils sont bombardés de publicités, à la télévision, à la radio, dans les journaux, sur Internet, qui vantent les mérites d'aliments trop souvent transformés, auxquels on ajoute sucre et autres additifs alimentaires. Nous sommes donc très loin des produits naturels dont nous aurions en réalité besoin. Face à cette désinformation, acheter des produits vraiment sains est extrêmement compliqué pour les consommateurs.

Bien que les autorités publiques insistent pour plus de transparence sur les listes d'ingrédients affichés sur les étiquettes des produits transformés, ces dernières sont perçues comme illisibles et sont donc souvent ignorées par les consommateurs. En réalité, aucune initiative n'est prise pour offrir au consommateur un meilleur mode alimentaire. Le modèle occidental de distribution essaie de s'imposer partout dans le monde, en créant des problèmes environnementaux relatifs à l'élevage de masse, à la production industrielle et au transport des marchandises.

Il est maintenant venu le temps de trouver une solution à ce système alimentaire dépassé. Pour cela, il est nécessaire d'encourager les acteurs du secteur agroalimentaire à produire des aliments à la fois bons pour la santé et pour l'environnement. Bien que ce soit au consommateur de choisir les produits qu'il souhaite consommer, il est important de le responsabiliser et de l'accompagner correctement dans un environnement alimentaire qui le dépasse. La meilleure solution pour proposer une alimentation durable, au lieu d'une alimentation qui déséquilibre la planète, pourrait être la création d'une offre alimentaire en adéquation avec les besoins nutritionnels et le budget des consommateurs.

Ella RASHTASSOSSE, www.alimag.com

Pour répondre aux questions, cochez la bonne réponse.

❶ Quel est le ton général de l'article ? *1 point*

- **A** ☐ Cynique.
- **B** ☐ Ironique.
- **C** ☐ Alarmiste.

❷ Selon l'auteur, le temps est venu… *1 point*

- **A** ☐ d'augmenter la production alimentaire.
- **B** ☐ de soigner les maladies liées à l'alimentation.
- **C** ☐ de développer un nouveau système alimentaire.

❸ Pour résoudre les problèmes de distribution alimentaire dans le monde, il faudrait… *1 point*

- **A** ☐ instituer la lutte contre l'obésité.
- **B** ☐ harmoniser la répartition alimentaire.
- **C** ☐ promouvoir une alimentation sans viande.

❹ Les consommateurs obtiennent généralement des informations sur les produits qu'ils achètent grâce… *2 points*

- **A** ☐ aux campagnes publicitaires.
- **B** ☐ aux informations nutritionnelles sur les emballages.
- **C** ☐ aux campagnes de sensibilisation gouvernementales.

❺ Si l'on en croit l'article, à l'égard des consommateurs, le gouvernement devrait avoir une attitude… *1 point*

- **A** ☐ protectrice.
- **B** ☐ autoritaire.
- **C** ☐ détachée.

6 Selon l'auteur, l'exportation du modèle alimentaire occidental serait… *1 point*

- **A** ☐ une solution d'avenir.
- **B** ☐ nécessaire au développement industriel.
- **C** ☐ la source de nombreux problèmes.

7 Que propose le journaliste pour que la population soit en meilleure santé ? *2 points*

- **A** ☐ Il faudrait consommer des aliments produits avec des énergies renouvelables.
- **B** ☐ Il faudrait limiter la consommation de produits transformés.
- **C** ☐ Il faudrait favoriser une production alimentaire saine et abordable.

EXERCICE 2 Comprendre un texte informatif ou argumentatif   *9 points*

Dans un magazine d'actualité francophone, vous lisez un article sur l'augmentation de l'espérance de vie.

Augmentation de l'espérance de vie : un bilan contrasté

L'espérance de vie dans le monde a augmenté de 6,2 ans depuis 1990. Une nouvelle étude menée par des chercheurs français montre qu'autour du monde, on vit plus d'années, mais on vit aussi malade pendant plus longtemps. L'état de santé général de la population mondiale s'est amélioré durant la dernière décennie, grâce à des progrès significatifs contre des maladies telles que le sida, le cancer ou encore la malaria. Ces progrès sont aussi notables dans la lutte contre les maladies infantiles et maternelles. Mais l'espérance de vie en bonne santé n'a pas augmenté dans la même proportion, ce qui signifie que les gens vivent plus longtemps malades ou souffrent de handicaps. Une récente étude publiée par l'OMS souligne que les maladies du cœur, l'infection des voies respiratoires et les AVC* sont les principales causes de détérioration de la santé à travers le monde.

Dans le cadre de cette étude, pour la plupart des 188 pays étudiés, les scientifiques jugent l'évolution de l'espérance de vie en bonne santé entre 1990 et 2019 « significative et positive ». Mais si la tendance globale est à la hausse, cela masque de fortes disparités entre les pays. En effet, au Belize et en Syrie, par exemple, l'espérance de vie en bonne santé n'était guère différente en 2019 de ce qu'elle était en 1990. Dans d'autres pays comme en Afrique du Sud, en Biélorussie ou encore au Paraguay, l'espérance de vie en bonne santé a chuté. Au Lesotho et au Swaziland, les personnes nées en 2019 vivront sans être malades considérablement moins longtemps que leurs aînés nés vingt ans plus tôt.

En 2019, le Japon arrivait en tête des pays où l'espérance de vie en bonne santé était la plus élevée (73,4 ans), devant Singapour, Andorre, l'Islande, Chypre, Israël, la France (soit la 7e place mondiale) puis viennent l'Italie, la Corée du Sud et le Canada, selon un classement paru récemment. Dans la plupart des pays développés, il est indéniable que la durée de la vie s'allonge. Mais qu'est-ce que cela pourrait changer dans nos sociétés ? En 2020, l'espérance de vie en France atteint 79,4 ans pour les hommes et 85,4 ans pour les femmes. Ce chiffre évolue régulièrement à la hausse. Il est aujourd'hui affirmé que dans notre pays, une fille sur deux qui naît sera centenaire.

Ce phénomène pourrait changer fortement la structure de notre société, la place de chacun. En effet, les gens ne veulent être ni vieux ni seniors, ni rien qui les positionnerait dans une étape de fin de parcours. Les anciens se sentent jeunes, de plus en plus jeunes, et entendent bien le rester. Ils considèrent que l'âge n'est en rien une limite et que leur posture, leurs choix, doivent plutôt être centrés sur leurs envies que sur ce statut dans lequel ils refusent de se reconnaître.

D'après Gilles AIDEUSSOVETAGE, www.lephenomene2societe.fr

*AVC : Accident Vasculaire Cérébral. Il s'agit d'une perte soudaine d'une partie de la fonction cérébrale.

Pour répondre aux questions, cochez la bonne réponse.

❶ D'après une nouvelle étude… *1,5 point*
- **A** ☐ on vit plus longtemps, mais cela ne nous garantit pas d'être en bonne santé.
- **B** ☐ la santé des individus s'améliore, mais leur espérance de vie stagne.
- **C** ☐ l'espérance de vie diminue, mais les personnes sont en meilleure santé.

❷ De grands progrès ont été faits dans la lutte contre… *1 point*
- **A** ☐ les maladies cardiaques.
- **B** ☐ le diabète.
- **C** ☐ les maladies infantiles.

❸ Dans les 188 pays observés, l'espérance de vie en bonne santé a globalement… *1 point*
- **A** ☐ augmenté.
- **B** ☐ diminué.
- **C** ☐ stagné.

❹ Entre 1990 et 2019, au Belize, la durée de vie moyenne en bonne santé… *1,5 point*
- **A** ☐ a chuté significativement.
- **B** ☐ n'a connu aucun changement.
- **C** ☐ a augmenté progressivement.

1,5 point
❺ Au Lesotho l'espérance de vie en bonne santé…
- **A** ☐ a été divisée par deux
- **B** ☐ a augmenté de vingt ans   … en deux décennies.
- **C** ☐ a fortement diminué

❻ En France, en 2020… *1 point*

   A ☐ la moitié des femmes meurent centenaires.
   B ☐ les femmes vivent six années de plus que les hommes.
   C ☐ l'espérance de vie a atteint un pic et ne devrait plus augmenter.

❼ La nouvelle génération de personnes âgées… *1,5 point*

   A ☐ ne souhaite pas être considérée comme étant âgée.
   B ☐ est moins âgée qu'auparavant.
   C ☐ a considérablement moins de problèmes de santé qu'auparavant.

▶ EXERCICE 3 Comprendre le point de vue d'un locuteur natif   *7 points*

Vous lisez l'opinion de 3 personnes sur les emplois étudiants pendant les vacances d'été.

Éric

Pendant toute l'année universitaire, je travaille quelques heures par semaine dans un café près de chez moi. J'ai réussi à négocier avec mon patron mes heures de travail afin que cela ne me dérange pas trop pour aller en cours et afin de pouvoir étudier correctement le soir. Je pense que si l'on a la chance d'avoir un patron sympa, il est tout à fait possible de pouvoir bosser pendant les vacances également, sans s'engager sur deux mois. On peut donc travailler par exemple pendant quelques semaines au mois d'août, afin de profiter des congés du mois de juillet, pendant lesquels il y a moins de personnes en vacances.

Patrick

J'étais bien occupé avec tous mes cours pendant le reste de l'année et j'ai vraiment besoin de mes deux mois de vacances l'été pour faire ce que je veux. Imaginez un peu : je suis un double cursus et heureusement je n'ai pas besoin de travailler pour payer mes études. Pour moi, l'été, c'est vraiment le moment d'en profiter : se reposer, voyager, sortir avec les copains ou encore étudier les notions que l'on trouve difficiles. Hors de question que je travaille pendant les vacances. Je peux comprendre les personnes qui ont besoin de travailler pour avoir un peu plus d'argent pour la rentrée, mais en ce qui me concerne, je préfère revoir mes cours.

Marie

Pour l'été prochain, j'envisage de travailler un peu pendant les vacances, du moins le premier mois. En effet, je souhaite partir en voyage avec une copine au mois d'août. Mais pour ça, j'ai besoin d'argent et comme je n'en ai pas suffisamment maintenant, je n'ai pas d'autre choix que de travailler un peu. Pour trouver un travail facilement, il faut s'y prendre à l'avance. Moi, j'ai déjà quelques pistes pour trouver quelque chose au mois de juillet, je pense. Et après les vacances, s'il me reste encore un peu d'argent après mon voyage, je pourrais toujours le mettre de côté pour les vacances d'hiver. Je pense bien partir encore, après tout, les vacances, c'est aussi fait pour voyager !

À quelle personne associez-vous chaque point de vue ? Pour chaque affirmation, cochez la bonne réponse.

❶ Les vacances sont uniquement faites pour profiter de la vie. *1 point*
- **A** ☐ Éric.
- **B** ☐ Patrick.
- **C** ☐ Marie.

❷ Il vaut mieux travailler en août. *1 point*
- **A** ☐ Éric.
- **B** ☐ Patrick.
- **C** ☐ Marie.

❸ Il faut chercher un job avant le début des vacances. *1,5 point*
- **A** ☐ Éric.
- **B** ☐ Patrick.
- **C** ☐ Marie.

❹ On peut travailler aussi le reste de l'année. *1 point*
- **A** ☐ Éric.
- **B** ☐ Patrick.
- **C** ☐ Marie.

❺ Il faut profiter de l'été pour réviser ses cours. *1 point*
- **A** ☐ Éric.
- **B** ☐ Patrick.
- **C** ☐ Marie.

❻ Travailler l'été permet d'épargner pour le reste de l'année. *1,5 point*
- **A** ☐ Éric.
- **B** ☐ Patrick.
- **C** ☐ Marie.

Note pour l'épreuve de compréhension des écrits : /25

III. Entraînement à l'épreuve de compréhension des écrits N°2
읽기 시험 연습 N°2

 Méthodologie et conseils généraux 2
읽기 시험 문제 푸는 방법과 전반적 조언 2

체계적인 독해 방식을 통해 질문에 대한 정확한 답을 선택할 수 있습니다.

1. 모르는 단어에 멈춰 있지 말고 전체 지문을 주의해서 읽으세요.
   첫 번째 독해에서 여러분은 다음과 같은 내용을 파악할 수 있어야 합니다.
   — 텍스트의 주요 테마 식별하기
   — 텍스트의 성격, 출처, 저자 및 날짜를 파악하기
   — '누가, 무엇을, 어디서, 언제, 어떻게, 왜' 육하원칙에 답하기

2. 두번째 독해를 하기 위해 문제의 문항들을 먼저 읽으세요.

3. 아래의 활동을 통해 더 적극적으로 지문을 읽으세요.
   — 구조, 여러 문단 및 개별적으로 다루는 내용을 구분할 수 있는 연결어, 문장 부호 찾기
   — 한편으로는 텍스트의 주요 아이디어를 식별하고 다른 한편으로는 질문에 답변할 수 있는 키워드 찾기
   — 글쓴이의 관점을 드러낼 수 있는 단어(부사, 형용사, 감정을 나타내는 동사 등) 찾기
   — 중요해 보이지만 뜻을 모르는 단어가 있다면, 문맥을 통해서 의미를 찾거나 알고 있는 어근을 찾기 위해 자세히 분석해보기

2 Compréhension des écrits   25 points

▶ **EXERCICE 1** Comprendre un texte informatif ou argumentatif   9 points

Vous lisez un article sur le gaspillage alimentaire sur un site d'actualité.

Le gaspillage alimentaire, un fléau contre lequel nous devons nous battre

Des chercheurs français ont mené une nouvelle étude pour évaluer le gaspillage alimentaire à l'échelle mondiale. Leurs résultats sont déconcertants…

Environ 1,54 milliard de tonnes, c'est la quantité de nourriture qui serait gaspillée chaque année à travers le monde, selon un rapport de l'Organisation des Nations Unies pour l'alimentation et l'agriculture. Ceci représente environ un tiers de la production annuelle destinée à l'alimentation humaine.

Comme attendu, les chercheurs ont toutefois identifié un lien étroit entre gaspillage alimentaire et niveau de vie des consommateurs. Selon Stéphane DELAROCHE, responsable de l'étude, « Le gaspillage alimentaire est un luxe pour les plus démunis, mais paraît presque normal pour les plus riches ».

Il a en effet été constaté qu'à partir d'un certain niveau de revenus, correspondant à un seuil de dépenses d'environ 6 euros par jour et par personne, le gaspillage alimentaire avait tendance à augmenter. D'ailleurs, alors que l'Organisation des Nations Unies pour l'alimentation et l'agriculture considérait qu'il était en moyenne de 214 kcal par jour et par habitant en 2015, les chercheurs ont estimé que le gaspillage alimentaire s'élevait en réalité à 527 kcal, soit un cinquième de l'apport quotidien de 2 500 kcal recommandé en moyenne pour un homme adulte.

Cela ne peut plus durer ! Il faut tout faire pour enrayer ce phénomène des plus inquiétants. Le niveau de vie mondial ne cesse, en effet, d'augmenter dans tous les pays. Cette tendance entraîne une augmentation significative du gaspillage alimentaire. À ce rythme, une prise de conscience généralisée et un changement global des comportements semblent indispensables pour atteindre l'objectif international s'inscrivant dans les objectifs de développement durable de l'ONU* qui vise à réduire de moitié le gaspillage alimentaire d'ici 2030.

Nous ne devons donc plus être des consommateurs passifs. Il faut agir et transformer notre quotidien et nos pratiques pour moins de gaspillage. Cela n'est pas si difficile. Il faut premièrement, c'est évident, ne pas oublier les produits de son placard. L'oubli des gâteaux et des conserves au fond du placard ou du réfrigérateur participe de manière conséquente au gaspillage. Aussi, il faut toujours vérifier les dates de péremption. Le gaspillage est souvent dû à un manque d'attention. Les produits périmés engendrent 20 % du gaspillage des foyers.

Un autre moyen d'action est de consommer des invendus, généralement moins attirants, mais bons. Des épiceries visant à récupérer les produits refusés par les circuits traditionnels de distribution apparaissent d'ailleurs dans toute la France. Sur les étalages : des produits hors calibre (trop petits, trop laids) qui ne peuvent être vendus aux supermarchés, des produits de supermarché dont la date limite d'utilisation optimale est dépassée, mais qui restent comestibles ou encore ceux laissés à la charge du transporteur, qui ne les a pas livrés à temps.

Nous pouvons tous agir contre le gaspillage. Qu'attendons-nous pour le faire ?

D'après Anne ORAK, www.sauvons-nous.fr

ONU : Organisation des Nations Unies.

Pour répondre aux questions, cochez la bonne réponse.

❶ Quel est le ton de cet article ? *1 point*

   A ☐ Optimiste.
   B ☐ Militant.
   C ☐ Ironique.

❷ Le gaspillage alimentaire représente une part… *2 points*

   A ☐ importante
   B ☐ dominante   … de la production alimentaire.
   C ☐ négligeable

❸ Le niveau de vie et le niveau de gaspillage alimentaire sont… *2 points*

   A ☐ non corrélés.
   B ☐ liés.
   C ☐ deux données rarement corrélées.

❹ Concernant le gaspillage alimentaire, l'ONU a pour objectif de… *1 point*

   A ☐ le diviser par deux
   B ☐ le diminuer d'un tiers   … d'ici 2030
   C ☐ le supprimer complètement

5 L'Organisation des Nations Unies… *1,5 point*

  A ☐ a surestimé
  B ☐ n'a pas évalué   … le gaspillage alimentaire.
  C ☐ a sous-estimé

6 Selon le texte, pour limiter le gaspillage alimentaire, nous devons… *0,5 point*

  A ☐ changer nos habitudes de consommation.
  B ☐ cultiver nous-mêmes nos légumes.
  C ☐ ne plus faire nos courses dans des supermarchés.

7 Lorsque la date limite d'utilisation optimale d'un produit est dépassée, celui-ci… *1 point*

  A ☐ peut toujours être mangé.
  B ☐ doit être consommé dans les 12 heures qui suivent.
  C ☐ n'est plus propre à la consommation.

▶ **EXERCICE 2** Comprendre un texte informatif ou argumentatif   *9 points*

Dans un magazine d'actualité francophone, vous lisez un article sur les jardins partagés.

Les jardins partagés fleurissent en ville.

Depuis une vingtaine d'années se développent de plus en plus les jardins communautaires ou encore ce que certains appellent des jardins partagés. Nés de la révolution industrielle, c'est au début du XIXe siècle qu'apparaissent les premiers «jardins ouvriers» en Europe afin que les populations les plus défavorisées puissent y cultiver ce qui est nécessaire à leur alimentation. En France, il faut attendre les années 1910 pour que diverses initiatives locales puissent prendre possession de certains coins de terre en zone urbaine.

En 1921, on dénombrait donc environ 47 000 jardins, le plus souvent gérés par des ouvriers. Aujourd'hui, c'est en général une association de quartier ou bien les habitants d'un immeuble qui sont à l'origine de ces nouveaux jardins. C'est l'occasion pour eux de se rencontrer et de décider quelles plantes et quels légumes ils souhaitent cultiver sur ces petites portions de terrain mises à disposition par la municipalité. La plupart de ces participants, généralement adeptes de l'agriculture biologique, se réunissent régulièrement pour cultiver, puis partager et enfin déguster leurs propres fruits et légumes. Cela inciterait donc les citoyens à jardiner d'une manière plus respectueuse pour l'environnement tout en prônant le partage des récoltes produites.

Certains quartiers populaires ont ainsi prouvé que ce système renforçait les liens sociaux entre les habitants. Ce qui encourage de plus en plus de mairies à proposer ce type de jardin dans certaines cités et autres logements HLM.

Autre preuve que ce mouvement prend de l'ampleur : certaines personnes vont même jusqu'à jeter des graines sur les terrains et autres zones abandonnées afin que la nature puisse reprendre ses droits. Même si cela n'a rien d'illégal, certains élus préféreraient qu'ils se contentent des jardins mis à disposition.

D'autres initiatives encore, comme par exemple «Pousse-Pousse», sont proposées aux habitants de Paris, où il leur est demandé de planter des jardins de poche un peu partout dans la ville. Les personnes intéressées peuvent se rendre dans les associations partenaires afin de récupérer des sachets de graines de différentes plantes telles que des fruits ou des légumes. Par la suite sur Internet, il est possible de chercher les jardins les mieux adaptés afin de planter les graines et signaler sa contribution aux autres participants. C'est donc une nouvelle initiative festive et participative. Facilement réalisable, elle devrait s'étendre rapidement à toutes les autres grandes villes de France. Comme quoi les idées fleurissent, et les plantes avec elles.

Sam RAFRECHI, www.maville.fr

Pour répondre aux questions, cochez la bonne réponse.

❶ Cet article parle principalement… *1 point*
- **A** ☐ de parcs en ville.
- **B** ☐ de jardins privés.
- **C** ☐ d'espaces communautaires.

❷ En France, les jardin partagés existent depuis… *1 point*
- **A** ☐ quelques années.
- **B** ☐ cinquante ans.
- **C** ☐ plus d'un siècle.

❸ Qui les gère aujourd'hui ? *1 point*
- **A** ☐ Les ouvriers.
- **B** ☐ Les populations pauvres.
- **C** ☐ Les associations.

❹ Qu'apportent-ils principalement de nos jours à la population ? *2 points*
- **A** ☐ Une autonomie alimentaire.
- **B** ☐ De la cohésion sociale.
- **C** ☐ Une source de revenus.

❺ D'après le document, le fait de planter des graines dans différents lieux de la ville est pour certains maires… *1 point*
- **A** ☐ une bonne initiative.
- **B** ☐ une mauvaise pratique.
- **C** ☐ un acte répréhensible.

❻ L'opération "Pousse-pousse"… *1 point*
- **A** ☐ encourage la plantation de graines en ville.
- **B** ☐ loue aux citadins du matériel de jardinage.
- **C** ☐ vend des fruits et des légumes à bas prix.

❼ L'opération « Pousse-Pousse » donne également la possibilité aux citadins… *2 points*
- **A** ☐ de recevoir les conseils d'un jardinier.
- **B** ☐ de suivre une formation de jardinage.
- **C** ☐ de trouver des jardins où planter leurs graines.

▶ **EXERCICE 3** Comprendre le point de vue d'un locuteur francophone   *7 points*

Vous lisez l'opinion de ces trois personnes sur un forum français dont le sujet est « La publicité : pour ou contre ? ».

Luc

La publicité est partout dans notre quotidien. Elle est omniprésente : dans la rue, dans le métro, dans les journaux, à la radio, à la télévision et même sur Internet! Par conséquent, on n'y fait plus vraiment attention. Dans la rue, quand j'attends le bus, je suis content de regarder la pub, car généralement c'est divertissant. Il y a aussi des annonces dont le but n'est pas de faire acheter. Elles font de la prévention, mettent en garde les citoyens contre certains dangers, nous informent de sujets importants.

En règle générale, je ne pense pas que la publicité ait un grand impact sur moi. Je ne me rappelle pas avoir acheté un objet après l'avoir vu en publicité.

Jeanne

Je ne sais pas ce que je ferais si la publicité n'existait pas! Elle me permet de découvrir de nouveaux produits, de les comparer et d'acheter ce qu'il y a de mieux. Si aucune entreprise ne faisait la publicité de ses produits, le prix serait notre seul critère d'achat. Ce que nous consommerions serait de très mauvaise qualité.

Chaque publicité a son utilité! À la télé, j'apprécie la pub au milieu d'un film. Cela permet de s'absenter un instant sans rien louper de l'histoire! Sur Internet, la pub finance le contenu de ce qui nous intéresse! Grâce à elle, nous pouvons regarder ce qui nous plaît gratuitement! Je préfère largement regarder une pub de 30 secondes que payer pour regarder une vidéo en ligne!

Lise

Personnellement, je ne peux pas supporter la publicité, car elle est faite pour créer de nouveaux besoins et nous rendre insatisfaits de ce que nous avons. Nous vivons dans une société qui a perdu ses valeurs. La pub nous incite à consommer davantage et ce sont généralement des produits dont nous n'avons absolument pas besoin.

Dans la rue, elle enlaidit tout. Il y a des panneaux publicitaires sur les murs, aux arrêts de bus et même sur les jolis monuments. La ville serait tellement belle sans! Il y en a partout! À croire que les entreprises pensent que nous ne sommes bons qu'à acheter! Même quand nous nous divertissons, la pub est là pour nous déranger. Elle interrompt le programme au moment le plus intéressant!

À quelle personne associez-vous chaque point de vue ? Pour chaque affirmation, cochez la bonne réponse.

❶ La publicité pousse à l'achat en donnant l'illusion d'un manque à combler. *1,5 point*

- **A** ☐ Luc.
- **B** ☐ Jeanne.
- **C** ☐ Lise.

❷ Les affiches publicitaires rendent nos villes moins agréables. *1 point*

- **A** ☐ Luc.
- **B** ☐ Jeanne.
- **C** ☐ Lise.

❸ Sans publicité, il serait plus difficile de bien choisir les produits dont nous avons besoin. *1 point*

- **A** ☐ Luc.
- **B** ☐ Jeanne.
- **C** ☐ Lise.

❹ La publicité est tellement commune qu'on ne la remarque plus. *1 point*

- **A** ☐ Luc.
- **B** ☐ Jeanne.
- **C** ☐ Lise.

❺ Grâce à la publicité, nous pouvons accéder au contenu de notre choix gratuitement. *1 point*

- **A** ☐ Luc.
- **B** ☐ Jeanne.
- **C** ☐ Lise.

❻ La société se déshumanise. Nous sommes considérés comme des consommateurs et non pas comme des êtres humains. *1,5 point*

- **A** ☐ Luc.
- **B** ☐ Jeanne.
- **C** ☐ Lise.

Note pour l'épreuve de compréhension des écrits : /25

Entraînement à l'épreuve de compréhension des écrits N°3
읽기 시험 연습 N°3

 Méthodologie : la division du texte en blocs de sens
   의미 단위로 텍스트 나누기

지문을 읽는 동안 중요한 정보에 밑줄을 긋고 키워드에 동그라미를 친 다음 텍스트를 여러 파트로 나눕니다. 이 방법은 다음과 같은 장점이 있습니다.

— 글을 읽는 동안 집중력을 높여줍니다.
— 순서대로 제시된 문항에 대한 답(논설문의 첫 번째 문항 제외)을 찾기 위해 텍스트에 더 쉽게 몰두하게 되고, 시간을 절약할 수 있습니다.
— 정보 전달 목적의 글에 출제된 문항에서 요구되는, 근거 제시에 필요한 구절을 찾을 수 있습니다. 근거를 제시할 때는 텍스트 전체 구절을 그대로 옮겨 쓰는 것이 아니라 그 구절에서 필요한 정보만 잘 선택해야 합니다.

각 단락은 주로 자체 아이디어를 개진하거나 특정 테마와 관련 있는 내용을 다룹니다. 따라서 빈 공간에 자신의 단어로 각 단락의 아이디어 또는 내용을 찾아서 적으면서 중요한 정보를 식별하는 것을 적극 권장합니다. 지문에 대한 전반적인 이해가 매우 쉬워지고, 질문에 대한 답변을 어디에서 찾을 수 있는지 빠르게 알 수 있기 때문입니다.

3 Compréhension des écrits   *25 points*

▶ **EXERCICE 1** Comprendre un texte informatif ou argumentatif   *9 points*

Dans un magazine francophone, vous lisez un article sur le développement de la télémédecine.

La télémédecine, amélioration ou détérioration du service de santé ?

De plus en plus, la télémédecine se développe, que ce soit pour les urgences ou encore le suivi médical. Ce n'est pas toujours évident de savoir en quoi cela consiste concrètement. La télémédecine va-t-elle finir par remplacer les professionnels de la santé ?

On entend de plus en plus parler de télémédecine, mais on ne sait pas toujours ce que c'est. Officiellement, c'est « *une forme de pratique médicale à distance utilisant les technologies de l'information et de la communication.* » Concrètement, c'est se servir de la technologie pour mettre en relation un patient avec des médecins, pour surveiller l'état de santé d'une personne, pour prescrire des médicaments, pour faire un suivi post-thérapeutique… Certains sites proposent déjà aux internautes de poser des questions à des médecins généralistes ou spécialistes ou encore d'échanger avec eux. Il est possible d'obtenir ensuite une ordonnance si nécessaire.

En réalité, le terme télémédecine englobe plusieurs pratiques médicales. La première est la téléconsultation. Elle permet à un patient d'obtenir l'avis médical d'un médecin qui n'est pas présent auprès de lui.

Dans d'autres cas, certains patients bénéficieront d'une télésurveillance. Cela consiste à surveiller l'état de santé d'un patient via des résultats d'analyses (envoyés par courriel notamment).

Finalement, la télémédecine peut aussi prendre la forme d'une télé-expertise en donnant aux médecins le moyen de se concerter pour un avis médical.

Le principal objectif de ce nouveau service médical est d'offrir un nouveau moyen d'accéder à un service de santé, même si cela ne remplace pas pour autant la consultation d'un médecin traitant.

La télémédecine améliore considérablement l'accès aux soins, surtout dans les déserts médicaux. Ces derniers desservent autant les zones de rase-campagne que certaines villes comme Paris. La télémédecine n'est pas prévue pour remplacer les médecins, mais pour éviter que les patients attendent plusieurs mois pour avoir un rendez-vous dans des zones où la population de médecins est insuffisante.

En Europe, la télémédecine se développe à vitesse grand V. Les médecins ne sont généralement pas contre cette avancée technologique. Ils semblent au contraire plutôt favorables à cette évolution de leur métier.

La télémédecine n'est pas une ubérisation de la médecine, puisque les interlocuteurs sont forcément des professionnels de santé.

Il existe toutefois de nombreuses limites.

La première concerne le financement. Les consultations en ligne ne sont pas remboursées. Le mode de financement n'a pas été réellement trouvé. Par conséquent, les frais retombent sur les usagers et leur complémentaire santé.

Ensuite, les médecins font part de réserves en ce qui concerne la sécurité informatique. Si les envois d'informations sont cryptés, les données sont stockées sur ordinateur, il existe donc un risque de piratage.

De plus, la télémédecine pourrait être un premier pas vers une déshumanisation de la santé. Heureusement, ce n'est pas encore le cas, car ce nouveau service médical n'est, pour l'instant, qu'un complément, un outil supplémentaire qui ne doit pas se substituer à une consultation classique chez son médecin traitant.

D'après Paul THRON, www.lemagdelasante.fr

Pour répondre aux questions, cochez la bonne réponse.

❶ La télémédecine est… *1 point*

- **A** ☐ une technique orientale de guérison par la télépathie.
- **B** ☐ une application de téléphone portable permettant de connaître notre rythme cardiaque.
- **C** ☐ un système de mise en relation à distance entre des patients et des médecins.

❷ D'après le document, en France, … *1 point*

- **A** ☐ la télémédecine, existe déjà.
- **B** ☐ la télémédecine apparaîtra prochainement.
- **C** ☐ la télémédecine ne verra jamais le jour.

❸ Selon le document, combien de pratiques la télémédecine inclut-elle ? *1 point*

- **A** ☐ Une dizaine.
- **B** ☐ Six.
- **C** ☐ Trois.

❹ L'un des principaux avantages de la télémédecine est de… *1,5 point*

    A ☐ pallier le manque de professionnels de la médecine.
    B ☐ coûter beaucoup moins cher qu'un service médical traditionnel.
    C ☐ proposer un service plus fiable qu'avant.

❺ Les praticiens pouvant exercer via la télémédecine sont… *1,5 point*

    A ☐ n'importe qui.
    B ☐ des professionnels de la médecine.
    C ☐ des webmasters.

❻ En France, la télémédecine… *1,5 point*

    A ☐ n'est pas couverte par la sécurité sociale.
    B ☐ est complètement prise en charge par la sécurité sociale.
    C ☐ est, à ce jour, illégale.

❼ La télémédecine soulève des interrogations… *1,5 point*

    A ☐ quant au secret médical.
    B ☐ quant au professionnalisme des praticiens.
    C ☐ quant à la fiabilité des diagnostics à distance.

EXERCICE 2 Comprendre un texte informatif ou argumentatif   *9 points*

Sur un site d'actualité francophone, vous lisez un article sur l'éducation.

Pour ou contre l'apprentissage de l'anglais à la maternelle ?

Les dernières propositions du ministère de l'Éducation concernant l'enseignement de l'anglais à la maternelle soulèvent un vif débat chez les parents. Cependant, il est intéressant, le plus tôt possible, d'envisager l'apprentissage d'une langue étrangère. En effet, le cerveau de l'enfant, jusqu'à l'âge de 3 ans, permet d'assimiler facilement une autre langue et une autre culture. Il peut donc, dès son plus jeune âge, découvrir des chansons et des jeux avec l'aide d'adultes et d'autres enfants. C'est un moment propice pendant le développement de l'enfant où il est capable d'enregistrer toute sorte d'information. Pour lui, répéter des sons et des mots, même s'il ne les comprend pas, reste avant tout une forme de jeu. Certains linguistes ont démontré que les jeunes enfants sont tout à fait capables d'écouter et de reproduire parfaitement des sons inconnus dans leur langue maternelle, chose qu'ils ne seront plus capables de faire une fois qu'ils auront atteint l'âge de 10 ans.

Et le bilinguisme dans tout cela ? C'est tout à fait possible, comme le prouvent de nombreuses écoles qui dispensent des activités scolaires en langue maternelle et en langue étrangère. Cette dernière n'est donc plus apprise pour elle-même, mais devient vectrice d'enseignement afin d'acquérir d'autres connaissances.

Si l'on souhaite que son enfant devienne vraiment bilingue, il est important de lui proposer une éducation dans sa langue maternelle et dans la langue étrangère souhaitée tout au long de sa scolarité, et ce depuis l'école maternelle. Cela ne représente aucune surcharge de travail pour l'enfant, car cela ne nécessite aucun cours supplémentaire, puisque ce sont uniquement certains de ces cours de la semaine qui seront proposés en langue étrangère.

On peut donc ensuite introduire une deuxième langue étrangère, et ce dès le collège, ce qui rendrait alors l'enfant trilingue à la fin de sa scolarité. Que ce soit dans l'apprentissage, dans les relations avec les autres, ou bien encore dans l'exposition à d'autres cultures, beaucoup pensent que cette démarche serait bénéfique pour les capacités cognitives ainsi que la construction sociale de l'enfant.

Les instituteurs sont aujourd'hui formés pour un tel enseignement, mais une approche plus ambitieuse ainsi que des études plus poussées sur l'apprentissage d'une langue étrangère devraient être une priorité. L'apprentissage des langues pourrait donc commencer très tôt, si le gouvernement ainsi que l'éducation nationale revoyaient leur approche de la scolarisation dès l'âge de 2 ans.

Laure LOGE, www.edumag.fr

Pour répondre aux questions, cochez la bonne réponse.

① L'objectif principal du texte est… *1 point*
- **A** ☐ d'alerter sur les dangers du bilinguisme précoce.
- **B** ☐ d'encourager la mobilité internationale des enfants.
- **C** ☐ de promouvoir le bilinguisme à l'école.

② D'après le document, quel avantage l'enfant a-t-il par rapport à l'adulte ? *2 points*
- **A** ☐ Sa capacité à apprendre.
- **B** ☐ Son absence de timidité.
- **C** ☐ Sa soif de découverte.

③ Selon l'article, il est recommandé… *2 points*
- **A** ☐ d'étudier deux langues étrangères dès l'école primaire.
- **B** ☐ d'apprendre deux langues étrangères dès la maternelle.
- **C** ☐ d'introduire une troisième langue étrangère en fin d'école secondaire.

④ L'apprentissage précoce d'une langue ne permet pas de développer… *1 point*
- **A** ☐ les compétences sociales des enfants.
- **B** ☐ les compétences décisionnelles des enfants.
- **C** ☐ la compétence interculturelle des enfants.

⑤ Selon l'auteur, certaines écoles montrent l'exemple, car… *1 point*
- **A** ☐ elles proposent des cours d'apprentissage d'une langue étrangère.
- **B** ☐ certaines disciplines y sont enseignées dans une langue étrangère.
- **C** ☐ elles accueillent des élèves de différentes nationalités.

⑥ D'après le document, les recherches actuelles sur l'apprentissage précoce des langues sont… *1 point*
- **A** ☐ insuffisantes.
- **B** ☐ satisfaisantes.
- **C** ☐ excessives.

❼ Concernant ce sujet, l'auteur semble plutôt… *1 point*

    A ☐ ironique.

    B ☐ engagé.

    C ☐ révolté.

▶ EXERCICE 3 Comprendre le point de vue d'un locuteur natif   *7 points*

Sur un forum francophone, vous lisez l'opinion de 3 personnes sur la téléréalité.

Benjamin

Avec la fibre Internet, je reçois maintenant presque toutes les chaînes de télévision du monde entier. J'ai regardé un peu les différents programmes de téléréalité de par le monde, et franchement, c'est inquiétant : la majorité des programmes sont vraiment abrutissants. Des relations humaines perverties, des actions menées sur des personnes parfois dangereuses… Quelle morale y a-t-il dans tout cela ? Et dire que certains aiment regarder ça en parlant de « petit plaisir honteux »… C'est vraiment édifiant ! Autant j'apprécie certains programmes de cuisine, qui peuvent apporter une certaine créativité, autant espionner des couples qui se déchirent, ou bien épier des gens qui tentent de survivre seuls sur une île déserte… C'est du voyeurisme !

Claire

Des millions de personnes regardent ce type de programme en France. Moi-même, avec ma famille, nous adorons passer le samedi soir à regarder de jeunes inconnus essayer de devenir des super stars de la chanson dans « La voix ». On se doute quand même bien que tout n'est pas aussi réel qu'on veut nous le faire croire, c'est souvent ce qui fait défaut et ce qui cause de nombreuses polémiques sur le sujet. Mais après la prise de conscience de ce mécanisme, on peut juste regarder ces émissions pour se relaxer et passer un bon moment en famille, sans se prendre la tête. Après tout, les programmes de divertissement ne servent-ils pas à ça ?

Thomas

Honnêtement, je pense qu'aujourd'hui la téléréalité représente de plus en plus notre société, tel un miroir déformant dans lequel nous aimons nous regarder. Maintenant, même s'il y a du bon, il y a aussi beaucoup de mauvais, hélas ! C'est pour cette raison que je pense qu'il est important de ne pas montrer certains programmes aux enfants, car ils ne représentent pas toujours ce qu'on pourrait appeler un modèle éducatif convenable. En effet, c'est une image souvent artificielle et fausse de l'existence que nous voyons à travers nos écrans. Les plus jeunes ne savent pas toujours faire la différence entre fiction et réalité. Ils doivent apprendre à réfléchir pour mieux les distinguer.

À quelle personne associez-vous chaque point de vue ? Pour chaque affirmation, cochez la bonne réponse.

❶ La téléréalité ne convient pas à tous les publics. *1 point*
- **A** ☐ Benjamin.
- **B** ☐ Claire.
- **C** ☐ Thomas.

❷ La plupart des programmes sont inutiles. *1 point*
- **A** ☐ Benjamin.
- **B** ☐ Claire.
- **C** ☐ Thomas.

❸ Ces programmes servent avant tout à se divertir. *1 point*
- **A** ☐ Benjamin.
- **B** ☐ Claire.
- **C** ☐ Thomas.

❹ La téléréalité est un reflet biaisé du monde d'aujourd'hui. *1 point*
- **A** ☐ Benjamin.
- **B** ☐ Claire.
- **C** ☐ Thomas.

❺ Certains programmes manquent d'honnêteté. *1,5 point*
- **A** ☐ Benjamin.
- **B** ☐ Claire.
- **C** ☐ Thomas.

❻ Regarder la téléréalité permet de se détendre. *1,5 point*
- **A** ☐ Benjamin.
- **B** ☐ Claire.
- **C** ☐ Thomas.

Note pour l'épreuve de compréhension des écrits : /25

Entraînement à l'épreuve de compréhension des écrits N°4
읽기 시험 연습 N°4

 Méthodologie : l'expression de l'évolution
변화를 드러내는 표현

독해 지문에서 변화를 드러내는 경우가 자주 있습니다. 이를 파악하기 위해서는 다음 어휘를 아는 것이 매우 중요합니다.

Changement 변화함	Pas de changement 변화 없음
Évoluer (Se) transformer (Se) modifier Se métamorphoser Varier Muter Renverser Inverser Bouleverser	Se stabiliser Se maintenir Stagner S'endormir

Changement quantitatif positif 긍정적 양적 변화	Changement quantitatif négatif 부정적 양적 변화	Changement qualitatif positif 긍정적 질적 변화	Changement qualitatif négatif 부정적 질적 변화
Augmenter Se répandre S'intensifier Prendre de l'ampleur Grossir Grandir Se développer	Diminuer Se raréfier (Se) réduire S'évaporer S'évanouir Disparaître	(S') améliorer S'épanouir Progresser Se bonifier (Se) développer Innover	Se dégrader Régresser (S') aggraver (Se) détériorer (S') altérer S'abîmer

4 Compréhension des écrits *25 points*

▶ **EXERCICE 1** Comprendre un texte informatif ou argumentatif *9 points*
Sur un site d'actualité francophone, vous lisez un article sur le tourisme.

Le premier gîte zéro déchet de France

Le mode de vie sans déchets consiste à revoir sa façon de consommer au quotidien afin de limiter au maximum sa production de déchets. Par exemple, on préférera les bouteilles réutilisables ou les bouteilles en verre aux bouteilles en plastique. On pourra également utiliser les déchets organiques pour produire un compost qui servira à cultiver des herbes aromatiques ou bien des fruits et légumes. Cela va souvent de pair avec le mode de vie minimaliste qui gagne en popularité et qui vise à ne vivre qu'avec le strict minimum et à se séparer de tout objet superflu. Une vie bien loin de ce que nous dicte la société de consommation dans laquelle nous vivons, nous poussant sans arrêt à l'achat.

C'est à Morzine, dans les Alpes, que vous pourrez croiser la route de ce couple et de leur gîte si particulier, aujourd'hui le seul gîte français à proposer un mode de vie sans déchets à ses hôtes. C'est en 2017 qu'ils ont eu l'idée d'ouvrir ce gîte et de quitter Paris pour embrasser ce mode de vie qu'ils avaient adopté depuis quelques années déjà. Que vous soyez là pour une nuit ou bien pour un séjour plus long, vous aurez toujours quelque chose à apprendre de ces deux personnes qui n'hésitent pas un seul instant à partager leurs connaissances, à la fois respectueuses de l'environnement et économiques. « À notre simple contact, les convives se rendent compte que la démarche est accessible », confie d'ailleurs Odile.

« Le chalet » et ses propriétaires proposent de nombreux ateliers initiatiques sur différents thèmes comme les cosmétiques, la décoration ou bien la cuisine. Vous pourrez entre autres apprendre à faire votre propre shampoing, à fabriquer différents objets d'intérieur ou bien à fabriquer vos propres produits d'entretien. Toutefois, rien d'obligatoire, toutes les tâches de la maison sont réalisées sur la base du volontariat. Si vous voulez simplement passer une nuit dans le gîte sans pour autant vous initier au zéro déchet, c'est possible. Le gîte met également à disposition des visiteurs une médiathèque dans laquelle il est possible de prendre et donner librement des livres et des jeux. Ce lieu de partage héberge également une grainothèque qui met une grande variété de graines à disposition, invitant ainsi les clients à les ramener chez eux et à les cultiver dans leur jardin ou ailleurs.

De nombreux autres gîtes français ont déjà adopté cette méthode, une offre touristique novatrice qui pourrait très vite devenir une alternative au tourisme de masse qui fait des ravages. Consommer mieux tout en respectant la nature, voici le tourisme de demain.

Agathe ZEBLOUSE, www.voyager.com

Pour répondre aux questions, cochez la bonne réponse.

1 Le ton de cet article est plutôt… *1 point*

- A ☐ critique.
- B ☐ enthousiaste.
- C ☐ pessimiste.

2 Le zéro déchet a pour objectif de… *1 point*

- A ☐ de limiter au mieux les ordures.
- B ☐ de recycler certains produits.
- C ☐ d'encourager la culture de comestibles.

3 Que permet de faire le compost ? *1 point*

- A ☐ Faire pousser d'autres plantes.
- B ☐ Réutiliser des bouteilles en plastique.
- C ☐ Réaliser des plats à base de fruits.

4 Le mode de vie minimaliste consiste à… *2 points*

- A ☐ vivre dans de petits logements.
- B ☐ consommer au minimum.
- C ☐ réduire ses déchets au maximum.

5 Les propriétaires du gîte présentent ce mode de vie comme étant… *1 point*

- A ☐ accessible.
- B ☐ populaire.
- C ☐ exigeant.

6 Les ateliers dispensés dans ce gîte sont… *2 points*
- **A** ☐ imposés.
- **B** ☐ facultatifs.
- **C** ☐ rémunérés.

7 Que permet la grainothèque ? *1 point*
- **A** ☐ D'étudier les graines.
- **B** ☐ De planter des graines.
- **C** ☐ De déguster des graines.

EXERCICE 2 Comprendre un texte informatif ou argumentatif   *9 points*

Passionné par la technologie et l'innovation, vous lisez un article sur le progrès technique sur un site d'actualité.

Le progrès nous mène-t-il à notre perte ?

Face aux problèmes environnementaux, beaucoup cherchent à trouver des solutions technologiques. Mais la technologie peut-elle réellement répondre aux enjeux écologiques ?

En matière d'écologie, il y a certaines choses qui font de moins en moins débat. Tous les scientifiques, ou presque, s'accordent aujourd'hui à dire que la biodiversité est menacée, que le changement climatique affecte l'écosystème global, que la pollution de l'air est un problème de plus en plus pressant. Les préoccupations écologiques et environnementales sont de plus en plus fortes et il fait aujourd'hui consensus que notre modèle actuel de développement doit être transformé si l'on souhaite éviter la multiplication des problèmes environnementaux.
Il existe malgré tout un désaccord profond dans le débat environnementaliste sur les solutions à apporter à ce problème. La technologie et le progrès peuvent-ils réellement parvenir à résoudre les problèmes environnementaux ?

La pensée moderne s'est fondée sur la croyance que le progrès pouvait permettre de résoudre les divers défis de l'humanité. Des philosophes comme René Descartes prônent une pensée pratique, basée sur l'invention, capable par la compréhension des sciences d'améliorer la condition humaine. Une philosophie « positiviste » de la science a été développée : le progrès, la technique et la technologie sont au service de l'homme, de l'amélioration de ses conditions d'existence.
Il est en effet indéniable qu'au cours de l'histoire humaine, le progrès technique a contribué à améliorer nos conditions de vie.

Cependant, d'un point de vue environnemental et écologique, la technologie est surtout perçue comme une source de problèmes. Les catastrophes écologiques sont pratiquement toutes liées aux avancées technologiques. Le changement climatique est un problème lié aux énergies modernes (pétrole, charbon notamment). La pollution de l'air est causée par les transports modernes et les industries lourdes. La pollution des sols et des eaux est la conséquence de l'agriculture intensive. La liste est longue : marées noires, pollutions industrielles, gaspillage souvent lié à l'obsolescence programmée des technologies de pointe…

Il existe encore dans la pensée écologique un vrai courant positiviste qui croit au contraire que la solution aux problèmes écologiques réside dans la technologie. L'idée est la suivante : si les problèmes environnementaux sont d'origine humaine et technique, alors la solution ne peut être elle aussi qu'humaine et technique.
Malheureusement, les nouvelles technologies « environnementales » apportent leur lot de problèmes.

Ainsi le nucléaire, énergie «propre» du point de vue climatique, pose la question de la gestion des déchets radioactifs. Les énergies renouvelables posent la question de l'épuisement des ressources comme le silicium ou encore les terres rares. Les véhicules électriques posent la question de l'exploitation et de l'épuisement du lithium pour les batteries.

L'homme serait donc sage d'abandonner cette course effrénée pour enfin se diriger vers une décroissance bienfaitrice en renonçant aux technologies modernes (l'énergie, le pétrole par exemple) et ainsi éviter la crise écologique.

D'après Odile CROQUE, www.linfoeco.fr

Pour répondre aux questions, cochez la bonne réponse.

❶ D'après l'article… *1,5 point*

- **A** ☐ la plupart des experts reconnaissent les difficultés écologiques actuelles.
- **B** ☐ la plupart des gens pensent que le réchauffement climatique n'est pas réel.
- **C** ☐ la moitié de la population n'a pas conscience de l'urgence écologique.

❷ Selon Descartes… *1,5 point*

- **A** ☐ la sagesse
- **B** ☐ la science   … améliore les conditions de vie des humains.
- **C** ☐ la philosophie

❸ D'après ce document, le principal responsable des problèmes environnementaux serait… *1 point*

- **A** ☐ l'activité volcanique.
- **B** ☐ l'évolution démographique.
- **C** ☐ le progrès technique.

❹ L'idée centrale du positivisme écologique est… *1 point*

- **A** ☐ que seule la technologie peut résoudre la crise écologique.
- **B** ☐ qu'il ne sert à rien de s'inquiéter, jusqu'ici tout va bien.
- **C** ☐ la crise environnementale n'est pas réelle.

❺ Selon le document, les énergies renouvelables… *1 point*
   A ☐ coûtent trop cher.
   B ☐ ont, elles aussi, des limites.
   C ☐ sont une solution parfaite.

❻ Selon l'auteur, la seule solution pour résoudre les problèmes environnementaux est… *2 points*
   A ☐ d'innover constamment.
   B ☐ d'inverser la courbe de la croissance.
   C ☐ d'accélérer la transition énergétique.

❼ Dans cet article, le ton de l'auteur est… *1 point*
   A ☐ critique.
   B ☐ enthousiaste.
   C ☐ ironique.

▶ **EXERCICE 3** Comprendre le point de vue d'un locuteur francophone   *7 points*

Vous intéressant au sujet, vous lisez l'opinion de ces trois personnes sur un forum français dont le sujet est « Les tatouages : pour ou contre ? ».

Sophie

Le tatouage est un choix personnel et une façon de s'exprimer. J'ose espérer qu'au XXIe siècle, on ne méprise plus les gens qui ont des tatouages. C'était mon rêve de me faire tatouer et je ne regrette absolument pas ! Mes tatouages ont une signification très particulière pour moi. Les tatouages sont des histoires de vie à graver dans la peau, des rêves particuliers à encrer pour ne pas oublier.
Je ne les effacerais pour rien au monde. Les tatouages sont de l'art. En s'en faisant, c'est tout notre corps qui devient une œuvre d'art. Personnellement, je pense que mes tatouages embellissent mon corps. Grâce à eux, je me sens beaucoup plus sûre de moi et c'est une satisfaction personnelle d'avoir « créé » mon propre corps.

Nolan

Se faire tatouer est généralement une très belle expérience, mais peut aussi être un véritable calvaire ! En fait, il y a plusieurs points auxquels il faut faire attention. Premièrement, il faut bien choisir son tatoueur. Il est important de se sentir bien et en confiance. Son hygiène doit également être irréprochable.
Le deuxième point est de ne pas faire son tatouage sur un coup de tête. Pour qu'un tatouage nous corresponde vraiment, il faut se donner le temps de l'imaginer et d'être certain de son choix. Un tatouage mûrement réfléchi est un tatouage réussi ! Finalement, il faut se faire tatouer à un endroit pas trop exposé. Si l'on ne le voit pas toujours, il y a moins de risques de s'en lasser. Aussi, on doit avoir la possibilité de le cacher si on le souhaite.

Simon

Pour moi, le tatouage est une chose inconcevable et je trouve cela vulgaire. En ce moment, c'est la mode. Les gens en font juste pour le côté esthétique. C'est ridicule, car la mode finit toujours par changer ! D'ailleurs, il n'y a pas que la mode qui change. Le tatouage nous marque pour toujours alors que nos goûts évoluent. Un tatouage correspond à un certain moment de la vie qui plus tard, n'aura sans doute plus la même signification. Il est presque certain de regretter, un jour ou l'autre, le choix de tel ou tel tatouage.
Il ne faut pas oublier qu'avec le temps, on vieillit et la peau aussi. Avec une peau ridée, un tatouage peut devenir très laid ! Aussi, socialement parlant, au travail par exemple, ce n'est pas toujours bien vu.

À quelle personne associez-vous chaque point de vue ? Pour chaque affirmation, cochez la bonne réponse.

❶ Le tatouage est juste une tendance qui est vouée à disparaître. *1 point*
- **A** ☐ Sophie.
- **B** ☐ Nolan.
- **C** ☐ Simon.

❷ Les tatouages nous donnent la possibilité de modeler, façonner notre corps. *1,5 point*
- **A** ☐ Sophie.
- **B** ☐ Nolan.
- **C** ☐ Simon.

❸ Un tatouage peut évoquer un événement marquant dont on souhaite se rappeler. *1 point*
- **A** ☐ Sophie.
- **B** ☐ Nolan.
- **C** ☐ Simon.

❹ Quand on fait un tatouage, il est important d'être à l'aise avec le tatoueur. *1 point*
- **A** ☐ Sophie.
- **B** ☐ Nolan.
- **C** ☐ Simon.

❺ Un tatouage est un choix que nous finissons généralement par regretter. *1 point*
- **A** ☐ Sophie.
- **B** ☐ Nolan.
- **C** ☐ Simon.

❻ Il est préférable de se faire tatouer une partie du corps qui n'est pas toujours visible. *1,5 point*
- **A** ☐ Sophie.
- **B** ☐ Nolan.
- **C** ☐ Simon.

Note pour l'épreuve de compréhension des écrits : /25

Entraînement à l'épreuve de compréhension des écrits N°5
읽기 시험 연습 N°5

 Méthodologie : le ton d'un texte
텍스트의 어조

외국어 텍스트를 읽을 때 어조를 식별하는 것은 쉽지 않습니다. 그러나 읽기 시험에서는 텍스트의 어조를 파악하는 문제가 자주 출제되고 있습니다. 지문의 어조를 묻는 문항의 예시는 다음과 같습니다.

> **1** Quel est le ton de cet article ?
>   A ☐ Passionné.
>   B ☐ Polémique.
>   C ☐ Alarmiste.
>
> **1** Quelle est la tonalité de cet article ?
>   A ☐ Ironique.
>   B ☐ Humoristique.
>   C ☐ Optimiste.
>
> **1** Quel est le ton de l'auteur ?
>   A ☐ Sceptique.
>   B ☐ Injonctif.
>   C ☐ Enthousiaste.

어조 또는 어감은 글쓴이의 의도, 즉 그가 독자에게 남기고자 하는 인상을 나타냅니다. 언론 기사는 구절에 따라 여러 가지 다른 어감을 나타낼 수 있지만, 일반적이고 지배적인 어감에 대한 문제가 출제됩니다. 이 문항에 답하기 위해 중요한 것은 제시된 어조 표현 형용사의 의미를 이해하는 것입니다. 따라서 아래 어휘는 꼭 외우셔야 합니다.

Enthousiaste	열정적인	Didactique	교훈적인
Ironique	반어적인	Alarmiste	경각심을 주는
Passionné	열정적인	Optimiste	낙천적인
Pathétique	동정적인	Sceptique	회의적인
Polémique	논쟁적인	Critique	비판적인
Satirique	풍자적인	Cynique	냉소적인
Moqueur	조롱하는	Pessimiste	비관적인
Engagé	참여적인	Injonctif	명령적인
Révolté	반항적인	Inquiet/concerné	걱정스러운

텍스트의 어조를 식별하려면 다음과 같은 텍스트의 네 가지 요소를 관찰해야 합니다.

— **La situation 상황**

예를 들어, ironique는 글을 읽는 사람이 텍스트 전체를 통해 글쓴이가 의도하는 내용을 이해한다는 것을 알고 있기 때문에, 글쓴이가 생각하는 것과 반대되는 것을 표현할 수 있습니다.

— **Les formes grammaticales 문법 형태**

예를 들어, enthousiaste 는 최상급 표현을 아낌없이 쓸 것이며, 글을 읽는 이에게 명령을 내릴 수 있는 명령법을 사용합니다.

— **La ponctuation 문장 부호**

예를 들어, passionné 어조는 느낌표를 좋아하는 반면, didactique 어조는 느낌표를 거의 사용하지 않습니다.

— **Le vocabulaire 어휘**

예를 들어, critique 어조는 어떤 행동을 판단하기 위해 부정적인 단어를 사용하는 반면, alarmiste 어조는 두려움을 표현하는 단어를 사용합니다.

5 Compréhension des écrits *25 points*

▶ **EXERCICE 1** Comprendre un texte informatif ou argumentatif *9 points*

Dans un magazine d'actualité francophone, vous lisez un article sur la consommation.

Le vrac a progressé de 41 % en 2022

Acheter du riz, des pâtes, des lentilles, du café ou encore du sucre sans emballage et au poids, c'est maintenant possible. Le vrac, c'est-à-dire les marchandises qui ne sont pas emballées ou arrimées, favorise le zéro déchet et l'anti-gaspillage. Cette nouvelle offre marchande continue de séduire de plus en plus de consommateurs.

Aujourd'hui, le marché du vrac conquit toujours plus de consommateurs. Ce mode de consommation se distingue d'ailleurs par ses belles performance commerciales. Plus de 1,2 milliard d'euros de chiffre d'affaires en 2021. Il s'agit d'une augmentation de 41 % en seulement un an. Une hausse qui s'est accompagnée de l'ouverture de nombreux magasins et du développement des secteurs non alimentaires tels que les cosmétiques comme l'a annoncé ce jeudi 6 février, Réseau Vrac : « On a bon espoir que le marché triple d'ici à 2025. De deux épiceries vrac en 2020, on en compte actuellement 400 », a expliqué Célia RENNESSON, directrice générale de Réseau Vrac qui fédère 1 300 personnes dans la filière.

En 2022, environ 40 % des Français ont annoncé qu'ils prenaient l'habitude d'acheter en vrac, contre 38 % en 2021. En ayant recours à ce mode de consommation, les consommateurs veillent au zéro déchet en réduisant le gaspillage alimentaire et en achetant le moins possible de produits emballés. Autre avantage : les produits sont vendus au poids en fonction de ce que les clients souhaitent consommer.

Le vrac représente actuellement 0,75 % du marché. Réseau Vrac espère ainsi que ce marché en plein développement atteindra les 3 % d'ici 2022. Les coins réservés au vrac sont présents dans différents lieux de distribution : principalement dans la grande distribution et de manière minoritaire dans les boutiques spécialisées et les magasins bio. Il y a quelques années, seules une quinzaine d'épiceries étaient spécialisées dans le vrac, contre plus de 400 aujourd'hui en France.
Au goût du jour dans les épiceries et supérettes bio, la vente de produits en vrac s'impose en effet de plus en plus dans les hypermarchés. « Dans la grande distribution, tout le monde s'y est mis : 70 % des hypermarchés et des supermarchés possèdent un coin dédié au vrac, implanté dans 57 % des cas au sein du rayon bio », a expliqué Célia RENNESSON.

> Parmi les différents produits proposés dans les rayons, les oléagineux tels que les amandes, les noix, les pistaches, les noisettes et les cacahuètes, sont les plus consommés et sont achetés par 58 % des Français. Puis, nous retrouvons les fruits secs, les légumineuses et les céréales.
>
> Jean CERIEN, www.consomag.fr

Pour répondre aux questions, cochez la bonne réponse.

❶ Le vrac permet avant tout de lutter contre… *1 point*
- **A** ☐ la malnutrition.
- **B** ☐ la surconsommation.
- **C** ☐ les emballages plastiques.

❷ Selon l'article, le vrac ne propose pas encore de produits… *2 points*
- **A** ☐ de beauté.
- **B** ☐ alimentaires.
- **C** ☐ ménagers.

❸ Le vrac permet aux consommateurs d'acheter… *1 point*
- **A** ☐ selon leurs besoins.
- **B** ☐ en grande quantité.
- **C** ☐ à moindre coût.

❹ Le développement des boutiques en vrac est… *2 points*
- **A** ☐ plutôt lent.
- **B** ☐ assez progressif.
- **C** ☐ très rapide.

❺ En France, les consommateurs de produits en vrac sont… *1 point*
- **A** ☐ pour la plupart des ruraux.
- **B** ☐ tous des clients de grandes surfaces.
- **C** ☐ sensibles aux enjeux environnementaux.

❻ Quel type de distributeur commercialise la plupart des produits en vrac ? *1 point*

    A ☐ Les boutiques spécialisées.
    B ☐ Les magasins bio.
    C ☐ Les grandes surfaces.

❼ Quels sont les produits les plus populaires en vrac ? *1 point*

    A ☐ Les graines.
    B ☐ Les fruits.
    C ☐ Les légumes.

▶ **EXERCICE 2** Comprendre un texte informatif ou argumentatif   *9 points*

Dans un magazine d'actualité francophone, vous lisez un article sur les librairies.

Les librairies font de la résistance

Les habitudes de consommation des Français ont changé et des librairies traditionnelles s'inquiètent du succès des livres électroniques. Pourtant, elles pourraient devenir un acteur important dans la distribution de ce nouveau support. Il est vrai qu'aujourd'hui, comme l'achat en ligne des livres électroniques se fait principalement sur Internet, de nombreux professionnels s'inquiètent et désespèrent face à cette nouvelle concurrence. De fait, comme on peut, hélas, trop souvent le constater, de nombreuses librairies indépendantes ferment leurs portes.

Cependant, il leur suffirait de s'adapter. Elles pourraient en effet participer directement à ce nouveau type de consommation en proposant de vendre des livres au format numérique. Ou bien encore, les libraires pourraient conseiller des clients qui sont à la recherche d'un livre indisponible ou épuisé en leur présentant une version électronique. Ainsi, les librairies traditionnelles vendraient, en magasin et sur leur site, à la fois les versions papier et les versions numériques d'œuvres littéraires, qu'elles soient anciennes, nouvelles, rares ou communes. Ce faisant, elles surferaient sur la tendance numérique actuelle et cela leur éviterait notamment d'avoir à renvoyer certains clients chez eux en leur disant de commander le livre qu'ils cherchent sur Internet.

De fait, la demande d'ouvrages épuisés est forte et grandissante : en France, environ 3000 ouvrages issus de grands éditeurs, qui sont maintenant devenus indisponibles en version papier, sont référencés sur une base de données à laquelle les libraires ont accès afin de pouvoir répondre aux demandes de leurs clients. Autre possibilité : l'installation de bornes de vente de livres numériques chez les libraires. Ainsi, le client peut venir directement avec sa liseuse, télécharger des extraits de nouveaux livres afin de s'en faire une idée, avant de pouvoir ensuite les acheter directement sur son appareil et rentrer chez lui avec. La présence du libraire reste donc nécessaire, voire indispensable, afin de pouvoir conseiller au mieux le client.

De nombreux points de vente sont déjà équipés de ces bornes d'achat, mais il est nécessaire de convaincre les autres professionnels, surtout ceux qui restent sceptiques vis-à-vis de ce nouveau format. En effet, nombreux sont ceux qui ne sont pas encore conscients des opportunités offertes par le livre numérique. Bien qu'un grand nombre de magasins en soient déjà équipés, les libraires ont souvent du mal à proposer ce service à leurs clients. Il est donc important de bien communiquer et de promouvoir ce nouveau système de distribution et surtout de l'utiliser afin de faire face à la concurrence de plus en plus forte des sites de vente en ligne.

Adhemar PATAMOB, www.consomag.fr

Pour répondre aux questions, cochez la bonne réponse.

1 L'objectif principal de ce texte est d'exposer…   *1 point*
- **A** ☐ une nouvelle opportunité pour les librairies.
- **B** ☐ la fin inéluctable des librairies traditionnelles.
- **C** ☐ la supériorité du papier sur le numérique.

2 Selon l'article, de nombreuses librairies ferment à cause…   *1 point*
- **A** ☐ de la vente en ligne de livres numériques.
- **B** ☐ de la vente de livres numériques.
- **C** ☐ du manque de disponibilité de certains ouvrages.

3 Quel est le principal avantage du livre numérique cité dans le document ?   *2 points*
- **A** ☐ Les livres numériques sont beaucoup moins chers.
- **B** ☐ Les livres numériques sont plus agréables à lire.
- **C** ☐ Les livres numériques offrent un large catalogue d'oeuvres.

4 Que propose un libraire que l'on ne retrouve pas sur les sites de vente en ligne ?   *1 point*
- **A** ☐ Un plus grand nombre d'ouvrages disponibles.
- **B** ☐ Des recommandations sur les œuvres littéraires.
- **C** ☐ Une exclusivité sur la plupart des nouvelles sorties.

5 Que peut-on faire avec sa liseuse chez le libraire ?   *1 point*
- **A** ☐ Télécharger des guides de lecture.
- **B** ☐ Échanger des livres avec d'autres clients.
- **C** ☐ Obtenir des aperçus d'œuvres littéraires.

6 Quel est le problème des libraires vis-à-vis des bornes de vente ?   *2 points*
- **A** ☐ Ils ne savent pas s'en servir.
- **B** ☐ Ils ne les mettent pas assez en avant.
- **C** ☐ Ils dissuadent les clients de les utiliser.

7 Le ton général de cet article est plutôt…   *1 point*
- **A** ☐ pessimiste.
- **B** ☐ moqueur.
- **C** ☐ optimiste.

▶ EXERCICE 3 Comprendre le point de vue d'un locuteur francophone *7 points*

Le 14 février approchant, vous lisez l'opinion de ces trois personnes sur un forum français dont le sujet est « La Saint-Valentin : pour ou contre ? ».

Olivier

La Saint-Valentin, quand on est célibataire, ce n'est pas forcément un jour très heureux. Tous les amoureux se réjouissent, mais ceux qui ne sont pas en couple se sentent très seuls ce jour-là ! Mis à part cela, n'en déplaise à ses détracteurs, la Saint-Valentin est une fête authentique. Ceux qui prétendent que la Saint-Valentin n'est qu'une fête purement commerciale se trompent ! En réalité, la Saint-Valentin vient de rituels antiques païens. Cette fête existe en France sous le nom de fête des amoureux depuis 1496 ! En plus, elle a de quoi séduire, car on célèbre un sentiment universel : l'amour ! Le 14 février, il y a une ambiance particulière, un peu comme pour Noël… On se laisse envahir par l'amour. Alors, pourquoi ne pas se laisser porter ?

Liane

Je n'ai jamais compris cette fête ! Faut-il attendre le 14 février pour montrer notre amour à notre moitié ? Pour moi, ce n'est qu'une simple fête commerciale, hypocrite et déprimante. Nous nous sentons obligés de célébrer des sentiments. C'est la tyrannie d'un modèle figé du couple et de l'amour. Cette fête stigmatise tous ceux dont la vie privée est différente. On ne va pas se mentir. La Saint-Valentin est aujourd'hui plus un business de l'amour qu'une célébration romantique. En ces temps de crise du pouvoir d'achat, j'estime avoir autre chose à faire que dépenser mon argent dans des fleurs qui fanent ou autres cadeaux inutiles. La Saint-Valentin n'est pas la fête des amoureux, mais celle des fleuristes et des restaurateurs.

Clémence

Pour moi, la Saint-Valentin est une fête importante, joyeuse et attendue. Elle est l'occasion de casser la routine, de sortir de l'ordinaire, de se rappeler qu'il est agréable d'être amoureux et de célébrer l'amour. Dans la vie de tous les jours, il est difficile de s'octroyer un moment en couple où l'on peut se retrouver. Heureusement, la Saint-Valentin est là pour remédier à ce manque ! Certains affirment que cette fête se sert du sentiment amoureux pour vendre ! Je ne suis pas d'accord. Nous ne sommes pas obligés de dépenser de l'argent. Il y a mille façons de faire plaisir quand on aime ! Il suffit d'être imaginatif et de créer des cadeaux, soi-même.

À quelle personne associez-vous chaque point de vue ? Pour chaque affirmation, cochez la bonne réponse.

1 La Saint-Valentin est une célébration dont le vrai objectif est de faire consommer les gens. *1,5 point*

    A ☐ Olivier.
    B ☐ Liane.
    C ☐ Clémence.

2 La Saint-Valentin est une occasion de resserrer les liens dans un couple. *1 point*

    A ☐ Olivier.
    B ☐ Liane.
    C ☐ Clémence.

3 La Saint-Valentin n'est pas le seul jour où nous pouvons exprimer nos sentiments. *1 point*

    A ☐ Olivier.
    B ☐ Liane.
    C ☐ Clémence.

4 La fête de la Saint-Valentin est beaucoup plus ancienne que l'on pourrait le croire. *1 point*

    A ☐ Olivier.
    B ☐ Liane.
    C ☐ Clémence.

5 Le côté festif du 14 février est très séduisant. *1 point*

    A ☐ Olivier.
    B ☐ Liane.
    C ☐ Clémence.

6 Il est possible de célébrer la Saint-Valentin sans pour autant gaspiller de l'argent. *1,5 point*

    A ☐ Olivier.
    B ☐ Liane.
    C ☐ Clémence.

Note pour l'épreuve de compréhension des écrits : /25

Entraînement à l'épreuve de compréhension des écrits N°6
읽기 시험 연습 N°6

💡 Méthodologie : vocabulaire, les préfixes et suffixes
접두사와 접미사

 모르는 어휘를 유추하는 방법

읽기 시험에서 주어진 지문의 모든 내용을 이해하지 못하는 것은 당연합니다. 그러나 지문을 더 폭넓게 이해하기 위해서 모르는 단어의 뜻을 유추하는 방법이 있습니다.

— **파라텍스트(곁텍스트) 도움 받기** : 제목, 소개, 설명 메모 등 텍스트 주변(파라)에 위치한 정보를 토대로 몇몇 단어의 의미를 추측할 수 있습니다.

— **문맥 도움 받기** : 모르는 단어가 있는 문장이나 단락의 의미를 파악하는 것도 도움이 됩니다.

— **같은 어족의 단어와 연결하기** : 음절이 긴 단어인 경우, 작은 단위로 나누어서 어간을 식별하고 접두사 또는 접미사의 의미를 파악해보세요.

> 예 imperturbable = 접두사 im(반대의) + 어간 pertub(er) (동요하게 하다) + 형용사형 접미사 -able : 동요되지 않는

 프랑스어 접두사와 접미사

프랑스어 단어는 하나 또는 여러 개의 접두사 또는 접미사를 어간에 추가하여 형성됩니다.

> 예 inaccessible 접근할 수 없는 = in (접두사) + access (어간) + ible (접미사)

따라서 프랑스어의 접두사와 접미사를 알고 있으면 단어의 의미를 더 쉽게 유추할 수 있습니다.

— 접두사는 어간 앞에 위치하는 요소입니다.
  - 일부 접두사는 단어의 의미를 바꿉니다.
    > 예 monter 올라가다 – démonter 분해하다, surmonter 극복하다, remonter 다시 올라가다
  - 어간에 따라 접두사는 변경될 수 있습니다.
    > 예 ad- (~을 향해서) : ad-mire 감탄하다 ad-ouci 부드럽게 하다, at-terrir 착륙하다, ac-couri 달려오다, ap-porte 가져오다

— 접미사는 어간 뒤에 위치하는 요소입니다.
  - 대부분의 접미사는 단어의 문법적 성격을 변경할 때 사용됩니다.

예 facile (형용사), faciliter (동사), facilement (부사)

1. Les principaux préfixes latins 주요 라틴어 접두사

Préfixes 접두사	Sens 의미	Exemples 예
ad – (ac–, ar–, af–, al–, a–)	vers ~을 향해서	accourir
anté –	avant ~전에	antérieur
bis –, bi –	deux 둘의	bicolore
co –, col –, com –, con –	avec ~와 함께	coéquipier
dé –, dés –, dis –	préfixe négatif 부정적 의미의 접두사	déterrer, désarmer
ex –, exo –, extra –	hors, ~의 밖에 loin de ~에서 멀리 떨어진	expatrier, extraordinaire
in –, im –, il –, ir –	1. dans ~안에 2. au contraire de ~와는 반대로	infiltrer, impossible
inter –	entre ~사이에	interligne
intra –	dedans 안에	intramusculaire
juxta –	auprès de ~옆에	juxtaposer
multi –	nombreux 많은	multicolore
post –	après ~후에	postérieur
pré –	devant, ~앞에 avant ~전에	préhistoire
r(e) –, re –	à nouveau 다시	rouvrir
rétro –	en retour 역방향으로	rétrograder
sur –, super –, supra –	au-dessus 위에	supermarché
trans –	au-delà de, ~을 넘어서 à travers ~을 너머로	transformer

2. Les principaux préfixes grecs 주요 그리스어 접두사

Préfixes 접두사	Sens 의미	Exemples 예
a –	préfixe négatif 부정적 의미의 접두사	aphone
anti –	contre ~에 반(대)하여	antipathique
auto –	soi-même 자기 자신, 스스로	autocritique
hyper –	au-dessus 위에	hypermarché
hypo –	en dessous 밑에	hypothermie
ortho –	droit 바른	orthographe
para –	contre, 반대의 le long de 옆의, ~을 따라서	paravent
péri –	autour 주위에	périmètre
poly –	plusieurs 여러가지의	polythéiste
syn – (sym –)	avec 함께	synchroniser
télé –	loin de ~에서 멀리 떨어진	télévision
bio –	vie 생명	biographie
chrono –	temps 시간	chronologie

3. Les principaux suffixes pour former des noms 주요 명사형 접미사

Suffixes 접미사	Sens 의미	Exemples 예
– eur, – euse	noms de machine 기계 이름	broyeur, tracteur, moissonneuse, batteuse
– son	action, résultat de l'action 행동, 행동의 결과	comparaison, livraison, trahison
– tion, – ance		activation, admiration, tolérance
– ment		éloignement, pansement
– ure		déchirure, ligature, usure
– ade, – age, – aille		baignade, jardinage, entaille
– isme	opinion 의견	libéralisme, idéalisme

Suffixe	Sens	Exemples
– iste	partisan d'une opinion 어떤 의견의 지지자	royaliste, activiste, empiriste
– er, – ère, – iste	personne qui fait l'action 특정 행동을 하는 사람	boucher, boulangère, modéliste, garagiste, artiste
– eur		chauffeur, instituteur
– ien		mécanicien, informaticien
– ée	contenu 내용물, 분량	cuillerée, brouettée, assiettée
– ain, – ais, – ois, – ien	habitant une région 한 지역의 거주자	Mexicain, Lyonnais, Tunisois, Parisien
– esse	caractère 성격	gentillesse, délicatesse…
– elle, – et, – elet, – ille, – illon, – on, etc.	diminutif, petit 작다는 뜻을 나타내는 접미사	ruelle, garçonnet, fillette, oisillon

4. Les principaux suffixes pour former des adjectifs 주요 형용사형 접미사

Suffixes 접미사	Sens 의미	Exemples 예
– ant	pour créer le participe présent 현재분사를 만들기 위해서	jouant, dansant, riant...
– ain, – ais, – ois, – ien	relatif à une région 지역과 관련이 있는	mexicain, lyonnais, tunisois, parisien
-able, – ible, – uble	possibilité 가능성	mangeable, crédible, soluble
– e, – é, – i, – u	qualité, état 품질, 자질, 상태	élevé, lavé, sali, puni, moulu, barbu
– iste	partisan d'une opinion, métier 어떤 의견의 지지자, 직업	royaliste, activiste, empiriste, dentiste
– al, – el	qui a le caractère de 어떤 특징을 가진	nasal, légal, éternel, sensuel
– eur, – eux, – if, – in	caractère 성격	rieur, craintif, courageux, plaisantin

5. Les principaux suffixes d'origine grecque 그리스어 어원의 주요 접미사

Suffixes 접미사	Sens 의미	Exemples 예
– logue	qui étudie 학자, 전문가인	*astrologue, cardiologue, gynécologue…*
– logie	étude, science 학업, 과학	*zoologie, géographie, biologie*
– gène	qui génère 생성, 기원의	*fumigène, gazogène, galactogène*
– gramme	signe 기호	*cryptogramme, anagramme, télégramme…*
– manie	obsession 광, 중독자의	*cleptomanie, nymphomanie, mélomanie…*
– phobe, – phobie	qui craint, peur 공포, 두려움의	*claustrophobe, xénophobie…*
– ose	produit, maladie 당류, 질환	*maltose, saccarose, hématose, arthrose…*
– graphe	qui écrit 쓰는	*dactylographe, photographe…*
– phile – philie	ami de ~을 좋아하는 (사람)의 amitié pour	*cinéphile* *russophile*
– phage	qui mange 먹는	*chronophage*

6. Les principaux suffixes d'origine latine 라틴어 어원의 주요 접미사

Suffixes 접미사	Sens 의미	Exemples 예
– ment	action 행동	*chargement, embarquement*
– cide	qui tue 죽이는	*homicide, régicide, insecticide*
– fuge	qui fuit 도망가는	*centrifuge, lucifuge, vermifuge*
– esse, – té	qualité 자질	*richesse, fierté, cupidité, beauté*
– vore	qui mange 먹는	*carnivore, herbivore, omnivore…*
– erie	local 장소	*parfumerie, aciérie*

S'entraîner à la compréhension des écrits : ressources extérieures 읽기 연습 : 다양한 외부 자료

이 교재에서 제공하는 읽기 연습을 실제 외부 자료를 통해 보충하는 것이 좋습니다. 도움이 될 만한 인터넷 사이트와 자료를 소개합니다.

1. RFI SAVOIRS — ARTICLES

 RFI사이트에서는 B2 수준의 기사를 제공합니다. 반드시 보셔야 할 자료입니다.
https://savoirs.rfi.fr

2. RFI SAVOIRS — EXERCICES DE COMPRÉHENSION

 RFI사이트에서는 B2 수준의 읽기 연습 문제를 제공합니다.
반드시 보셔야 할 자료입니다. 테마와 레벨을 선택할 수 있습니다.
https://savoirs.rfi.fr

3. PARTAJON

 이 인터넷 사이트에서는 듣기와 읽기 연습 문제를 제공합니다.
https://www.partajondelfdalf.com

4. L'ACTU

 L'actu는 14세 이상의 청소년들이 읽는 일간지입니다.
이 신문은 PDF 파일을 무료로 다운받을 수 있습니다.
https://lactu.playbacpresse.fr

5. MON QUOTIDIEN

 Mon Quotidien은 10~13세 어린이들을 위한 일간지입니다.
이 신문은 PDF 파일을 무료로 다운받을 수 있습니다.
(https://monquotidien.playbacpresse.fr)

다음은 인터넷에서 무료로 읽을 수 있는 신문 및 잡지입니다.

주요 신문

— Le Monde
https://www.lemonde.fr

— Le Figaro
https://www.lefigaro.fr

— Le Point
https://www.lepoint.fr

— Libération
https://www.liberation.fr

주요 잡지

— L'Obs
https://tempsreel.nouvelobs.com

— L'Express
https://www.lexpress.fr

— Huffington Post
https://www.huffingtonpost.fr

— Le courrier international
https://www.courrierinternational.com

6 Compréhension des écrits 25 points

▶ **EXERCICE 1** Comprendre un texte informatif ou argumentatif 9 points

Dans un magazine francophone, vous lisez un article sur le « phénomène Tanguy ».

Adultes, ils sont de plus en plus nombreux à rester chez leurs parents

Les jeunes restent de plus en plus longtemps au domicile familial. C'est le constat qui ressort d'une étude récente. En effet, 60 % des étudiants et 25 % des actifs de moins de 30 ans vivraient toujours chez leurs parents. En 2016, selon une précédente étude, la proportion d'étudiants concernés n'était que de 30 % : elle a donc doublé en 3 ans.
Le « phénomène Tanguy », en référence au Tanguy des films d'Étienne CHATILIEZ, est donc une réalité de plus en plus installée. Cette tendance ne devrait d'ailleurs pas faiblir dans les années à venir, puisqu'une forte augmentation de ces colocations d'un nouveau genre est attendue. D'après l'étude, lorsqu'on demande aux jeunes quand ils comptent quitter le foyer, 40 % répondent qu'ils ne savent pas.

La hausse du nombre de "Tanguy" s'explique principalement par les difficultés immobilières que rencontrent bien souvent les jeunes. *« Cette augmentation est liée à un phénomène sociétal, la longueur des études augmente bien entendu, mais cela s'explique aussi par l'accélération de la hausse des prix de l'immobilier ces dernières années »*, explique Laurent STRICHARD, président d'Open PARTNERS.
D'après l'étude, 98 % des jeunes estiment que la recherche d'un logement est « longue et compliquée » en France. S'ils restent chez leurs parents, c'est souvent un choix (42 %), mais aussi par manque d'argent (25 %) ou parce qu'ils n'ont pas trouvé de logement adéquat (7 %). Sachant que le loyer représenterait 70 % du budget des étudiants, ces chiffres ne sont absolument pas surprenants.

Du point de vue familial, ce phénomène peut également s'expliquer par la bonne communication parents-enfants entre la génération Baby-Boom et la génération Y. S'il existait une certaine incompréhension entre les jeunes de mai 68 et leurs parents, il semblerait qu'aujourd'hui parents et enfants se comprennent mieux. *« Beaucoup de parents de jeunes de la génération Y* s'intéressent aux questions de développement personnel et à la psychologie. Ils sont donc plus attentifs à l'épanouissement de leurs enfants et dans l'ouverture et le dialogue, ce qui crée des relations propices à une colocation de longue durée. Les enfants ont moins envie de partir dès leurs dix-huit ans et les parents sont plus à même d'accepter, voire de trouver qu'avoir un Tanguy à la maison est finalement quelque chose* *d'agréable* » détaille le docteur NALI, psychiatre et spécialiste de ce phénomène, rappelant toutefois que cette situation n'est pas encore une généralité.

Les parents peuvent également avoir peur de souffrir du syndrome du nid vide. Ils peuvent en effet déprimer à l'idée de ne plus avoir leurs enfants à charge et se voir vieillir d'un coup. Dans beaucoup de cas, à cela s'ajoute la peur de se retrouver seul avec son mari ou sa femme. Ce tête-à-tête peut être tellement inquiétant que les parents préfèrent garder leurs enfants, et en particulier le petit dernier, à la maison le plus longtemps possible.

*La génération Y : personnes nées entre 1980 et 2000.

D'après Guy THAN, www.larevuesocio.fr

Pour répondre aux questions, cochez la bonne réponse.

❶ D'après une nouvelle étude… *1 point*

    A ☐ les jeunes ont des difficultés à quitter la maison familiale.
    B ☐ les étudiants sont plus indépendants qu'avant.
    C ☐ les filles vivent chez leurs parents plus longtemps que les garçons.

❷ D'après l'article, le phénomène Tanguy devrait… *1,5 point*

    A ☐ s'estomper dans les prochaines années.
    B ☐ se maintenir dans les prochaines années.
    C ☐ prendre de l'ampleur dans les prochaines années.

❸ Pour la nouvelle génération, il est devenu plus difficile de prendre son indépendance, car… *1,5 point*

    A ☐ loger seul est devenu trop onéreux.
    B ☐ les jeunes ne savent pas faire les tâches ménagères.
    C ☐ beaucoup de logements sont insalubres.

❹ Selon le document, il est constaté… *1,5 point*

    A ☐ que la génération d'aujourd'hui a plus d'attentes que la génération d'hier.

    B ☐ que les jeunes d'aujourd'hui s'entendent mieux avec leurs parents qu'avant.

    C ☐ que les étudiants ont tendance à faire de moins longues études qu'avant.

❺ Quelle est la caractéristique des parents de la nouvelle génération ? *1 point*

    A ☐ Ils ont la capacité financière d'héberger plus longtemps leurs enfants.

    B ☐ Ils vivent plus longtemps, car ils font plus de sport et s'alimentent mieux.

    C ☐ Ils s'intéressent à des thématiques favorisant leur entente avec leurs enfants.

❻ Selon le document, pour les parents, le départ de leurs enfants les ferait se sentir… *1 point*

    A ☐ inutiles.

    B ☐ âgés.

    C ☐ libérés.

❼ D'après l'auteur, les couples âgés souhaitent souvent garder leur dernier enfant, car… *1,5 point*

    A ☐ ils ont peur que leur enfant se mette en danger en vivant seul.

    B ☐ ils ont peur que personne ne s'occupe d'eux lorsqu'ils seront encore plus âgés.

    C ☐ ils ont peur de se retrouver seuls avec leur conjoint.

▶ **EXERCICE 2** Comprendre un texte informatif ou argumentatif *9 points*

Féru de technologie, vous lisez un article sur l'usage du numérique dans la vie quotidienne.

Reprenons le contrôle de notre utilisation du numérique

Regarder une vidéo, envoyer un mail, lire cet article, scroller le fil d'actualité Facebook, Twitter, Instagram ou même 9Gag. C'est cela, que nous appelons un « usage numérique ». La question se pose de savoir quelle part de nos usages appartient réellement à notre propre volonté, nos décisions individuelles.
Quelques exemples vont nous aider à dissiper la difficulté apparente de cette question.

Je clique sur le symbole triangulaire blanc. La vidéo se lance. Je la regarde, puis la suivante, puis celle d'après, jusqu'à n'en plus pouvoir de ce flux automatique de lectures.
Je change donc d'application pour lire un contenu écrit quelconque. Là, légèrement excentrée, mais au milieu de l'article, une vidéo se lance de son plein gré. Sans le son. Mais avec sous-titres. Puis la suivante, puis celle d'après, jusqu'à ce que je réalise que j'étais venu lire du contenu, pas en regarder. Mais la dernière vidéo me rappelle ce podcast que je voulais terminer, alors je retourne sur la plateforme vidéo, pour la regarder, juste elle, puis celle d'après, puis…

Expérience terriblement classique qui, si l'on prend quelques minutes de réflexion, illustre tout à fait le balancement perpétuel qui a lieu entre nos décisions personnelles éclairées et nos réactions automatiques. J'utilise les plateformes comme je le souhaite, mais les plateformes sont conçues pour que je les utilise d'une manière prédéterminée.
Les plateformes se sont construites de manière à capter l'attention de l'utilisateur (en lançant par exemple une vidéo automatiquement) et conserver l'attention de ce même utilisateur (en instaurant des sous-titres ou en supprimant le générique).

Auparavant, il fallait interagir avec la plateforme pour visionner du contenu. Désormais, il faut interagir avec elle pour arrêter d'en consommer.

Mais comment se sortir de l'emprise des plateformes en ligne ? À titre individuel, il est possible de mettre en place des actions qui permettent d'adopter un système numérique résilient en reprenant la main sur nos usages en ligne. Nous pouvons par exemple retirer la lecture automatique sur YouTube ou Netflix, ce qui permet de se remettre en position de se questionner à la fin d'un contenu : « Ai-je envie d'en regarder davantage ? ». Il est également possible de diminuer la résolution des vidéos visionnées pour les rendre moins attractives. Finalement, éteindre les données mobiles et ne les allumer que lorsque l'on en a besoin est également une solution très efficace pour éviter de se laisser dicter son utilisation numérique par la vibration de la notification.

L'idée générale, déclinable à tous nos usages numériques, est de retirer le plus possible les réglages qui choisissent pour vous, afin de pouvoir réfléchir à ce que vous souhaitez choisir et profiter du numérique en toute sobriété.

D'après Inès PERRET, www.linfoeco.fr

Pour répondre aux questions, cochez la bonne réponse.

❶ Il y a usage numérique… *1,5 point*

- **A** ☐ seulement lorsque nous faisons des achats en ligne.
- **B** ☐ lorsque nous utilisons les technologies numériques.
- **C** ☐ lorsque nos appareils numériques tombent en panne.

❷ Selon le document, certaines de nos activités numériques sont… *1,5 point*

- **A** ☐ involontaires.
- **B** ☐ nocives.
- **C** ☐ illégales.

❸ Les plateformes numériques ont pour objectif… *1 point*

- **A** ☐ de nous faire dépenser de l'argent en nous poussant à consommer.
- **B** ☐ de nous intéresser au contenu proposé le plus longtemps possible.
- **C** ☐ d'obtenir des informations sur les usagers, réutilisables à des fins marketing.

❹ D'après l'auteur de l'article il est devenu difficile… *1,5 point*

- **A** ☐ de s'arrêter lorsque l'on a commencé à utiliser une plateforme numérique.
- **B** ☐ de trouver un contenu de qualité.
- **C** ☐ de ne pas payer pour utiliser un service de divertissement.

❺ Comment une plateforme peut-elle inciter un utilisateur à poursuivre son utilisation ? *1,5 point*

- **A** ☐ En simplifiant l'accès au contenu.
- **B** ☐ En proposant une rétribution financière.
- **C** ☐ En promettant des solutions miracles à ses problèmes.

❻ Un système numérique résilient est une utilisation… *1 point*

    A ☐ ininterrompue
    B ☐ supendue   … du numérique.
    C ☐ contrôlée

❼ D'après le document, les notifications… *1 point*

    A ☐ doivent être mises en mode vibreur.
    B ☐ doivent être bloquées.
    C ☐ doivent toujours être activées.

EXERCICE 3 Comprendre le point de vue d'un locuteur natif   *7 points*
Vous lisez l'opinion de 3 personnes sur le télétravail.

Charlène

Avant j'avais environ 2 heures de transport rien que pour aller au travail. Et encore, quand ça roulait bien. Vous imaginez-vous, plus de 4 h par jour dans une voiture ? Après des années à stresser au volant, j'ai enfin demandé à mes supérieurs si je pouvais travailler de chez moi. Et depuis, j'ai un bien meilleur équilibre entre ma vie professionnelle et ma vie privée. Je travaille quand je veux, en journée, le soir, le week-end, je suis vraiment autonome dans mes activités. Je pense que je travaille bien mieux que quand j'allais au bureau tous les jours. Cependant, il faut rester vigilant, car on a vite tendance à prendre ses aises et à passer à autre chose, comme faire quelques tâches ménagères par exemple…

Noémie

Je ne vois pas bien où est le problème. Après tout, cette pratique existe depuis très longtemps à l'étranger. Certaines personnes semblent persuadées que ne pas travailler dans un bureau entouré d'autres collègues signifie que l'on ne travaille pas vraiment ! Bien sûr, ce n'est pas facile à mettre en place : il faut prévoir des moments pour appeler ses collaborateurs et le fait de travailler chez soi me fait me sentir seule, isolée. De plus, il est parfois difficile de se dire que finalement on dépend de la technologie pour avoir un contact humain ou réaliser un projet professionnel. Ce n'est pas toujours évident. Néanmoins, pour de nombreuses personnes, ça marche très bien. Alors bien que tout ne soit pas rose, on peut au moins essayer, non ?

Solène

Il y a deux ans, suite à un accident de voiture, j'ai été immobilisée pendant presque 6 mois à mon domicile. Mon employeur tenait absolument à ce que je prenne un arrêt maladie afin que je puisse revenir rapidement au travail, cependant, même si j'avais du mal à me déplacer, j'avais encore toutes mes capacités intellectuelles pour travailler. Alors après 1 mois d'arrêt, j'ai demandé à mon employeur si je pouvais reprendre mon travail, mais depuis chez moi. Il a accepté et j'ai rapidement rattrapé mon retard, tout en avançant sur de nouveaux projets. Une fois ma condition physique rétablie, je suis retournée au bureau normalement.

À quelle personne associez-vous chaque point de vue ? Pour chaque affirmation, cochez la bonne réponse.

❶ Ce mode de travail est très commun dans les autres pays. *1 point*
- **A** ☐ Charlène.
- **B** ☐ Noémie.
- **C** ☐ Solène.

❷ Il faut savoir rester concentré sur son travail. *1,5 point*
- **A** ☐ Charlène.
- **B** ☐ Noémie.
- **C** ☐ Solène.

❸ Cela permet de répondre à un besoin temporaire. *1 point*
- **A** ☐ Charlène.
- **B** ☐ Noémie.
- **C** ☐ Solène.

❹ La qualité de vie augmente avec le télétravail. *1 point*
- **A** ☐ Charlène.
- **B** ☐ Noémie.
- **C** ☐ Solène.

❺ Pour télétravailler de manière efficace, il faut être sérieux et appliqué. *1 point*
- **A** ☐ Charlène.
- **B** ☐ Noémie.
- **C** ☐ Solène.

❻ On peut parfois ressentir de la distance avec ses collègues. *1,5 point*
- **A** ☐ Charlène.
- **B** ☐ Noémie.
- **C** ☐ Solène.

Note pour l'épreuve de compréhension des écrits : /25

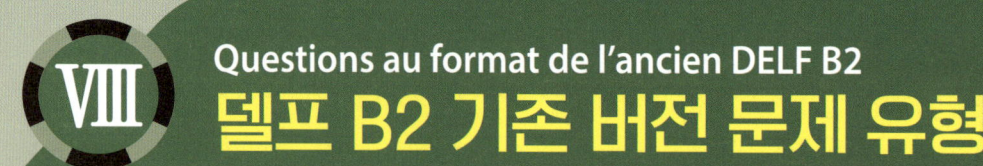

VIII. Questions au format de l'ancien DELF B2
델프 B2 기존 버전 문제 유형

 Présentation et méthodologie
     소개 및 문제 푸는 방법

2020년 봄부터 B2 읽기 시험의 문제 유형이 바뀌었습니다. 이전 버전의 읽기 시험에서는 문장으로 답변을 쓰는 주관식 문제도 출제되었습니다. 또한 반드시 justification(답의 근거를 지문에서 찾아 쓰는 것)을 함께 작성해야 하는 〈참/거짓〉 타입의 문제도 출제되었습니다

이 유형의 질문의 경우, 제시된 문장이 참인지 거짓인지 고른 다음 지문에 있는 해당 부분을 인용하여 이 선택을 뒷받침해야 했습니다. 이 두 가지 답변 중 하나라도 틀리면, 점수가 하나도 부여되지 않습니다.

새 버전의 읽기 시험은 객관식 답변을 요하는 질문으로만 구성됩니다. 이 교재에서는 주로 이 유형의 문제를 다루었습니다. 그렇지만 한국에서는 기존 버전에서 새 버전으로의 전환이 3년에 걸쳐 점진적으로 이루어질 것입니다. 따라서 2023년까지는 이전 형식의 읽기 시험 문제가 출제될 수 있습니다. 그래서 다음 장에서는 이전 형식의 문제로 시험을 치러야 하는 상황에 대비하기 위해서, 앞에서 다루었던 지문을 바탕으로 주관식 문제와 〈참/거짓〉 타입의 문제를 출제했습니다.

주관식 문제가 출제되어도 너무 걱정하지 마세요. 맞춤법 준수 여부와 상관없이 답변이 일관성 있고 되고 이해가 가능하면 됩니다.
여러분의 답변을 뒷받침하기 위해 특정 문장을 사용하거나 몇몇 문장이나 표현을 자신의 단어로 설명하는 것이 요구됩니다. 올바른 답변을 위해 정보의 내용을 서로 잘 연결하도록 합니다.
주관식 답변은 깔끔하고 명확하게 작성합니다. 맞춤법이 점수에 영향을 주지는 않지만, 그래도 맞춤법에 주의하면서 정확하고 간결하게 쓰세요.

1 Compréhension des écrits

▶ **EXERCICE 1**

❶ Vrai ou faux ? Cochez.
(✗) la bonne réponse et recopiez la phrase ou la partie du texte qui justifie votre réponse.

1 point par affirmation à traiter. Le candidat obtient la totalité des points si le choix Vrai/Faux ET la justification sont corrects, sinon aucun point.	VRAI	FAUX
La plupart des produits transformés respectent l'environnement. **Justification** :		

❷ Où les consommateurs peuvent-ils trouver des informations sur les produits qu'ils achètent ?

▶ EXERCICE 2

❶ Vrai ou faux ? Cochez.

(✗) la bonne réponse et recopiez la phrase ou la partie du texte qui justifie votre réponse.

1 point par affirmation à traiter. Le candidat obtient la totalité des points si le choix Vrai/Faux ET la justification sont corrects, sinon aucun point.

	VRAI	FAUX
a) Globalement, les personnes vivent plus longtemps et sont en meilleure santé. **Justification :** _____ _____ _____		
b) L'évolution de l'espérance de vie diffère selon les pays. **Justification :** _____ _____ _____		

❷ Quels peuvent être les effets de l'évolution de l'espérance de vie sur la société ?

_____
_____
_____

2 Compréhension des écrits

▶ EXERCICE 1

❶ Vrai ou faux ? Cochez.

(✗) la bonne réponse et recopiez la phrase ou la partie du texte qui justifie votre réponse.

1 point par affirmation à traiter. Le candidat obtient la totalité des points si le choix Vrai/Faux ET la justification sont corrects, sinon aucun point.

	VRAI	FAUX
Plus on est riche, plus on gaspille. **Justification** : _____ _____		

❷ Comment pouvons-nous réduire le gaspillage alimentaire ? *Citez deux moyens d'action.*

1. _____
2. _____

▶ EXERCICE 2

❶ Vrai ou faux ? Cochez.

(✗) la bonne réponse et recopiez la phrase ou la partie du texte qui justifie votre réponse.

1 point par affirmation à traiter. Le candidat obtient la totalité des points si le choix Vrai/Faux ET la justification sont corrects, sinon aucun point.	VRAI	FAUX
Au 21e siècle, les jardins partagés sont toujours exploités pas des ouvriers. **Justification** : _____ _____		

❷ En plus d'une production alimentaire, que permettent ces jardins ?

_____

_____

3 Compréhension des écrits

▶ EXERCICE 1

❶ Vrai ou faux ? Cochez.
(X) la bonne réponse et recopiez la phrase ou la partie du texte qui justifie votre réponse.

1 point par affirmation à traiter. Le candidat obtient la totalité des points si le choix Vrai/Faux ET la justification sont corrects, sinon aucun point.	VRAI	FAUX
a) L'objectif principal de la télémédecine est de réduire les coûts liés aux soins médicaux. **Justification** : _____ _____ _____		
b) Les campagnes mais également les villes souffrent du manque de médecins. **Justification** : _____ _____ _____		

❷ Quelle est l'inquiétude des professionnels de la médecine vis-à-vis de la télémédecine ?

_____

_____

▶ EXERCICE 2

❶ Vrai ou faux ? Cochez.

(×) la bonne réponse et recopiez la phrase ou la partie du texte qui justifie votre réponse.

1 point par affirmation à traiter. Le candidat obtient la totalité des points si le choix Vrai/Faux ET la justification sont corrects, sinon aucun point.

	VRAI	FAUX
Il n'est pas envisageable pour les bilingues d'apprendre une autre langue à l'école. **Justification** :		

❷ Que faire pour ne pas compliquer l'apprentissage d'autres langues à l'école ?

4 Compréhension des écrits

▶ **EXERCICE 1**

❶ Vrai ou faux ? Cochez.
(✗) la bonne réponse et recopiez la phrase ou la partie du texte qui justifie votre réponse.

1 point par affirmation à traiter. Le candidat obtient la totalité des points si le choix Vrai/Faux ET la justification sont corrects, sinon aucun point.	VRAI	FAUX
a) Les gîtes zéro déchet ne pourront jamais concurrencer le tourisme traditionnel. **Justification** : _____ _____ _____		

❷ Quel style de vie adoptent les propriétaires de ce gîte ?

_____
_____

▶ EXERCICE 2

❶ Vrai ou faux ? Cochez.

(✕) la bonne réponse et recopiez la phrase ou la partie du texte qui justifie votre réponse.

1 point par affirmation à traiter. Le candidat obtient la totalité des points si le choix Vrai/Faux ET la justification sont corrects, sinon aucun point.	VRAI	FAUX
Encore de nombreuses personnes pensent que l'environnement n'est pas menacé. **Justification** :		

❷ Quelle est la solution proposée par l'auteur pour lutter contre les problèmes environnementaux ?

5 Compréhension des écrits

▶ **EXERCICE 1**

❶ Vrai ou faux ? Cochez.
(X) la bonne réponse et recopiez la phrase ou la partie du texte qui justifie votre réponse.

1 point par affirmation à traiter. Le candidat obtient la totalité des points si le choix Vrai/Faux ET la justification sont corrects, sinon aucun point.	VRAI	FAUX
Les produits en vrac sont vendus en quantité déterminée. **Justification** : _____ _____ _____		

❷ Dans quel genre de magasin se développe le plus le vrac ?

_____
_____

▶ EXERCICE 2

❶ Vrai ou faux ? Cochez.

(×) la bonne réponse et recopiez la phrase ou la partie du texte qui justifie votre réponse.

1 point par affirmation à traiter. Le candidat obtient la totalité des points si le choix Vrai/Faux ET la justification sont corrects, sinon aucun point.	VRAI	FAUX
Le format numérique n'existe que pour les livres récents. **Justification** : _____ _____ _____		

❷ Qu'apporte la présence du libraire ?

_____

_____

6 Compréhension des écrits

▶ **EXERCICE 1**

❶ Vrai ou faux ? Cochez.
(✗) la bonne réponse et recopiez la phrase ou la partie du texte qui justifie votre réponse.

1 point par affirmation à traiter. Le candidat obtient la totalité des points si le choix Vrai/Faux ET la justification sont corrects, sinon aucun point.

	VRAI	FAUX
a) Les jeunes actifs ont moins tendance à vivre chez leurs parents que les étudiants. **Justification** : _____ _____ _____		
b) Les jeunes de la nouvelle génération ont des difficultés à s'entendre avec leurs parents, membres de l'ancienne génération. **Justification** : _____ _____ _____		

❷ Qu'est-ce qu'est le syndrome du nid vide ?

_____
_____
_____

▶ EXERCICE 2

❶ Vrai ou faux ? Cochez.

(✗) la bonne réponse et recopiez la phrase ou la partie du texte qui justifie votre réponse.

1 point par affirmation à traiter. Le candidat obtient la totalité des points si le choix Vrai/Faux ET la justification sont corrects, sinon aucun point.

	VRAI	FAUX
Les plateformes numériques ont généralement l'objectif de contrôler l'activité des utilisateurs. **Justification** : _____ _____ _____		

❷ Comment pouvons-nous reprendre la main sur notre consommation du numérique ?

_____

_____

_____

Correction des épreuves 연습 문제 정답

읽기 영역

1 Compréhension des écrits p.112

▶ **EXERCICE 1**
1 C 2 C 3 B 4 A
5 A 6 C 7 C

▶ **EXERCICE 2**
1 A 2 C 3 A 4 B
5 C 6 B 7 A

▶ **EXERCICE 3**
1 B 2 A 3 C 4 A
5 B 6 C

2 Compréhension des écrits p.121

▶ **EXERCICE 1**
1 B 2 A 3 B 4 A
5 C 6 A 7 A

▶ **EXERCICE 2**
1 C 2 A 3 C 4 B
5 B 6 A 7 C

▶ **EXERCICE 3**
1 C 2 C 3 B 4 A
5 B 6 C

3 Compréhension des écrits p.129

▶ **EXERCICE 1**
1 C 2 A 3 C 4 A
5 B 6 A 7 A

▶ **EXERCICE 2**
1 C 2 A 3 B 4 B
5 B 6 A 7 B

▶ **EXERCICE 3**
1 C 2 A 3 B 4 C
5 B 6 B

4 Compréhension des écrits p.138

▶ **EXERCICE 1**
1 B 2 A 3 A 4 B
5 A 6 B 7 B

▶ **EXERCICE 2**
1 A 2 B 3 C 4 B
5 B 6 B 7 A

▶ **EXERCICE 3**
1 C 2 A 3 A 4 B
5 C 6 B

5 Compréhension des écrits p.148

▶ **EXERCICE 1**
1 C 2 C 3 A 4 C
5 C 6 C 7 A

▶ **EXERCICE 2**
1 A 2 A 3 C 4 B
5 C 6 B 7 C

▶ **EXERCICE 3**
1 B 2 C 3 B 4 A
5 A 6 C

6 Compréhension des écrits p.162

▶ **EXERCICE 1**
1 A 2 C 3 A 4 B
5 C 6 B 7 C

▶ **EXERCICE 2**
1 B 2 A 3 B 4 A
5 A 6 C 7 B

▶ **EXERCICE 3**

1 B   2 A   3 C   4 A
5 A   6 B

DELF 기존 버전 – 연습 문제 정답

1 Compréhension des écrits p.171

▶ **EXERCICE 1**

1 Vrai

   Justification Le modèle occidental de distribution essaie de s'imposer partout dans le monde, en créant des problèmes environnementaux liés à l'élevage de masse, à la production industrielle et au transport de marchandises.

2 Sur les listes d'ingrédients affichées sur les étiquettes des produits.

▶ **EXERCICE 2**

1 a) Faux

   Justification on vit plus d'années, mais on vit aussi malade pendant plus longtemps

   b) Vrai

   Justification la tendance globale est à la hausse, cela masque de fortes disparités entre les pays

2 Ce phénomène pourrait changer fortement la structuration de notre société, la place de chacun. En effet, les personnes âgées ne veulent pas avoir le statut réservé habituellement aux personnes âgées ni occuper leur place.

2 Compréhension des écrits p.173

▶ **EXERCICE 1**

1 Vrai ou faux ? Cochez.

   (✗) la bonne réponse et recopiez la phrase ou la partie du texte qui justifie votre réponse.

1 point par affirmation à traiter. Le candidat obtient la totalité des points si le choix Vrai/Faux ET la justification sont corrects, sinon aucun point.	VRAI	FAUX
a) Plus on est riche, plus on gaspille. **Justification** « Le gaspillage alimentaire est un luxe pour les plus démunis, mais paraît presque normal pour les plus riches » **OU** « à partir d'un certain niveau de revenu, correspondant à un seuil de dépenses d'environ 6 euros par jour et par personne, le gaspillage alimentaire avait tendance à augmenter ».	✗	

2 Comment pouvons-nous réduire le gaspillage alimentaire ? *Deux parmi les trois réponses possibles.*

   1. Ne pas oublier les produits de son placard.
   2. Vérifier les dates de péremption.
   3. Consommer des invendus.

▶ **EXERCICE 2**

1 Vrai ou faux ? Cochez.

   (✗) la bonne réponse et recopiez la phrase ou la partie du texte qui justifie votre réponse.

1 point par affirmation à traiter. Le candidat obtient la totalité des points si le choix Vrai/Faux ET la justification sont corrects, sinon aucun point.	VRAI	FAUX
a) Au 21e siècle, les jardins partagés sont toujours exploités pas des ouvriers. **Justification** Aujourd'hui, c'est en général une association de quartier ou bien les habitants d'un immeuble qui sont à l'origine de ces nouveaux jardins.		✗

2   En plus d'une production alimentaire, que permettent ces jardins ?
    — Ils renforcent les liens sociaux entre les habitants.

3 Compréhension des écrits p.175

▶ EXERCICE 1

1   Vrai ou faux ? Cochez.
    (✗) la bonne réponse et recopiez la phrase ou la partie du texte qui justifie votre réponse.

1 point par affirmation à traiter. Le candidat obtient la totalité des points si le choix Vrai/Faux ET la justification sont corrects, sinon aucun point.	VRAI	FAUX
a) L'objectif principal de la télémédecine est de réduire les coûts liés aux soins médicaux. **Justification** « Le grand objectif de ce nouveau service médical est d'offrir un nouveau moyen d'accéder à un service de santé ».		✗
b) Les campagnes, mais également les villes souffrent du manque de médecins. **Justification** les déserts médicaux « comprennent autant les zones de rase-campagne que certaines villes comme Paris ».	✗	

2   Quelle est l'inquiétude des professionnels de la médecine vis-à-vis de la télémédecine ?
    — Les médecins font part de réserves en ce qui concerne la sécurité, car un risque de piratage existe.

▶ EXERCICE 2

1   Vrai ou faux ? Cochez.
    (✗) la bonne réponse et recopiez la phrase ou la partie du texte qui justifie votre réponse.

1 point par affirmation à traiter. Le candidat obtient la totalité des points si le choix Vrai/Faux ET la justification sont corrects, sinon aucun point.	VRAI	FAUX
Il n'est pas envisageable pour les bilingues d'apprendre une autre langue à l'école. **Justification** On peut donc ensuite introduire une deuxième langue étrangère, et ce dès le collège, ce qui rendrait alors l'enfant trilingue à la fin de sa scolarité.		✗

2   Que faire pour ne pas compliquer l'apprentissage d'autres langues à l'école ?
    — En faisant des activités scolaires en langue maternelle et en langue étrangère.

4 Compréhension des écrits p.177

▶ EXERCICE 1

1   Vrai ou faux ? Cochez.
    (✗) la bonne réponse et recopiez la phrase ou la partie du texte qui justifie votre réponse.

1 point par affirmation à traiter. Le candidat obtient la totalité des points si le choix Vrai/Faux ET la justification sont corrects, sinon aucun point.	VRAI	FAUX
a) Les gîtes zéro déchet ne pourront jamais concurrencer le tourisme traditionnel. **Justification** Un mode de vie qui pourrait très vite devenir une alternative au tourisme de masse qui fait des ravages.		✗

2   Quel style de vie adoptent les propriétaires de ce gîte ?
    — Le mode de vie minimaliste.

▶ **EXERCICE 2**

1   Vrai ou faux ? Cochez.

(✗) la bonne réponse et recopiez la phrase ou la partie du texte qui justifie votre réponse.

1 point par affirmation à traiter. Le candidat obtient la totalité des points si le choix Vrai/Faux ET la justification sont corrects, sinon aucun point.	VRAI	FAUX
a) Encore de nombreuses personnes pensent que l'environnement n'est pas menacé. **Justification** «Tout le monde, ou presque, s'accorde aujourd'hui à dire que la biodiversité est menacée, que le changement climatique affecte l'écosystème global, que la pollution de l'air est un problème de plus en plus pressant».		✗

2   Quelle est la solution donnée par l'auteur pour lutter contre les problèmes environnementaux ?

— L'homme devrait abandonner la croissance économique en renonçant aux technologies modernes.

5 Compréhension des écrits p.179

▶ **EXERCICE 1**

1   Vrai ou faux ? Cochez.

(✗) la bonne réponse et recopiez la phrase ou la partie du texte qui justifie votre réponse.

1 point par affirmation à traiter. Le candidat obtient la totalité des points si le choix Vrai/Faux ET la justification sont corrects, sinon aucun point.	VRAI	FAUX
a) Les produits en vrac sont vendus en quantité déterminée. **Justification** Autre avantage : les produits sont vendus au poids en fonction de ce que les clients achètent.		✗

2   Dans quel genre de magasin se développe le plus le vrac ?

LES GRANDES SURFACES (HYPERMARCHÉS ET SUPERMARCHÉS).

▶ **EXERCICE 2**

1   Vrai ou faux ? Cochez.

(✗) la bonne réponse et recopiez la phrase ou la partie du texte qui justifie votre réponse.

1 point par affirmation à traiter. Le candidat obtient la totalité des points si le choix Vrai/Faux ET la justification sont corrects, sinon aucun point.	VRAI	FAUX
a) Le format numérique n'existe que pour les livres récents. **Justification** Ou bien encore les libraires pourraient conseiller des clients qui sont à la recherche d'un livre indisponible ou épuisé en leur proposant une version électronique.		✗

2   Qu'apporte la présence du libraire ?

— La présence du libraire reste donc nécessaire, voire indispensable, afin de pouvoir conseiller au mieux le client.

6 Compréhension des écrits p.181

▶ **EXERCICE 1**

1. Vrai ou faux ? Cochez.

   (✗) la bonne réponse et recopiez la phrase ou la partie du texte qui justifie votre réponse.

1 point par affirmation à traiter. Le candidat obtient la totalité des points si le choix Vrai/Faux ET la justification sont corrects, sinon aucun point.	VRAI	FAUX
a) Les jeunes actifs ont moins tendance à vivre chez leurs parents que les étudiants. **Justification** « En effet, 60 % des étudiants et 25 % des actifs de moins de 30 ans vivraient toujours chez leurs parents ».	✗	
b) Les jeunes de la nouvelle génération ont des difficultés à s'entendre avec leurs parents, membres de l'ancienne génération. **Justification** « il semblerait qu'aujourd'hui parents et enfants se comprennent mieux ».		✗

2. Qu'est-ce qu'est le syndrome du nid vide ?

   — Le syndrome du nid vide fait référence au sentiment qu'ont les parents lorsque les enfants quittent le domicile familial. « Ils peuvent déprimer à l'idée de ne plus avoir leurs enfants à charge et se voir vieillir d'un coup ».

▶ **EXERCICE 2**

1. Vrai ou faux ? Cochez.

   (✗) la bonne réponse et recopiez la phrase ou la partie du texte qui justifie votre réponse.

1 point par affirmation à traiter. Le candidat obtient la totalité des points si le choix Vrai/Faux ET la justification sont corrects, sinon aucun point.	VRAI	FAUX
a) Les plateformes numériques ont généralement l'objectif de contrôler l'activité des utilisateurs. **Justification** « les plateformes sont conçues pour que je les utilise d'une manière prédéterminée ».		✗

2. Comment pouvons-nous reprendre la main sur notre consommation du numérique ?

   — En retirant le plus possible les réglages qui choisissent pour vous, afin de pouvoir réfléchir à ce que nous souhaitons choisir.

Production écrite

III

쓰기 시험

B2

I. Présentation de l'épreuve
쓰기 시험 소개

a Déroulement de l'épreuve et conseils
시험 진행 순서 및 조언

 ### Objectif (목표)

쓰기 시험의 목표는 정확한 예시를 통해 사실과 생각을 기술하면서 본인의 관점을 글로 표현하는 것으로, 250자 분량의 글을 작문하게 됩니다. 채점자들이 사용하고 있는 10%의 가감 규칙을 적용하면 정확하게는 225~275자 정도의 분량입니다. 지시 사항에 나와 있는 최소 글자 수에 맞춰 쓰는 것이 아주 중요합니다.

여러분은 총 60분 동안 글을 작성합니다. 시험 시간을 다음의 순서에 따라 잘 배분하시기 바랍니다. 처음 20분은 개요를 작성하고, 그 다음 30분은 글을 쓰고 나머지 10분 동안 작성한 글을 다시 읽어보아야 합니다.

 ### Matériel (준비물)

답안지 작성은 반드시 볼펜으로만 하셔야 합니다. 연필 사용은 절대 허용되지 않으며, 연필로 답안 기재 시 0점 처리 되므로 반드시 주의하시기 바랍니다. 수정테이프 사용이 가능하지만, 채점자 입장에서는 수정테이프의 사용이 적을수록 읽기가 편한 것이 사실입니다.

고사장에 벽시계가 배치되어 있기는 하나, 시험 종료까지 얼마나 시간이 남았는지 확인하기 위해 개인용 시계를 챙기는 것도 좋습니다. (스마트 워치 사용은 금지되어 있습니다)

시험 시작 전, 시험지와 함께 연습지를 한 장씩 받습니다. 그리고 작문용 추가 답안지도 구비되어 있으니 필요하다면 감독관에게 요청하시면 됩니다.

Thèmes récurrents (시험에 자주 나오는 주제)

B2 시험에서 다루는 주제는 일반적으로 다음과 같습니다. 직업/일의 세계, 학업, 건강, 취미/레저, 소비, 음식, 가족, 사회, 과학, 교육, 환경, 교통, 미디어, 관광, 기술, 커뮤니케이션, 남녀평등…

> 아래 주제 관련 어휘들을 많이 알고 있어야 합니다.
>
> Le monde du travail — Les études — La santé — Les loisirs —
> Les habitudes de consommation — Les comportements alimentaires —
> Les relations sociales — Les relations familiales — Les réseaux sociaux —
> Le progrès scientifique — L'éducation — L'apprentissage des langues —
> L'environnement — L'égalité femmes-hommes —
> Les technologies de l'information et de la communication —
> Les transports — Les médias — Le tourisme, etc.

Types de sujets (문제 유형)

쓰기 시험은 2가지 유형의 문제가 출제될 수 있습니다.

— 긍정적 또는 부정적인 의견을 나타내며 논증하는 글
  에세이 형식의 글로, 일반적으로 신문 기사나 인터넷 게시판(forum) 포스팅의 형태로 글을 쓰게 됩니다. 이 유형은 출제 빈도가 통계적으로 더 낮은 편입니다.

— 요청이나 항의를 하는 격식을 갖춘 편지글
  중요한 사람에게 쓰는 편지글로, 예의를 갖춘 표현이나 관용 문구, 경구어 등을 사용합니다. 이 유형은 통계적으로 더 자주 출제됩니다.

b Grille d'évaluation 채점표

DOCUMENT RÉSERVÉ AUX CORRECTEURS

**Le candidat peut prendre connaissance de ce document.
LES CORRECTEURS SONT NÉANMOINS LES SEULES PERSONNES HABILITÉES À LE REMPLIR.**

GRILLE D'ÉVALUATION DE LA PRODUCTION ÉCRITE B2

■ ÉCRIT ARGUMENTÉ   25 points

Respect de la consigne Respecte la situation et le type de production demandée. Respecte la consigne de longueur minimale indiquée.*	0	0,5	1	1,5	2			
Correction sociolinguistique Peut adapter sa production à la situation, au destinataire et adopter le niveau d'expression formelle convenant aux circonstances.	0	0,5	1	1,5	2			
Capacité à présenter des faits Peut évoquer avec clarté et précision des faits, des événements ou des situations.	0	0,5	1	1,5	2	2,5	3	
Capacité à argumenter une prise de position Peut développer une argumentation en soulignant de manière appropriée points importants et détails pertinents.	0	0,5	1	1,5	2	2,5	3	
Cohérence et cohésion Peut relier clairement les idées exprimées sous forme d'un texte fluide et cohérent. Respecte les règles d'usage de la mise en page. La ponctuation est relativement exacte mais peut subir l'influence de la langue maternelle.	0	0,5	1	1,5	2	2,5	3	3,5	4

Compétence lexicale / orthographe lexicale

Étendue du vocabulaire Peut utiliser une gamme assez étendue de vocabulaire en dépit de lacunes lexicales ponctuelles entraînant l'usage de périphrases.	0	0,5	1	1,5	2
Maîtrise du vocabulaire Peut utiliser un vocabulaire généralement approprié bien que des confusions et le choix de mots incorrects se produisent sans gêner la communication.	0	0,5	1	1,5	2
Maîtrise de l'orthographe Peut produire un écrit suivi, clair et intelligible. L'orthographe est relativement exacte mais peut subir l'influence de la langue maternelle. Peut orthographier correctement la plupart des mots attendus à ce niveau.	0	0,5	1		

Compétence grammaticale / orthographe grammaticale

Choix des formes A un bon contrôle grammatical. Des erreurs non systématiques peuvent encore se produire sans conduire à des malentendus.	0	0,5	1	1,5	2	2,5	3	3,5	4
Degré d'élaboration des phrases Peut utiliser de manière appropriée des constructions variées.	0	0,5	1	1,5	2			

* Si la production fait entre 176 et 224 mots, on attribuera 0,5 point sur 1 au critère de longueur.
 Si la production fait 175 mots ou moins, on attribuera 0 point sur 1 au critère de longueur.

NOM DU CORRECTEUR 1 : ....

NOM DU CORRECTEUR 2 : ....

Note :   / 25

CODE CANDIDAT : ☐☐☐☐☐☐ - ☐☐☐☐☐☐

Après évaluation du candidat, cette grille doit être rattachée à la copie DELF B2.

DELF B2

■ Grille d'évaluation (채점표)

지시 사항 이행 — 지시 사항에서 요구한 상황과 작문 유형에 따라 작성함 — 최소 글자 수에 맞춰 작성함	0	1.5	1	1.5	2				
사회적 언어의 사용 — 상황과 대상에 맞는 글을 쓸 수 있으며, 상황에 맞추어 격식을 갖춘 표현을 쓸 수 있음	0	0.5	1	1.5	2				
사실 기술 능력 — 명확하고 정확하게 사실, 사건, 상황을 기술할 수 있음	0	0.5	1	1.5	2	2.5	3		
한 입장에 대해 논증할 수 있는 능력 — 중요한 포인트와 타당한 세부 사항을 적절히 강조하면서 논거를 전개시킬 수 있음	0	0.5	1	1.5	2	2.5	3		
일관성과 통일성 — 유연하고 일관된 글의 형태로, 표현된 아이디어들을 명확하게 연결시킬 수 있음 — 글 구성 법칙을 따름. 모국어의 영향을 받을 수 있지만, 구두점 사용이 비교적 정확함	0	0.5	1	1.5	2	2.5	3	3.5	4

어휘 능력 / 어휘 맞춤법

어휘 사용의 범위 — 적절한 어휘 사용이 약간 부족하지만, 완곡한 표현을 사용하여 꽤 넓은 범위의 어휘를 사용할 수 있음	0	1.5	1	1.5	2
어휘 구사 능력 — 적절하지 않은 단어 선택과 혼동이 있지만 의사소통을 방해하지 않으면서 대체로 적합한 어휘를 사용할 수 있음	0	0.5	1	1.5	2
맞춤법 구사 능력 — 조리 있고, 분명하고 이해하기 쉬운 글을 작성할 수 있음 — 맞춤법은 대체로 정확하나 모국어의 영향을 받을 수 있음 — 이 수준에서 요구되는 대부분의 단어를 정확하게 쓸 수 있음	0	0.5	1		

문법 능력 / 문법 맞춤법

형식의 선택 — 문법 사용이 원활함 — 의미에 오해를 불러일으키지 않고, 때때로 실수를 할 수 있음	0	0.5	1	1.5	2	2.5	3	3.5	4
문장 구성의 정도 — 다양한 구조의 문장을 적절히 사용할 수 있음	0	0.5	1	1.5	2				

채점표를 반드시 읽어보세요!

처음에는 채점표의 내용과 형식이 머리에 잘 들어오지 않습니다. 낯설기 때문입니다.
천천히 꼼꼼하게 반복해서 읽어보세요. 채점표에서 요구하는 능력이 무엇인지
잘 파악하고 있는 것이 매우 중요합니다.

지시 사항 이행 (2점)
— 주어진 상황을 잘 이해함
— 모든 내용이 주제와 연관이 있음
— 작성한 글이 문제에서 요구하는 형식과 일치함
— 제시된 최소 글자 수에 맞추어 작성함

사회적 언어의 사용 (2점)
— 작성한 글에 구어 표현을 사용하지 않음
— 작성한 글에 예의를 갖춘 관용 문구를 사용함(격식을 갖춘 편지)

사실 기술 능력 (3점)
— 작성한 글이 분명하고 정확한 사실을 설명함
— 논거가 적합한 예시에 의해 뒷받침됨

논증할 수 있는 능력 (3점)
— 주된 의견이 분명히 표현됨
— 모든 논거들이 자세히 설명됨

일관성과 통일성 (4점)
— 글 구성의 법칙을 따름
— 글의 개요가 잘 구성됨
— 논거들이 논리 있게 연결되고 적절한 연결어가 사용됨
— 구두점 사용이 대체로 정확하지만, 실수가 어느 정도 용인됨

어휘 능력 / 어휘 맞춤법

어휘 사용의 범위 (2점)
— 주제와 연관된 어휘 사용이 꽤 풍부함
— 결함이나 실수가 어느 정도 용인됨

어휘 구사 능력 (2점)
— 단어 선택이 대체로 잘 이루어짐
— 이해하기에 별 문제가 없다면, 실수가 어느 정도 용인됨

맞춤법 구사 능력 (1점)
— 일상적으로 흔히 쓰는 단어는 정확하게 쓸 수 있음
— 어려운 단어일 경우 실수가 어느 정도 용인됨

문법 능력 / 문법 맞춤법

형식의 선택 (4점)
— 일상적인 문법 규칙을 대체로 존중함
— 이해하기에 별 문제가 없다면, 실수가 어느 정도 용인됨

문장 구성의 정도 (2점)
— 문장의 구성이 다양함
— 작성한 글에 몇 개의 복합문이 포함되어 있음

C Conseils méthodologiques
쓰기 시험을 준비하는 방법

1. 우선 지시 사항의 내용을 잘 이해하고, 요구된 작문 유형이 무엇인지 파악하세요.
   '내가 어떤 글을 써야 하는가?'를 판단하는 것입니다. 에세이를 써야 하는지, 편지글을 써야 하는지 지시 사항에 잘 맞게 타입을 골라야 합니다.

2. 지시 사항에서 요구된 내용을 잘 파악하세요.
   '주제나 문제가 무엇인가? 누가 누구에게 글을 쓰는가? 무엇을 표현하기 위해 글을 쓰는가?' 에 대한 판단의 근거를 지시 사항에서 찾아야 합니다.

3. 본인의 의견을 뒷받침하기 위한 사실과 논거를 찾으세요. 어떤 형식으로 글을 쓸 것인지도 생각하세요. 시험 시작 후 처음 20분 동안 연습지에 개요를 작성하세요.

4. 한 줄에 8~10개의 단어를 쓴다고 생각하고 글을 작성한 뒤 단어 수를 세지 말고 줄을 세어 보세요. 이 방법으로 시간을 절약할 수 있습니다. 총 25줄 가량 작성하면 됩니다.

5. 마지막 10분 동안 자신이 쓴 글을 다시 한번 읽어보세요. 이때 어휘, 문법, 통사론, 구두점 등에 실수가 있는지 잘 확인하고 수정하면 됩니다.

Écrire un texte argumentatif : l'essai
논증하는 글쓰기 : 에세이

a Méthodologie de l'essai 에세이 쓰는 방법

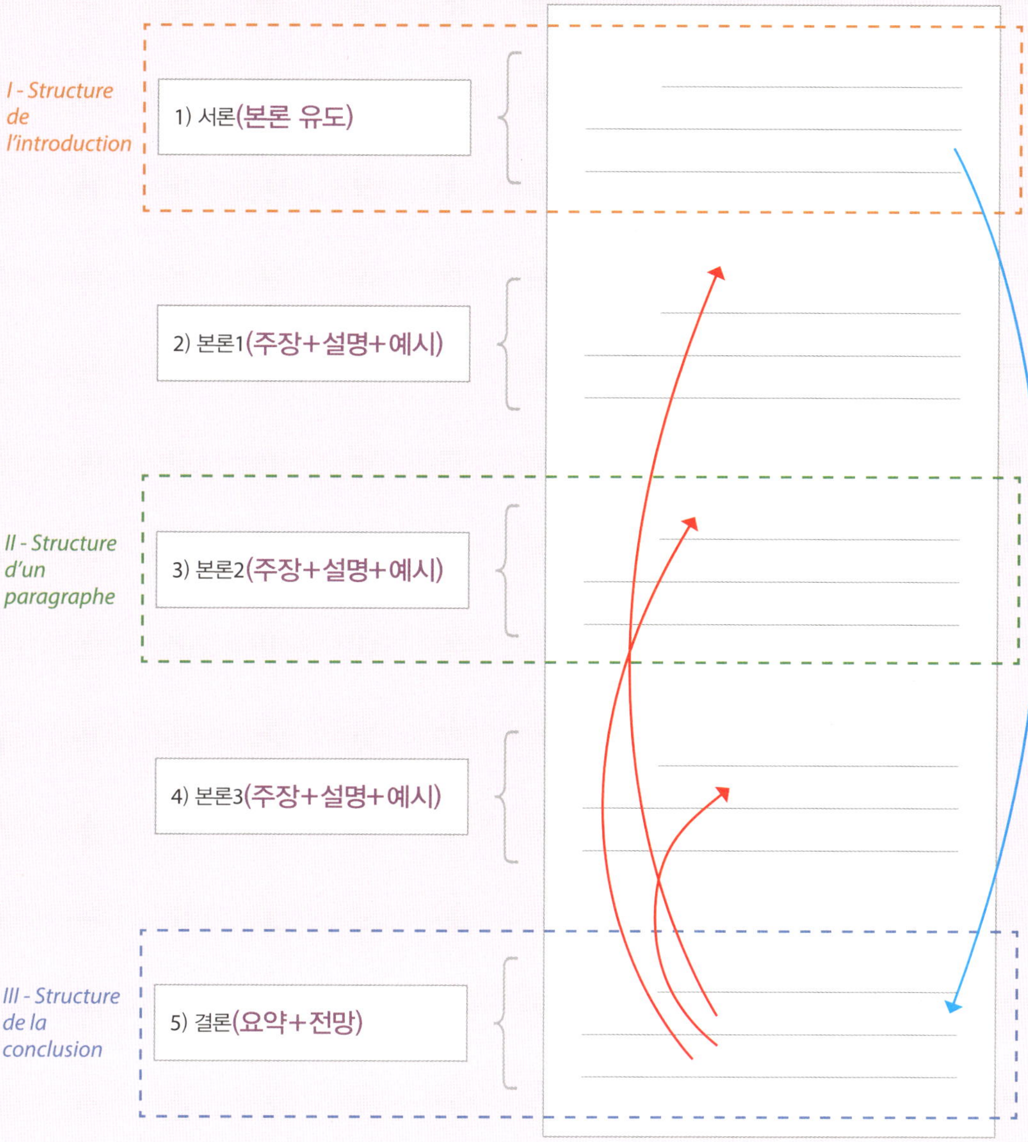

I - Structure de l'introduction
1) 서론(본론 유도)

II - Structure d'un paragraphe
2) 본론1(주장+설명+예시)
3) 본론2(주장+설명+예시)
4) 본론3(주장+설명+예시)

III - Structure de la conclusion
5) 결론(요약+전망)

논증하는 글의 구성

- 논증하는 글은 일관성 있게 논리적으로 구성되어야 합니다. 따라서 다음과 같이 서론 – 본론 – 결론으로 구성합니다.
    - 서론에서는 주제나 사실을 설명하고, 문제를 제기하고, 본론에서 다뤄질 내용의 개요를 소개합니다.
    - 본론은 일반적으로 3개의 단락으로 나누어집니다. 각 단락은 주장, 주장을 뒷받침하는 근거, 구체적인 예시로 이루어집니다. 본론의 목적은 문제 제기에 대한 답변을 하는 것입니다.
    - 결론에서는 본론에서 전개시킨 의견을 간략하게 요약하고, 서론에서 제기한 문제에 답변합니다.
- 위에서 제시한 개요 그림을 참고하면 논증하는 글의 일관성을 볼 수 있습니다.
    - 서론에서 문제 제기를 합니다. 결론에서 이에 대한 답변을 합니다. (파란 화살표) ➡
    - 결론은 본론에서 설명된 각 단락의 주장(의견)에 근거하여 이루어집니다. (빨간 화살표) ➡

서론 – 본론 – 결론의 개요

I - Structure de l'introduction

1. Phrase d'introduction. Annonce de la situation 도입 문장. 상황 소개
2. Problématique / question 문제 제기 / 질문
3. Annonce du plan* : Argument 1 + Argument 2 + Argument 3
   본론에서 다뤄질 내용 소개 + 주장1 + 주장2 + 주장3
   *Étape facultative, mais conseillée. 이 단계는 선택 사항이지만 권장됩니다.

II - Structure d'un paragraphe

1. Fait / idée / argument 사실 / 의견 / 논거
2. Explication 근거 설명
3. Exemple 예시

III – Structure de la conclusion

1. Rappel des idées importantes (argument de chaque paragraphe du développement).
   본론의 각 단락에서 다뤄진 논거의 주요 의견들을 상기시키기
2. Réponse claire à la problématique (예 *Pour les raisons évoquées, la construction d'un nouveau centre commercial devrait être abandonnée*).
   문제 제기에 대한 명확한 답변하기 (예 언급된 이유들로, 새 쇼핑몰 건설이 취소되어야 합니다.)

논리적인 연결어 사용

일관성과 통일성은 중요한 채점 항목이며, 다른 채점 항목에도 영향을 줄 만큼 매우 중요합니다. 여러분이 쓴 글의 일관성과 통일성을 강화하기 위해서, 각 파트와 하위 파트 간의 관계를 분명히 해줄 적절한 연결어를 사용해야 합니다.

본론

- **본론 1에 사용되는 연결어 종류**
  Tout d'abord(우선), Premièrement(첫 번째로), Pour commencer(시작으로), En premier lieu(첫째로)
- **본론 2에 사용되는 연결어 종류**
  Ensuite(이어서), Deuxièmement(두 번째로), Par ailleurs(게다가), De plus(게다가), En outre(이외에도), En second lieu(둘째로)
- **본론 3에 사용되는 연결어 종류** (*본론 3은 의무가 아님)
  Enfin(결론적으로), Pour finir(끝내기 위해), Finalement(끝으로), En dernier lieu(마지막으로)
- **근거와 예시를 들 때 사용하는 연결어 종류**
  En effet(실질적으로), Autrement dit(달리 말해서), En d'autres termes(달리 말해보자면), Effectivement(실질적으로), C'est-à-dire(말하자면), Par exemple(예를 들어보자면), Ainsi(그렇게)

결론

여러분이 전개 부분에서 제시했던 의견을 효과적으로 요약해야 하므로 결론 작성은 매우 어렵습니다. 요약에 이어 전개 부분에서 더 나아간 의견(대안, 새로운 가정)도 제시해야 합니다.

- **결론에 사용되는 연결어**
  En conclusion(결론적으로), Pour conclure(결론을 내보자면), En somme(요컨대/결국), «Comme nous l'avons vu.»(앞에서 보았듯이), «Comme je l'ai expliqué.»(제가 그것을 설명한 것처럼), Pour les raisons évoquées(언급된 이유들로)

b Mise en pratique : l'essai
실전 에세이 쓰기

> **예시 문제**
>
> Un projet de création d'un aéroport international est envisagé dans votre région. Vous publiez un article dans le journal local afin de partager avec vos concitoyens votre opinion concernant cette initiative. Vous tenterez de les convaincre de soutenir ou de s'opposer à la construction de cette nouvelle infrastructure.
>
> (250 mots minimum)

> 당신이 살고 있는 지역에 국제공항 건설 계획이 고려되고 있습니다. 이 계획과 관련하여 당신의 의견을 이 지역 다른 주민들과 나누기 위해서 지역신문에 기고글을 게재하려고 합니다. 이 새로운 시설의 건설을 지지하는지 혹은 반대하는지에 따라 지역 주민들을 설득하세요.
>
> (최소 250자)

개요 작성하기

1. 주제 분석하기

주어진 정보를 바탕으로 어떤 의사소통 상황인지 이해해야 하며, 다른 정보에 대해서도 생각해봐야 합니다. 이를 위해 다음과 같은 질문을 던져보세요.

> **주어진 지시사항에 따르면, 이 글을 쓰는 '나'는 누구인가?**
>
> 이 글의 '나'는 공항 건설 계획이 있는 지역의 주민입니다. 그래서 나는 개인적으로 내가 살고 있는 지역의 주민으로서 이 글을 씁니다. 나는 이 지역 다른 주민들이 생각하는 의견과 다를 수 있는 개인적인 의견을 나타내려고 합니다. 문제에서는 나의 입장, 즉 찬성 혹은 반대의 입장을 선택하라고 요구합니다. 나는 이 공항 건설을 지지하는 입장을 선택합니다.
>
> **무엇이 문제인가?**
>
> 몇몇 사람들은 이 지역에 공항을 건설하는 결정에 반대할 것입니다. 그래서 나는 지역신문에 게재될 기고글을 작성함으로써 이 계획에 대한 나의 지지를 나타내고자 합니다.
>
> **나는 누구에게 이 글을 쓰는가?**
>
> 이 지역에 사는 다른 주민들을 대상으로 글을 씁니다. 나는 그 대상이 누구인지 상상해볼 수 있습니다. 더 사실적으로 글을 쓰기 위해서, 실제 프랑스 지역 이름인 *Les Pays de la Loire*를 예로 들 수 있겠습니다.

나는 공항 건설의 이점을 옹호할 것입니다. 지역 주민들은 경제 활동이 발전된 지역에 거주하는 목적을 가지고 있습니다. 공항 건설을 쉽게 받아들이지는 않겠지만, 제가 쓰는 글에 소개된 논거를 보고 찬성할 수도 있을 것입니다.

글의 종류는 무엇인가?
일반적으로 B2 쓰기 시험에 자주 나오는 논증글입니다. 논리적인 순서대로 나의 의견을 정리해야 합니다. 또한, 격식을 갖춘 신문 기고글을 쓰는 것이므로 글의 전개 규칙을 따라야 합니다.

어떤 목적으로 글을 쓰는가?
내가 살고 있는 지역 주민들이 공항 건설 계획을 수긍하도록 설득하는 것이 목적입니다. 이를 위해, 공항 건설이 가진 경제적 이점을 피력해야 합니다.

이제 논거 입증을 위한 아이디어를 찾도록 합니다.

2. 아이디어 찾기

떠오른 아이디어와 예시를 빠르게 메모합니다. 우선 이 계획의 장점을 찾아야 합니다. 예를 들어, **주장 1)** 공항 건설에 관련된 일자리를 창출함으로써 타지 사람들을 이 지역으로 불러들일 수 있습니다. **주장 2)** 상업이나 관광에 관련된 일자리를 창출합니다. **주장 3)** 이 지역의 명성과 경제를 발전시킵니다.

그 다음으로는 주민 전체가 공감할 수 있는 장점을 찾아야 합니다. 예를 들어 공항 건설이 현재 교통 문제에 대한 해결책을 가져올 수 있다는 사실에 대해서 생각해볼 수 있습니다. 또한, 이 지역 중앙에 있는 산맥이 교통의 장애를 유발하고 있어서 공항이 건설되면 인근 지역으로 이동하기 용이해질 것 입니다. 이로써 사람과 물품의 운송 역시 향상될 것입니다.

3. 개요 작성하기

격식을 갖춘 기고글의 전개 규칙에 따르면, 여러분의 논증의 각 단계가 잘 규정된 역할을 가진 단락과 일치해야 합니다. 여러분이 말하고자 하는 내용을 여러 개의 문단으로 배분할 수 있습니다.

1. 서론 : 내가 누구인지와 기고글을 쓰는 목적
2. 우리 지역을 위한 공항의 경제적 이점
3. 공항으로 인한 관광 발전
4. 교통 시설의 개선
5. 결론 : 논거 요약

글쓰기

최대한 명백하게 글을 구성하면서 답안지에 바로 글을 작성합니다. 여러분이 제시하는 논거를 더 쉽게 따라갈 수 있도록 적절한 연결어를 사용하는 것도 잊지 마세요. 이 주제와 관련한 작문 예시를 보여드리겠습니다.

Production écrite

ÉCRIT ARGUMENTÉ

Un projet de création d'un aéroport international est envisagé dans votre région. Vous publiez un article dans le journal local afin de partager avec vos concitoyens votre opinion concernant cette initiative. Vous tenterez de les convaincre de soutenir ou de s'opposer à la construction de cette nouvelle infrastructure.

(250 mots environ)

L'aéroport, le garant d'un avenir radieux.

Je suis, tout comme vous, un habitant des Pays de la Loire. Si j'ai décidé de prendre la parole aujourd'hui dans le journal local, c'est pour vous faire part de mon opinion concernant le projet de création d'un aéroport international dans notre région. Je vais aller droit au but : je pense qu'il s'agit d'une excellente idée pour plusieurs raisons que je vais vous exposer.

Tout d'abord, l'ouverture de cet aéroport va apporter de nombreux avantages économiques à notre région. Sa construction devrait prendre plusieurs années et nous aurons donc l'occasion de faire venir de la main d'œuvre qui devra sans doute vivre dans les environs et ainsi participer à la vie locale et au développement de l'économie. Ainsi, de nouvelles habitations seront construites, de nouveaux commerces ouvriront et de nouveaux élèves rempliront les classes de nos écoles.

Par la suite, une fois la construction de l'aéroport terminée, il sera possible de créer de nombreux emplois liés au commerce et au tourisme. En effet, il faudra accueillir les visiteurs nationaux et autres touristes étrangers qui souhaiteront venir découvrir notre région, ses monuments, ainsi que son patrimoine culturel et gastronomique. Je suis profondément convaincu que cette ouverture à l'international permettra de développer la notoriété de notre belle région.

Pour finir, cet aéroport nous sera bien utile pour le transport de personnes et de marchandises. Comme vous le savez, la chaîne de montagnes, située au milieu de notre région est, à juste titre, considérée comme un obstacle par bon nombre de personnes qui souhaitent la traverser. La présence d'un aéroport répondra donc parfaitement au besoin, ressenti depuis longtemps, de faciliter les déplacements dans les environs.

En conclusion, la construction de l'aéroport dans notre région sera bénéfique au développement économique. Cela développera le tourisme et facilitera les déplacements. Pour les raisons évoquées, je suis convaincu que la décision d'implanter un aéroport dans les environs de notre ville est une excellente nouvelle pour nous tous.

Jed HIOUI, le quotidien de l'Ouest, 20 novembre 2020

*Structure d'un paragraphe 단락의 구조 (본론 1)

Fait/idée/argument 사실/의견/논거   Tout d'abord, l'ouverture de cet aéroport va apporter de nombreux avantages économiques à notre région.

Explication 근거/설명   Sa construction devrait prendre plusieurs années et nous aurons donc l'occasion de faire venir de la main d'œuvre qui devra sans doute vivre dans les environs et ainsi participer à la vie locale et au développement de l'économie.

Exemple 예시   Ainsi, de nouvelles habitations seront construites, de nouveaux commerces ouvriront et de nouveaux élèves rempliront les classes de nos écoles.

Solution finale 최종 답안 예시

L'aéroport, le garant d'un avenir radieux.

      Je suis, tout comme vous, un habitant des Pays de la Loire. Si j'ai décidé de prendre la parole aujourd'hui dans le journal local, c'est pour vous faire part de mon opinion concernant le projet de création d'un aéroport international dans notre région. Je vais aller droit au but : je pense qu'il s'agit d'une excellente idée pour plusieurs raisons que je vais vous exposer.

      Tout d'abord, l'ouverture de cet aéroport va apporter de nombreux avantages économiques à notre région. Sa construction devrait prendre plusieurs années et nous aurons donc l'occasion de faire venir de la main d'œuvre qui devra sans doute vivre dans les environs et ainsi participer à la vie locale et au développement de l'économie. Ainsi, de nouvelles habitations seront construites, de nouveaux commerces ouvriront et de nouveaux élèves rempliront les classes de nos écoles.

      Par la suite, une fois la construction de l'aéroport terminée, il sera possible de créer de nombreux emplois liés au commerce et au tourisme. En effet, il faudra accueillir les visiteurs nationaux et autres touristes étrangers qui souhaiteront venir découvrir notre région, ses monuments, ainsi que son patrimoine culturel et gastronomique. Je suis profondément convaincu que cette ouverture à l'international permettra de développer la notoriété de notre belle région.

      Pour finir, cet aéroport nous sera bien utile pour le transport de personnes et de marchandises. Comme vous le savez, la chaîne de montagnes, située au milieu de notre région est, à juste titre, considérée comme un obstacle par bon nombre de personnes qui souhaitent la traverser. La présence d'un aéroport répondra donc parfaitement au besoin, ressenti depuis longtemps, de faciliter les déplacements dans les environs.

      En conclusion, la construction de l'aéroport dans notre région sera bénéfique au développement économique. Cela développera le tourisme et facilitera les déplacements. Pour les raisons évoquées, je suis convaincu que la décision d'implanter un aéroport dans les environs de notre ville est une excellente nouvelle pour nous tous.

Jed HIOUI, le quotidien de l'Ouest, 20 novembre 2020

눈부신 미래를 보증하는 공항

　　　　여러분들처럼 저도 Pays de la Loire 의 주민입니다. 제가 오늘 이 지역 신문에 기고하기로 결정한 이유는 우리 지역에 들어설 국제 공항 건설 계획에 관한 제 의견을 여러분들께 알려드리기 위해서입니다. 핵심부터 말씀 드리자면, 저는 다음과 같은 여러 이유로 이 계획이 훌륭한 아이디어라고 생각합니다.

　　　　우선, 이 공항이 문을 열면 우리 지역에 많은 경제적 이점을 가져다 줄 것입니다. 공항 건설은 수년이 걸릴 수 있기에 외지 인력들이 우리 지역 주변에 와서 머무는 계기가 될 것입니다. 그렇게 되면 (그들은) 우리 지역 경제 성장과 지역 삶에 참여하게 됩니다. 즉, 새로운 주거 시설이 건설되고, 많은 상점들이 생겨나고, 수많은 학생들이 우리 지역 내 학교를 채우게 될 것입니다.

　　　　이후, 일단 공항이 건설이 끝나면, 상업, 관광과 관련된 일자리가 많이 늘어날 수 있습니다. 왜냐하면 우리 지역의 유적, 문화유산을 구경하고 특산품을 맛보고자 하는 국내 관광객과 외국인 관광객을 맞이해야 하기 때문입니다.

　　　　끝으로, 이 공항은 사람과 상품을 운송하는 데 아주 유용합니다. 여러분도 아시다시피, 우리 지역 중심에 위치한 산맥은 이곳을 넘어가고자 하는 많은 사람에게 당연히 장애물로 인식이 되고 있습니다. 공항의 존재는 주변의 이동을 수월하게 만들어야 한다는, 오래 전부터 존재해온 요구에 완벽하게 부응할 것입니다.

　　　　결론적으로, 우리 지역의 공항 건설은 경제 발전에 이득이 될 것입니다. 또한 관광을 발전시키고, 이동을 편리하게 할 것입니다. 앞서 언급된 이유를 근거로, 저는 우리 도시 근교에 공항을 유치하는 결정이 우리 모두에게 훌륭한 소식이라고 확신합니다.

　　　　　　　　　　　　　　　　　　　　　　　　　제드 이위, l'Ouest 일간지, 2020년 11월 20일

À vous de jouer !
자, 이제 당신 차례입니다!

ÉCRIT ARGUMENTÉ

Un projet de création d'un aéroport international est envisagé dans votre région. Vous publiez un article dans le journal local afin de partager avec vos concitoyens votre opinion concernant cette initiative. Vous tenterez de les convaincre de s'opposer* à la construction de cette nouvelle infrastructure. (250 mots environ)

*s'opposer 반대하다

Je planifie mon texte.
À compléter (en coréen si nécessaire).

1. 주제 분석

Qui suis-je selon la consigne?
_____

Quelle est ma position?
_____

Quel est le problème?
_____

À qui dois-je écrire?
_____

Quel type de texte?
_____

Dans quel but?
_____

2. 아이디어 구상

단점 찾기:

Argument 1 : _____

Argument 2 : _____

Argument 3 : _____

3. 개요 작성하기

격식을 갖춘 기고글의 전개 규칙에 따르면, 논증의 각 단계가 잘 규정된 역할을 가진 단락과 일치해야 합니다. 여러분이 말하고자 하는 내용을 5개의 문단으로 배분할 수 있습니다.

1. Introduction : _____
2. _____
3. _____
4. _____
5. Conclusion : _____

Maintenant, rédigez votre texte !
지금부터 작문을 해봅니다!

Production écrite

ÉCRIT ARGUMENTÉ

Un projet de création d'un aéroport international est envisagé dans votre région. Vous publiez un article dans le journal local afin de partager avec vos concitoyens votre opinion concernant cette initiative. Vous tenterez de convaincre de soutenir ou de s'opposer à la construction de cette nouvelle infrastructure.

(250 mots environ)

잘 하셨어요! 다음의 예시 답안도 참고해보세요!

예시 답안

1) 서론
(본론 유도)

Chers habitants de Châteaubriant, au nom de l'association « Bleu Ciel » dont je fais partie, je me permets de prendre la parole dans notre journal local afin de vous faire part de mon opinion sur la potentielle construction d'un aéroport non loin de notre ville. Je suis véritablement indigné par ce projet et je désire vous expliquer pour quelles raisons, la création d'une telle infrastructure est inacceptable.

2) 본론1
(주장+설명+예시)

Considérons premièrement l'impact environnemental d'un aéroport. Le terrain qui sera sacrifié pour ce projet est un espace naturel incroyable où vivent des centaines d'espèces d'animaux et de plantes. Certains sont même en voie d'extinction. C'est le cas du lapin de maquis qui ne compte plus que cent individus. Si un aéroport est construit sur ces terres, ce sont tous ces animaux qui seront condamnés à mort et c'est tout un écosystème qui sera détruit.

3) 본론2
(주장+설명+예시)

Deuxièmement, l'utilité d'un tel investissement est nulle. En effet, nous habitons déjà à proximité d'un aéroport international. Celui de Nantes n'est, de fait, qu'à une heure de route. Aussi, habitants de Châteaubriant, vous n'êtes pas sans savoir que notre jolie ville ne compte qu'une dizaine de milliers d'habitants. Une si grande dépense, pour proposer à si peu de personnes un service dont ils n'ont pas vraiment besoin, est une chose complètement insensée ! Nous ne pouvons certainement pas rendre possible une telle absurdité.

4) 결론
(요약+전망)

J'espère que les raisons évoquées vous auront convaincus de l'inutilité de ce projet. Je vous invite tous à venir aux côtés de l'association « Bleu Ciel » défendre nos convictions lors d'une grande manifestation ce samedi 2 octobre à 14 h 30 devant l'hôtel de ville. Nous nous opposerons ensemble à la construction de l'aéroport international.

Structure d'un paragraphe 단락의 구조 (본론 1)

`Fait/idée/argument 사실/의견/논거` Considérons premièrement l'impact environnemental d'un aéroport.

`Explication 근거/설명` Le terrain qui sera sacrifié pour ce projet est un espace naturel incroyable où vivent des centaines d'espèces d'animaux et de plantes. Certains sont même en voie d'extinction.

`Exemple 예시` C'est le cas du lapin de maquis qui ne compte plus que cent individus. Si un aéroport est construit sur ces terres, ce sont tous ces animaux qui seront condamnés à mort et c'est tout un écosystème qui sera détruit.

SOLUTION PROPOSÉE 예시 답안

L'aéroport, un désastre écologique.

Chers habitants de Châteaubriant, au nom de l'association « Bleu Ciel » dont je fais partie, je me permets de prendre la parole dans notre journal local afin de vous faire part de mon opinion sur la potentielle construction d'un aéroport non loin de notre ville. Je suis véritablement indigné par ce projet et je désire vous expliquer pour quelles raisons, la création d'une telle infrastructure est inacceptable.

Considérons premièrement l'impact environnemental d'un aéroport. Le terrain qui sera sacrifié pour ce projet est un espace naturel incroyable où vivent des centaines d'espèces d'animaux et de plantes. Certains sont même en voie d'extinction. C'est le cas du lapin de maquis qui ne compte plus que cent individus. Si un aéroport est construit sur ces terres, ce sont tous ces animaux qui seront condamnés à mort et c'est tout un écosystème qui sera détruit.

Deuxièmement, l'utilité d'un tel investissement est nulle. En effet, nous habitons déjà à proximité d'un aéroport international. Celui de Nantes n'est, de fait, qu'à une heure de route. Aussi, habitants de Châteaubriant, vous n'êtes pas sans savoir que notre jolie ville ne compte qu'une dizaine de milliers d'habitants. Une si grande dépense, pour proposer à si peu de personnes un service dont ils n'ont pas vraiment besoin est une chose complètement insensée ! Nous ne pouvons certainement pas rendre possible une telle absurdité.

J'espère que les raisons évoquées vous auront convaincus de l'inutilité de ce projet. Je vous invite tous à venir aux côtés de l'association « Bleu Ciel » défendre nos convictions lors d'une grande manifestation ce samedi 2 octobre à 14 h 30 devant l'hôtel de ville. Nous nous opposerons ensemble à la construction de l'aéroport international.

Jean VEUPA, Ouest Bretagne, 27 septembre 2020

자연을 파괴하는 공항

Châteaubriant 주민들께,

제가 속해 있는 « Bleu Ciel » 협회의 이름으로 우리 도시에서 멀지 않은 곳에 공항이 잠재적으로 건설되는 것에 대한 저의 의견을 여러분과 공유하고자 지역 신문에 기고를 하게 되었습니다. 저는 정말 이 계획에 대해 분개하며 왜 이러한 시설의 건설을 받아들일 수 없는지 설명을 드리고자 합니다.

첫 번째로 공항의 환경적인 영향을 고려해봅시다. 이 계획을 위해 제공된 부지는 수백만 종의 동식물이 살고 있는 엄청난 자연 공간입니다. 몇몇 종들은 심지어 멸종 위기에 처해 있습니다. 코르시카 잡목 숲 토끼의 경우, 100여 마리밖에 남지 않았습니다. 이 토지에 공항이 건설된다면 모든 동물들이 죽게 될 것이며, 모든 생태계가 파괴될 것입니다.

두 번째로, 이러한 투자는 이점이 없습니다. 왜냐하면, 우리는 이미 국제공항 근처에 살고 있기 때문입니다. 실제로 낭트 국제 공항은 차로 한 시간 거리에 있습니다. 또한 Châteaubriant 주민 여러분은 아름다운 우리 도시에 만 명 정도의 주민이 살고 있다는 것을 알고 계십니다. 주민들이 정말 필요로 하지 않는 서비스를 아주 소수의 사람들에게 제공하기 위해 큰 비용을 지출하는 것은 아주 무모하며, 이러한 불합리를 가능하게 할 수는 없습니다.

제가 언급한 이유로 이 계획의 무의미함을 여러분께서 납득이 되셨기를 바랍니다. 10월 2일 이번 주 토요일 오후 2시 30분에 시청 앞에서 우리의 신념을 옹호하기 열리는 대규모 집회에서 « Bleu Ciel » 협회 쪽으로 오시길 여러분 모두에게 권합니다. 우리는 모두 함께 국제 공항 건설을 반대할 것입니다.

장 브파, Ouest Bretagne, 2020년 9월 27일

 **Les types de plans 개요 타입**

작문은 일관성과 통일성을 보장하기 위해 개요를 기반으로 하는 것이 중요합니다. 여러 유형의 개용 중 가장 일반적으로 사용되는 세 가지를 함께 보겠습니다.

1) **Le plan dialectique (confrontation d'idées)** 변증법적 개요 (대립적 의견 제시)
2) **Le plan inventaire (thématique)** 주제 중심 개요
3) **Le plan progressif (analytique)** 단계적 (분석적) 개요

지금부터 이 세가지 개요에 대해 설명을 드리겠습니다.

a Méthodologie des plans dialectique, thématique et analytique 변증법적, 주제 중심적, 분석적 개요 작성 방법

1. Le plan dialectique 변증법적 개요 작성

변증법적 개요는 논쟁의 여지가 있는 테마의 주제와 관련된 문제 제기를 할 때와 여러 의견들을 뒷받침할 때 가장 많이 사용되고 있습니다.

이에 대해 자세히 생각해보고 이 주제에 대한 입장을 정할 수 있도록 견해를 풍부하게 나타낼 수 있는 요소들을 제시하도록 해야 합니다.

이를 위해서, 서론에서 자신의 견해를 나타내지 않는 것이 중요합니다. 사실에 근거한 내용을 설명하면서 객관적인 입장을 유지하는 것이 좋습니다.

발표는 주제에 대해서 설명하고, 문제 제기를 하는 서론부터 시작하는 것이 이상적입니다. 그 다음, 주어진 문제에 대한 장점과 단점을 차례대로 소개해야 합니다. 마지막 문단의 결론에서는 언급된 의견들을 간단히 종합하고, 문제에 대한 본인의 입장을 제시해야 합니다.

Structure (구조)

Introduction
서론

Avantage(s)
ou thèse(s)
장점 혹은 명제

Inconvénient(s)
ou antithèse(s)
단점 혹은 반대명제

Conclusion
(synthèse et opinion)
결론 (종합 및 입장제시)

2. Le plan thématique 주제 중심 개요 작성

이 개요는 주제를 설명하고, 여러 관점에 따라 전개시킬 수 있습니다. 같은 문제에 대한 여러 측면을 검토하는 부분들이 구체화되기 때문에 thématique(주제 중심)라고 합니다.

가능한 한 가장 명료한 발표를 하기 위해서 여러 항목/주제들이 여러 단락에서 차례로 언급될 것입니다. (한 단락=한 개의 의견)

끝으로, 각 주제별로 언급된 주요 의견들의 요지를 정리하는 결론으로 발표를 끝냅니다.

Structure (구조)

- Introduction
- Argument 1
- Argument 2
- Conclusion

3. Le plan analytique 분석적 개요 작성

이 타입의 개요는 심오한 사고를 필요로 하는 문제 분석 시에 사용됩니다.
우선, 문제가 되는 상황을 묘사하고, 이 상황의 원인을 분석하고, 해결책을 제시합니다.

Introduction
서론

Présentation d'une situation problématique
문제가 되고 있는 상황 소개

Causes, conséquences ou solutions
원인, 결과 또는 해결책

Conclusion
결론

b Mise en pratique 실전 연습문제

Production écrite

ÉCRIT ARGUMENTÉ

Vous suivez depuis plusieurs années un blogueur francophone que vous appréciez particulièrement. Vous venez de lire l'un de ses récents articles dans lequel il exprime son envie de devenir végétarien. Comme d'autres internautes, dans les commentaires, vous décidez d'apporter votre contribution en réagissant à son projet de changer ses habitudes alimentaires. Vous l'encouragez dans sa démarche ou, au contraire, vous l'en dissuadez. Vous exposerez, de manière claire et cohérente les avantages et les inconvénients d'un régime végétarien et vous prendrez position.

(250 mots environ)

당신이 무척 좋아하는 프랑스어권 블로거를 몇 년 전부터 팔로우하고 있습니다. 그가 쓴 최근 기사 중, 그가 채식주의자가 되고 싶다는 기사를 읽었습니다. 다른 네티즌들처럼 댓글을 통해 그가 식습관을 바꾸고자 하는 계획에 반응하면서 당신의 관심을 보여주기로 합니다. 당신은 그의 방식을 응원하거나 만류하세요. 채식주의의 장점과 단점을 명료하고 일관되게 글로 쓰고, 당신의 입장을 표명하세요.

(최소250자)

이 주제에 대해 효율적으로 답하기 위해서는 변증법적 개요를 작성을 하는 것이 좋습니다.

우선, 다음의 개요표를 간략하게 채워보세요.

Structure et idées : 구조와 의견

— Introduction 서론
Présentation de la situation et/ou des faits : 상황이나 사실 소개

_____
_____
_____

— Avantage(s) (ou thèse) 장점 (혹은 명제)
*Idée(s)*의—

_____
_____
_____

— Inconvénient(s) (ou anti thèse) 단점 (혹은 반대 명제)
*Idée(s)*의—

_____
_____
_____

— Conclusion (synthèse et opinion personnelle) 결론 (내용 요약 및 최종 개인 의견 제시)
Votre opinion/prise de position 여러분의 의견/입장 :

_____
_____
_____

SOLUTION PROPOSÉE 예시 답안

<u>Devenir végétarien ?</u>

De BIFE Rose 14 mai 2020, 20 h 32

Bonjour Martin,

Je réponds à votre article nous informant de votre envie de devenir végétarien. Je suis vos aventures sur votre blog et vos réseaux sociaux depuis de nombreuses années et c'est pourquoi j'aimerais vous donner mon opinion sur le végétarisme. Comme vous le savez sûrement, cette pratique alimentaire présente certains avantages, mais elle a également des inconvénients que l'on ne peut pas ignorer.

Pour commencer, dans notre société, il est indéniable que de plus en plus de personnes sont atteintes de maladies liées à leur alimentation, telles que l'obésité et les déficiences cardiaques. La viande est riche en matière grasse et sa consommation est en constante augmentation. Cette tendance est responsable de nombreux problèmes de santé auxquels nous sommes ou serons confrontés. Devenir végétarien réduit les risques de développer certaines maladies. Aussi, les légumes, contrairement à la viande, sont peu caloriques et possèdent beaucoup de vitamines et autres nutriments.

Néanmoins, il n'est pas recommandé de se passer complètement de viande. En réalité, le mieux est de manger de manière équilibrée. Les légumes et fruits ne comblent pas totalement nos besoins alimentaires. S'en nourrir uniquement nous expose à la malnutrition. Vous avez certainement entendu dire qu'il était nécessaire d'avoir une alimentation composée de glucides, de protéines et de lipides. Les protéines étant principalement présentes dans la viande, il est dangereux de se contenter de fruits et de légumes.

En somme, il est vrai que les fruits et les légumes sont très sains pour la santé, mais s'en nourrir exclusivement est dangereux. L'idéal est d'avoir une alimentation équilibrée, c'est-à-dire composée d'aliments riches et variés comprenant la viande. Pour cette raison, je crois que vous ne devriez pas devenir végétarien, mais simplement réduire votre consommation de viande.

Rose

채식주의자 되기?

2020년 5월 14일 20 :32 비프 로즈 작성

안녕하세요 Martin 님,

채식주의자가 되고 싶다는 블로거님의 글을 보고 이 글을 씁니다. 몇 년 전부터 블로그와 소셜 네트워크에서 블로거님의 활약상을 잘 보고 있습니다. 그래서 블로거님께 채식주의에 대한 제 의견을 말씀드리고자 합니다. 블로거님도 잘 알고 계시듯, 이런 식습관은 여러 장점이 있지만, 우리가 알지 못하는 단점도 있습니다.

우선, 우리 사회에서 점점 더 많은 사람들이 그들이 섭취하는 음식과 관련된 비만 같은 질병을 앓고 있는 것을 부인할 수 없습니다. 육류는 지방이 많고, 소비량도 점점 더 늘어나고 있습니다. 이러한 추세는 우리가 직면하고 있는 혹은 직면하게 될 수많은 건강 문제의 원인입니다. 채식주의자가 되는 것은 여러 질병의 발병 위험을 감소시킵니다. 그리고 육류와는 달리 채소는 칼로리가 거의 없고 비타민과 다른 영양소를 많이 지니고 있습니다.

그럼에도 불구하고, 육류를 완전히 배제하는 것은 권장되지 않습니다. 실제로, 가장 좋은 방법은 균형 있는 식사를 하는 것입니다. 채소와 과일은 필요한 영양분을 완전히 충족시키지 못 합니다. 단지 채소와 과일만 섭취하는 것은 영양 결핍을 초래할 수 있습니다. 블로거님께서는 틀림없이 탄수화물, 단백질, 지방으로 구성된 음식물 섭취가 필요하다는 말을 들어보셨을 것입니다. 단백질은 주로 육류 속에 있으므로, 과일과 채소만 섭취하는 것으로 만족하는 것은 위험합니다.

요컨대, 과일과 채소가 건강에 좋다는 것은 사실이지만 그것만 섭취하는 것은 위험합니다. 육류가 포함된 다양하고 풍부한 음식으로 구성된 균형 잡힌 식사를 하는 것이 가장 이상적입니다. 이러한 이유로, 저는 블로거님이 채식주의자가 되어서는 안 된다고 생각하며, 단지 육류 소비만 줄이면 된다고 생각합니다.

로즈

Ⅳ. La lettre formelle : la lettre de proposition
격식을 갖춘 편지 : 제안 편지

a Méthodologie de la lettre formelle de proposition
격식을 갖춘 제안 편지 쓰는 방법

1. 구조

Sophie Fonfek
72, rue du 1er mai
67000 Strasbourg 67000

Ville de Strasbourg
Madame la Maire

Strasbourg, le 18 octobre 2020

Objet : installation de caméras de vidéosurveillance

Madame la Maire,

Votre mairie a décidé d'installer très prochainement un tout nouveau système de vidéosurveillance dans les différentes rues de la ville.

Je n'ignore pas que cette mesure devrait répondre à des problèmes réels. En effet, les trop nombreux délits affectant la vie des habitants de la ville et ne cessant d'augmenter, il devient urgent de trouver une solution efficace afin de dissuader les personnes venant dans notre commune de mal se comporter. Les bienfaits de la vidéosurveillance sont évidents. Les taux d'infractions dans les villes en faisant usage font partie des plus faibles du pays. En développant ce système, il sera possible de décourager les habitants de commettre le moindre petit délit. Par exemple, l'éternel problème de parking abusif dont souffre le centre-ville sera bien vite réglé grâce à ces caméras.

Par ailleurs, le taux de criminalité lié à la vente de drogue dans notre commune pourrait enfin baisser de manière significative. Il sera enfin possible de filmer les trafiquants pendant leurs transactions. Ces vidéos pourront être utiles pour mieux identifier les lieux de rencontre ainsi que les personnes elles-mêmes. Les images seront utilisables pendant les procès, car acceptables comme preuves, ce qui nous manquait cruellement jusqu'à présent afin de sanctionner ces délinquants.

Pour les raisons évoquées, j'adhère complètement à votre décision. Il me semble absolument nécessaire d'installer ce moyen de dissuasion afin de faire respecter l'ordre et le civisme dans notre belle commune.

En vous remerciant par avance de votre attention, je vous prie d'agréer, Madame la Maire, mes meilleures salutations.

Sophie FONFEK

소피 퐁펙크
5월 1일, 72번지
스트라스부르

스트라스부르 시
Madame la Maire 시장님

스트라스부르, 2020년 10월 18일

목적 : CCTV 설치건

Madame la Maire, 시장님께,

　　귀 시에서 아주 새로운 CCTV 시스템을 도시의 여러 거리에 곧 설치하기로 결정했습니다.

　　이 조치가 현실적 문제에 부응한다는 것을 알고 있습니다. 사실, 시민들의 삶에 영향을 주는 수많은 범죄가 계속 증가하고 있기 때문에, 외부에서 우리 시로 오는 사람들이 나쁜 행동을 하지 않도록 효과적인 해결책을 찾는 게 시급하다고 생각합니다. 우선 CCTV의 이점은 확실합니다. CCTV를 설치한 도시들에서의 범죄율은 우리나라에서 가장 낮습니다. 예를 들어, 시내에서 겪고 있는 무분별한 주차 문제도 이 CCTV 덕분에 해결이 될 것입니다.

　　게다가, 우리 시에서 마약 판매와 관련된 범죄율이 현저하게 낮아질 수 있을 것입니다. 드디어 마약 거래자들의 거래 장면을 찍을 수 있습니다. 이 비디오는 마약 거래자 신원뿐만 아니라 접선 장소도 확인할 수 있습니다. 그리고 이들을 처벌하기 위한 증거가 지금까지 너무나 부족했었는데, 이 비디오는 증거로 인정이 되기 때문에 재판 때도 사용이 가능합니다.

위에서 언급된 이유들로, 저는 시장님의 결정에 전적으로 찬성합니다. 아름다운 우리 시에서 질서와 시민 정신을 준수하게 하는 억제 수단을 설치하는 것이 필요하다고 생각합니다.

소피 퐁페크

2. Méthodologie de la lettre formelle : organisation
   격식을 갖춘 편지 쓰는 방법 : 순서

1) 인사말

항상 받는 사람에게 건네는 인사말부터 시작하세요.

> 예 « Madame, Monsieur », « Madame la directrice/ Monsieur le Maire », « Chers lecteurs »
> 독자투고글을 쓸 때.

2) 글을 쓰는 상황 소개

도입부에서 편지를 쓰는 목적을 몇 줄로 작성합니다.

3) 사실과 논거 설명

긍정적 혹은 부정적인 논거를 제시하거나 개인적인 입장을 취하기 전에, 객관적인 방법으로 사실을 설명하고 명확하고 정확하게 당신의 요구 사항을 전개하세요. 예시를 드는 것을 잊지 마세요. 단락마다 주된 의견이 담기도록 2~3개의 단락을 작성하세요.

4) 끝맺음말

상황에 따라 상대방에게 알맞은 인사말을 꼭 하도록 합니다.

> 예 — « Je vous prie d'agréer, Madame, Monsieur, l'expression de mes salutations distinguées. »
>   많은 상황에서 사용됩니다.
> — « Recevez, Monsieur le Maire, l'assurance de ma respectueuse considération. »
>   시장에게 사용합니다.
> — « Je vous prie de croire, Monsieur le Directeur, à l'assurance de ma considération distinguée. »
>   직장에서 사용합니다.

5) 서명

우측 하단에 본인 이름 대신 가명으로 서명하세요. 가능하면 프랑스어 이름으로 지어 보세요.

3. 스타일

격식을 갖춘 편지의 경우, 구어에서 주로 쓰는 단어와 표현이나 일상 대화에서만 사용하는 표현 (« nous » 대신 « on »을 사용하거나 부정문에서 « ne »를 생략하는 등)의 사용을 피해야 합니다. 구두법도 알맞게 사용하세요. 느낌표 같은 구두부호를 지나치게 사용하지 마세요.

여러분의 어휘 지식의 범위를 보여주기 위해서 다양한 어휘를 사용하도록 하세요. 상황과 의미에 맞게 적절한 어휘 사용을 했는지(어휘 구사 능력)를 보여주기 위해서 적절한 순간에 다양한 동의 어를 쓰는 것이 좋습니다.

b Expressions utiles pour la lettre formelle
격식을 갖춘 편지를 쓸 때 유용한 표현들

Salutations 인사말	용법
« Madame, Monsieur, »	지시사항에서 누구에게 글을 쓰는지 확실하게 언급하지 않았을 때
« Madame la directrice, » « Monsieur le Maire, »	상대방의 직함을 알고 있을 때
« Chers lecteurs, »	독자투고글을 쓸 때
« Monsieur le professeur, » « Cher professeur, »	DELF 주니어에서 받는 사람이 선생님일 경우
« Monsieur le directeur, » « Madame la directrice, »	DELF 주니어에서 받는 사람이 학교 교장선생님일 경우

Formule de politesse finale 끝맺음 인사말	용법
« Je vous prie d'agréer, Madame, Monsieur, l'expression de mes salutations distinguées. »	많은 상황에서 쓰여질 수 있습니다.
« Recevez, Monsieur le Maire, l'assurance de ma respectueuse considération. »	시장에게
« Je vous prie de croire, Monsieur le directeur, à l'assurance de ma considération distinguée. »	직장에서

끝맺음 인사말을 쓰기 전 편지 마무리에 사용할 수 있는 표현

- « En espérant que ce courrier retiendra votre attention. »
  이 편지가 당신의 관심을 끌기를 바라면서.
- « Dans l'attente de votre réponse, je reste à votre disposition pour tout renseignement complémentaire. »
  당신의 답변을 기다리면서, 당신이 부가적인 정보를 원하신다면 (언제든) 대답할 준비가 되어 있습니다.

품위있게 편지글 시작

- Je me permets de vous écrire, car…
  외람되지만 당신에게 편지를 씁니다. 왜냐하면 …
- Je me permets de vous écrire en réaction à…
  외람되지만 당신에게 … 에 대응하여 이 편지를 씁니다.
- Je vous écris, car j'aimerais partager avec vous mon indignation concernant…
  … 와 관련하여 격분을 느꼈음을 알려드리기 위해 당신에게 편지를 씁니다.
- Je me permets de vous écrire au nom des habitants de mon quartier…
  외람되지만 이 시의 주민의 이름으로 당신에게 편지를 씁니다.

> 📝 **예시 문제**
>
> Vous habitez dans une petite ville francophone. Les rues de votre quartier sont, depuis plusieurs semaines, jonchées d'ordures en tout genre. La situation est devenue absolument insupportable pour tous les habitants. Vous envoyez une lettre au maire de votre ville afin de lui exposer votre problème et vous lui faites des suggestions.
>
> (250 mots minimum)

> 당신은 프랑스어권의 작은 도시에 살고 있습니다. 당신이 거주하고 있는 지역 길거리에 몇 주전부터 온갖 종류의 쓰레기들로 뒤덮여있습니다. 모든 주민들에게 결코 참을 수 없는 상황이 되었습니다. 이 문제에 대해 설명하기 위해서 시장에게 편지를 보내고, 해결책을 제안하세요.
>
> (최소 250자)

1. 텍스트 구상하기

1-1 주제 분석하기

목적 : 주어진 정보를 바탕으로 커뮤니케이션 상황 이해하기

주어진 정보 외에 다른 정보도 상상할 수 있어야 합니다. 이를 위해서, 다음과 같은 질문을 해봅니다.

지시사항에 따르면 나는 누구인가?

나는 개인적으로 편지를 쓰는 한 지역의 주민입니다.

무엇이 문제인가? 이 편지를 쓰는 당신의 목적은 무엇인가?

이 도시의 쓰레기 관리가 문제를 야기하고 있습니다. 당신은 사실을 소개하면서 현재의 상황에 대해 설명하고 해결책도 제안합니다.

나는 누구에게 편지를 쓰는가? 어떤 타입의 글인가?

당신은 이 도시의 시장에게 편지를 씁니다. 즉 당신의 논거가 타당성이 있다면, 이 상황을 변화시켜줄 수 있는 직책을 가진 사람에게 격식을 갖춘 편지를 쓰게 됩니다.

1-2 아이디어 찾기

내가 떠올린 의견과 예시들을 분류하지 말고 순서 없이 연습지에 빠르게 적습니다.
지시사항에 언급되어있듯이, 나는 상황을 소개하고 해결책을 제시해야 합니다.
예를 들면,

상황 : 이 지역 거리는 쓰레기들로 가득 차 있습니다. 그래서 우리는 악취로 가득한 많은 쓰레기들이 마구잡이로 버려져 있고, 이로 인해 많은 세균들이 번식하고 쥐나 비둘기 같은 불청객들이 나타나는 지저분한 거리를 떠올릴 수 있습니다.
사실 1 : 쓰레기의 존재는 시각이나 후각 같은 감각에 좋지 않습니다.
사실 2 : 쓰레기를 쌓아두는 것은 해로운 동물을 유인합니다.

이어서 이에 대한 해결책을 제안해야 합니다.
— insister auprès du maire pour augmenter la fréquence de passage des éboueurs.
  청소부들이 쓰레기를 치우는 횟수를 늘려야 한다고 시장에게 요구하기
— installer plus de poubelles dans les rues.
  길거리에 더 많은 쓰레기통 설치하기
— proposer que des bénévoles puissent nettoyer les rues du quartier.
  자원봉사자들이 주변 거리를 청소할 수 있도록 제안하기
— sensibiliser la population aux problèmes d'hygiène pouvant être causés par la situation.
  이런 상황에 의해 일어날 수 있는 위생 문제에 대해 주민들이 관심을 갖도록 하기
— faire venir des exterminateurs afin de résoudre la prolifération des rongeurs.
  쥐 등의 번식을 막기 위해 해충 방제 전문가에 의뢰하기

1-3 개요 작성하기

1. 받는 사람에게 인사, 상황 설명
2. 사실, 논거 및 제안
3. 끝맺음 인사, 서명

2. 편지 작성하기

연습지에 최대한 명확하게 글을 구성(페이지 레이아웃)하면서 편지 개요를 작성합니다. 즉, 새로운 문단이 시작될 때 항상 한 줄을 띄우고 들여쓰기를 하면서, 문단을 분명하게 구분합니다. 더 매끄럽고 따라가기 쉬운 논거 제시를 위해 적절한 연결어를 사용하는 것도 잊지 않도록 합니다. 일단 글을 쓰고 난 뒤에는 수정하는 것이 더 힘들기 때문에, 글을 쓰기 전에 단어의 쓰임, 문장의 구조 그리고 문장부호에 대해 잘 생각해보도록 합니다.

편지글의 경우, 이름과 주소가 적힌 윗부분은 의무적으로 쓰지 않아도 되며, 글자 수에 포함되지 않습니다. 따라서 « Madame, Monsieur, » 부분부터 끝맺음말 부분까지 글자 수를 세면 됩니다.

SOLUTION PROPOSÉE 예시 답안

Cher Monsieur le Maire,

Je me permets de vous écrire au nom des habitants de mon quartier pour vous faire part de notre mécontentement dû à la mauvaise gestion des déchets. En effet, la situation empire de jour en jour. Nos rues sont couvertes d'ordures et une mauvaise odeur règne dans le centre-ville. Rien n'est fait par les services publics alors qu'il serait si simple d'y remédier.

Tout d'abord, une prise de conscience de la part de nos concitoyens est primordiale. Le problème est lié au fait que les gens jettent leurs déchets sans réfléchir. Il serait donc nécessaire d'organiser une campagne de sensibilisation au respect de la propreté urbaine et à la lutte contre la pollution. Bien entendu, en complément, des sanctions telles que des amendes pourraient dissuader les pollueurs potentiels.

Ensuite, il faudrait augmenter le nombre de poubelles dans la rue. Il est incontestable que le manque actuel de poubelles est l'une des raisons principales de la gêne à laquelle nous faisons face. Plus il y aura de poubelles dans les lieux publics, moins les déchets joncheront les rues et meilleure sera la qualité de vie dans notre ville.

Pour finir, il serait nécessaire d'embaucher plus de personnes en charge du nettoyage. En effet, si des agents de propreté passaient régulièrement dans le centre-ville, notre environnement et donc notre quotidien seraient métamorphosés. Cela permettrait aussi de lutter contre le chômage.

En conclusion, pour nous sortir de l'enfer des détritus, il est impératif d'organiser une campagne de sensibilisation, d'augmenter le nombre de poubelles et de recruter de nouveaux agents de propreté. Si cela est fait, notre ville deviendra agréable et attrayante et vos chances de réélection augmenteront proportionnellement.

Dans l'attente de votre réponse, veuillez agréer, Monsieur le Maire, mes salutations les plus sincères.

John DEUF

친애하는 시장님께,

우리 지역의 주민들을 대표하여 형편없는 쓰레기 관리로 인한 저희들의 불만을 알려드리기 위해 시장님께 이 글을 씁니다. 실제로, 이런 상황이 날이 갈수록 더 심해지고 있습니다. 길거리는 쓰레기들로 가득 차 있고, 악취가 도심에 진동을 하고 있습니다. 이 문제를 해결하는 것은 아주 간단한 일임에도 불구하고, 공공기관에서 아무 것도 손을 쓴 것이 없습니다.

우선, 이 문제에 대한 주민들의 자각이 가장 중요합니다. 문제는 사람들이 아무 생각 없이 쓰레기를 버리는 것입니다. 도시 청결 유지와 오염 방지를 위한 홍보 캠페인을 하는 것이 필요합니다. 물론, 이와 더불어 벌금 같은 처벌이 잠재적인 환경 오염자를 막을 것입니다.

그리고, 길가에 쓰레기통 수를 늘려야 합니다. 현재 부족한 쓰레기통의 수가 우리가 직면한 불편함의 주요 원인 중의 하나임에 틀림없습니다. 공공장소에 쓰레기통이 많이 있을수록 쓰레기가 더 적을 것이고 우리 도시의 삶의 질도 더 나아질 것입니다.

마지막으로, 청소를 담당하는 인력을 더 많이 충원할 필요가 있습니다. 왜냐하면, 환경미화원이 규칙적으로 시내를 다녀간다면, 우리의 환경과 일상이 완전히 달라질 것입니다. 이로 인해 또한 실업률도 줄일 수 있을 것입니다.

결론적으로, 쓰레기 지옥에서 벗어나려면 홍보 캠페인을 열고, 쓰레기통 수를 늘리고, 새 환경미화원을 고용해야 합니다. 이것이 이루어진다면, 우리 도시는 쾌적하고 매력적인 도시가 될 것이며, 이와 비례하여 시장님의 재선 확률도 높아질 것입니다.

(끝맺음말)

존 더프

Salutation au destinataire, présentation de la situation
받는 사람에 대한 인사말, 상황 소개

Faits, arguments et propositions
사실, 논거 및 제안

Salutation finale, signature
끝맺음 인사, 서명

V. La lettre formelle : la lettre de protestation
격식을 갖춘 편지 : 항의 편지

a Méthodologie : la structure de la lettre de protestation 쓰는 방법 : 항의 편지의 구조

Salutations + Introduction (présentation de la situation) 인사말 + 서론 (상황 소개)	Cher_____ ,
Point 1 – inconvénient 1 요점 1 – 단점 1	
Point 2 – inconvénient 2 요점 2 – 단점 2	
Conclusion + formule de politesse 결론 + 끝맺음말	Nom

b Mise en pratique 1 : lettre de protestation
실전 문제 1 : 항의 편지

> **예시 문제 I**

> Vous vivez en France près d'une zone piétonne du centre-ville. Le maire de votre ville a décidé d'ouvrir certaines rues de cette zone à la circulation des véhicules pendant la journée. En tant que représentant de votre immeuble, vous écrivez une lettre au maire pour contester cette décision en justifiant votre point de vue.
> (250 mots minimum)

1. 텍스트 구상하기

1-1 주제 분석하기

목적 : 주어진 정보를 바탕으로 커뮤니케이션 상황 이해하기

주어진 정보 외에 다른 정보도 상상할 수 있어야 합니다. 이를 위해서, 다음과 같은 질문을 해봅니다.

지시사항에 따르면 나는 누구인가?
무엇이 문제인가? 이 편지를 쓰는 당신의 목적은 무엇인가?
나는 누구에게 편지를 쓰는가? 어떤 타입의 글인가?

1-2 아이디어 찾기

내가 떠올린 의견과 예시들을 분류하지 말고/순서 없이 연습지에 빠르게 적습니다.
지시사항에 언급되어있듯이, 나는 상황을 소개하고 해결책을 제시해야 합니다.

Argument 1 논거 1: _____

Argument 2 논거 2: _____

1-3 Je fais un plan en respectant bien les parties de la lettre formelle
격식을 갖춘 편지의 각 부분을 잘 준수하면서 개요 작성하기

1. Salutation au destinataire, présentation de la situation
   받는 사람에게 인사, 상황 소개
2. Faits, arguments et propositions
   사실, 논거 및 제안
3. Salutation finale, signature
   끝맺음 인사, 서명

1-4 Je rédige ma lettre 편지 작성하기

연습지에 최대한 명확하게 글을 구성(페이지 레이아웃)하면서 편지 개요를 작성합니다. 즉, 새로운 문단이 시작될 때 항상 한 줄을 띄우고 들여쓰기를 하면서, 문단을 분명하게 구분합니다. 더 매끄럽고 따라가기 쉬운 논거 제시를 위해 적절한 연결어를 사용하는 것도 잊지 않도록 합니다. 일단 글을 쓰고 난 뒤에는 수정하는 것이 더 힘들기 때문에, 글을 쓰기 전에 단어의 쓰임, 문장의 구조 그리고 문장부호에 대해 잘 생각해보도록 합니다.

Production écrite

ÉCRIT ARGUMENTÉ

Vous vivez en France près d'une zone piétonne du centre-ville. Le maire de votre ville a décidé d'ouvrir certaines rues de cette zone à la circulation des véhicules pendant la journée. En tant que représentant de votre immeuble, vous écrivez une lettre au maire pour contester cette décision en justifiant votre point de vue.

(250 mots minimum)

SOLUTION PROPOSÉE 예시 답안

Guy DEMICHELIN
Association « Touche pas à ma rue »
123 allée aux bois
75001 Paris

Ville de Paris
Monsieur le Maire
Paris, le 14 juillet 2022

Objet : zone piétonne en centre-ville

Monsieur le Maire,

En tant que représentant de l'immeuble « Les magnolias » qui se situe en centre-ville, je me permets de vous écrire afin de manifester le mécontentement de l'ensemble de ses résidents concernant votre projet d'ouverture de certaines rues aux véhicules à certains moments de la journée en semaine.

Tout d'abord, la plupart des riverains ont choisi ce cadre pour sa tranquillité : les petits commerces y sont nombreux et nous pouvons nous y rendre sans avoir à utiliser de véhicule. De plus, les places de parking sont presque inexistantes dans le centre. Pour cette raison, je pense qu'il sera difficile pour des personnes venant d'autres quartiers de pouvoir se garer s'ils souhaitent faire des achats dans le nôtre.

Par ailleurs, beaucoup de jeunes parents ne se sentent pas rassurés, car jusqu'à présent leurs enfants avaient l'habitude de se rendre seuls à pied à l'école municipale qui se trouve à proximité de notre bâtiment. Ils ont également exprimé leur inquiétude par rapport au fait qu'ils jouent très souvent à l'extérieur après la fin des cours. Inutile de vous dire que l'ouverture aux véhicules d'une zone piétonne fréquentée par beaucoup d'enfants pourrait considérablement augmenter le nombre d'accidents chez les moins de 10 ans dans notre ville.

C'est pourquoi, nous nous permettons de vous proposer d'ouvrir le centre-ville aux véhicules essentiellement le week-end et seulement à certaines heures afin de ne pas trop perturber la tranquillité des habitants de ce quartier.

En vous remerciant par avance de l'attention que vous voudrez bien accorder à notre demande, nous vous prions d'agréer, Monsieur le Maire, nos meilleures salutations.

Guy DEMICHELIN

기 드미슐랭
« Touche pas à ma rue » 협회
브와 길 123번지
75001 파리

파리시청
시장님 귀하
파리, 2022년 7월 14일

목적 : 시내 보행자 전용구역

　　　시장님께,

　　　시내에 위치한 « Les magnolias » 건물의 대표자로서, 보행자 전용 구역에서 주중 낮 시간 동안 차량 통행을 위한 도로 몇 개를 내고자 하는 시장님의 계획과 관련해서 주민들 전체의 불만을 표출하기 위하여 이 글을 씁니다.

　　　우선, 주민들 대부분이 이 동네에 사는 이유는 조용하기 때문입니다. 이곳에 많은 가게들이 있고, 차량을 이용하지 않고도 갈 수 있습니다. 실제로 시내에 주차 공간이 거의 없어서, 쇼핑을 하러 온 다른 지역 사람들이 여기에 주차를 하는 것은 어렵다고 생각합니다.

　　　게다가, 많은 젊은 부모들은 아이들이 우리 건물에서 몇 미터 떨어져있지 않은 공립학교에 늘 혼자 가는 사실에 대해 지금껏 안심하지 못 하고 있습니다. 또한 부모들은 아이들이 하교 후에 밖에서 자주 노는 것에 대해서도 걱정하고 있습니다. 따라서 아이들이 많은 보행자 전용구역 내 차량 전용 도로를 여는 것이 우리 도시에 거주하고 있는 10살 미만의 어린이들의 사망자 수를 현저히 증가시킬 수 있다는 점을 시장님도 잘 알고 계실 것입니다.

　　　이 동네 주민들의 조용하고 평온한 삶을 지나치게 방해하기 않기 위해서 주말 몇 시간 동안만 도심에서 차량 전용 도로를 여는 것을 제안드리는 바입니다.

　　　저희의 요구사항에 관심을 기울여 주시는 데 미리 감사드리면서, 시장님께 정중한 인사를 드립니다.
(끝맺음말)

기 드미슐랭

C Mise en pratique 2 : lettre de protestation
실전 문제 2 : 항의 편지

예시 문제 II

> Certaines grandes villes françaises ont décidé d'interdire toutes formes de publicité dans leur centre-ville. Conquis par cette démarche, vous écrivez au maire de la ville francophone dans laquelle vous vivez pour le convaincre d'interdire également, dans les rues de votre ville, la publicité. Vous exposerez, de manière claire et cohérente les inconvénients de la publicité.
>
> (250 mots minimum)

이 주제에서 당신은 광고 사용을 포기하도록 시장을 설득해야 합니다. 이를 위한 가장 효과적인 방법은 광고의 여러 단점을 제시하는 것입니다.

주제 중심의 개요를 쓰는 것이 이 주제에 가장 적합합니다.

d Aide à l'élaboration de la structure
개요 구조 작성 요령

아래 표를 작성하면서 개요를 작성해보세요.

Intro		
1re partie	Premièrement, Tout d'abord, Pour commencer,	
	En effet, En d'autres mots, Effectivement, En d'autres termes, + exemple(s)	
2e partie	Deuxièmement, Ensuite,	
	En effet, En d'autres mots, Effectivement, En d'autres termes, + exemple(s)	
Conclusion	En conclusion, En somme, Pour conclure,	

지금부터 여러분이 작성한 개요를 바탕으로 항의 편지글을 직접 써보세요!

Production écrite

ÉCRIT ARGUMENTÉ

Certaines grandes villes françaises ont décidé d'interdire toutes formes de publicité dans leur centre-ville. Conquis par cette démarche, vous écrivez au maire de la ville francophone dans laquelle vous vivez pour le convaincre d'interdire également, dans les rues de votre ville, la publicité.

Vous exposerez, de manière claire et cohérente les inconvénients de la publicité.

(250 mots minimum)

예시 답안

Intro		
1re partie	Premièrement, Tout d'abord, Pour commencer,	La publicité crée de la pollution — détritus — pollution visuelle
	En effet, En d'autres mots, Effectivement, En d'autres termes, + exemple(s)	— La ville est de plus en plus envahie par les prospectus et autres dépliants. — Les affiches et écrans recouvrent les murs et enlaidissent nos monuments.
2e partie	Deuxièmement, Ensuite,	La publicité est nocive pour les gens.
	En effet, En d'autres mots, Effectivement, En d'autres termes, + exemple(s)	— Elle nous pousse à consommer compulsivement. — Elle manipule les consommateurs et les incite à acheter toujours plus.
Conclusion	En conclusion, En somme, Pour conclure,	La publicité crée de la pollution + La publicité est mauvaise pour les gens.

SOLUTION PROPOSÉE 예시 답안

Monsieur le Maire,

Je me permets de vous écrire cette lettre pour vous faire part de mon mécontentement à l'égard de l'omniprésence de la publicité dans notre ville. En effet, nous sommes nombreux à être importunés par ces annonces publicitaires qui envahissent nos rues. Je mets en doute les avantages et l'intérêt public de la publicité. Aussi, je voudrais vous convaincre de bannir les messages publicitaires du paysage urbain.

Premièrement, et c'est un fait indéniable, les tracts publicitaires sont l'une des raisons principales de la pollution en ville. Bien que notre ville soit reconnue comme une ville propre, elle est de plus en plus souillée par les prospectus, et autres dépliants jetés dans nos rues par des personnes peu scrupuleuses. La pollution engendrée par la publicité est aussi visuelle. Les affiches et écrans recouvrent les murs et enlaidissent nos monuments. Notre ville était une exception, un exemple de propreté et de beauté, mais la publicité est en train de la rendre déplaisante. De nombreux habitants envisagent d'ailleurs de déménager.

Deuxièmement, les publicités sont, par essence, néfastes pour le genre humain. En effet, elles nous poussent à consommer compulsivement. De fait, de nombreuses annonces exagèrent les qualités du produit qu'elles sont censées vendre et trompent ainsi les consommateurs. Aussi, les publicités utilisent adroitement des techniques marketing inspirées de la psychologie qui manipulent les consommateurs et les incitent à acheter toujours plus. Cette observation soulève également un problème déontologique : certaines publicités promeuvent des produits dangereux pour la santé tels que l'alcool et le tabac.

En conclusion, les publicités polluent notre ville et manipulent ses citoyens. Pour les raisons évoquées, en tant que maire, il est de votre devoir de proscrire la publicité dans notre ville.

Cordialement,

Alain DISSOIRE

시장님께,

　　우리 도시 도처에 있는 광고와 관련된 저의 불만을 알려드리기 위해 시장님께 이 글을 씁니다. 실제로, 길거리에 널려 있는 광고 때문에 불편함을 느끼는 사람들이 많습니다. 광고의 장점과 공공 이익에 대한 의구심이 듭니다. 또한 도시 곳곳에서 볼 수 있는 광고를 없애도록 시장님을 설득하고자 합니다.

　　첫 번째로, 광고 전단지는 도시 오염의 주 원인 중 하나인 것은 부정할 수 없는 사실입니다. 우리 도시가 깨끗한 도시로 익히 알려져 있음에도 불구하고, 비양심적인 사람들이 길에 버린 광고 전단과 다른 홍보물에 의해 점점 더 더럽혀지고 있습니다. 광고는 또한 시각적인 오염을 유발시킵니다. 포스터와 화면이 벽을 가득 채우고, 기념물을 추하게 만듭니다. 우리 시는 이례적으로, 깨끗하고 아름다운 도시의 표본이지만, 광고가 우리 도시에 불쾌감을 주고 있습니다. 게다가 많은 주민들이 이사를 고려하고 있습니다.

　　두 번째로, 광고는 본질적으로 사람들에게 해롭습니다. 왜냐하면, 광고는 충동적인 구매를 부추깁니다. 실제로, 많은 광고가 판매할 제품의 질을 과장하고 소비자들을 속이고 있습니다. 또한 광고는 소비자들의 심리를 조종하여 항상 더 많이 구매하도록 유도하는 심리학에서 영감을 받은 마케팅 기술을 이용합니다.

　　결론적으로, 광고는 우리 도시를 오염시키며 주민들의 구매심리를 조종합니다. 앞서 언급된 이유들 때문에 우리 시에 광고를 금지하는 것이 시장으로서의 당신의 의무입니다.

　　진심을 담아, (끝맺음말)

알랑 디스와흐

Production écrite

ÉCRIT ARGUMENTÉ

Vous habitez dans une ville française. Vous apprenez que la municipalité prévoit l'installation massive de caméras de vidéosurveillance dans la commune.

Pour manifester votre désaccord avec ce projet, vous écrivez au maire pour lui exposer vos craintes concernant les libertés individuelles des habitants et les problèmes que cela pourrait créer.

(250 mots minimum)

SOLUTION PROPOSÉE 예시 답안

Kimberley TARTINE
72, rue du 1er mai
67000 Strasbourg

Ville de Strasbourg
Madame la Maire
Strasbourg, le 18 octobre 2022

Objet : installation de caméras de vidéosurveillance

Madame la Maire,

Votre mairie a décidé d'installer très prochainement un tout nouveau système de vidéosurveillance dans les différentes rues de notre ville.

Bien que ce projet ait pour objectif de rendre notre commune plus sûre, je ne peux que m'opposer à cette idée qui menacerait incontestablement nos libertés individuelles.

Tout d'abord, il faut bien reconnaître que le fait d'être observé et filmé tous les jours pourrait occasionner certaines inquiétudes chez tous nos concitoyens, y compris chez les plus honnêtes d'entre eux. Prenons par exemple les retraités du centre-ville qui, jusqu'alors, avaient leur petite routine quotidienne, ils ne seraient peut-être pas ravis d'apprendre qu'ils sont observés en permanence dans leurs moindres faits et gestes.

Ensuite, l'arrivée de ce système de surveillance peut aussi nous alarmer quant à la gestion du contenu enregistré et l'utilisation qui en sera faite. En effet, nous savons que ce sera une société étrangère qui stockera et analysera les vidéos.

Pour finir, cette entreprise de sécurité privée percevra une rémunération importante qui conduira inévitablement à une augmentation conséquente des impôts locaux. À cela s'ajoute l'inquiétude d'ignorer si ces données seront ou pourront être utilisées à l'encontre de la liberté individuelle des habitants de notre ville : devons-nous nous attendre à des chantages et des polémiques ?

C'est pourquoi je m'oppose complètement à votre décision. Il me semble réellement inconcevable d'installer ce moyen d'épier la vie calme et ordinaire de tous les habitants de notre belle commune.

En vous remerciant par avance pour votre attention, je vous prie d'agréer, Madame la Maire, mes meilleures salutations.

Kimberley TARTINE

킴벌리 타르틴
5월 1일 71번지
67000 스트라스부르

스트라스부르 시청
시장님 귀하
스트라스부르, 2022년 10월 18일

목적 : CCTV 설치건

시장님께,

    귀 시에서 아주 새로운 CCTV 시스템을 도시의 여러 거리에 곧 설치하기로 결정했습니다. 우리의 개연적 자유를 엄연히 위협할 수 있기에 저는 이 계획에 반대할 수 밖에 없습니다.
    매일 카메라에 의해 관찰되고 촬영되는 것이 가장 정직한 시민들을 포함한 모든 시민들에게 걱정거리가 될 수 있다는 점을 인정해야 합니다. 실제로, 소소한 일상을 보내고 있는 시내의 은퇴자들의 경우, 누군가가 그들의 사소한 일이나 행동까지 항상 지켜볼 수 있다는 사실을 알게 되면, 분명 기뻐하지 않을 것입니다.
    이 감시 시스템의 도입은 녹화된 내용의 관리에 대한 우려도 있습니다. 왜냐하면, 우리는 외국 업체가 녹화된 영상을 저장하고 관리할 것이라는 것을 알고 있기 때문입니다
    그리고 이 사설 보안업체에게 많은 돈을 지불해야 할 것이고, 그렇게 되면 필연적으로 지역세가 상당히 증가하게 될 것입니다. 게다가, 이 녹화 자료들이 우리 도시의 주민들을 대상으로 어떻게 이용될지 확인할 수 있는 방법이 전혀 없습니다. 개인적인 협박도 예상해야 하는 건가요?
    따라서 시장님의 결정에 전적으로 반대하는 바입니다. 모든 주민들의 평온하고 평범한 삶을 감시하는 이 수단을 설치하는 것은 현실적으로 상상할 수 없는 일이라고 생각합니다.

(끝맺음말)

킴벌리 타르틴

TIP! 항의 편지글은 어떤 상황에 대해 항의하거나 찬성하는 논거를 제시하는 방식입니다. 간단하고 공통된 목적으로 논거를 전개해야 하는 항의 편지글은 DELF 쓰기 시험에서 자주 출제되기 때문에 잘 습득하셔야 합니다. 항의와 제안을 함께 하는 편지글 형식도 시험에 자주 출제됩니다. 어떤 상황에 대해 반대하는 논거를 제시한 다음, 이전에 언급되었던 문제에 대한 대안과 해결책을 제안하는 유형에 해당됩니다. 이 유형들은 현재 B2에서 가장 흔하게 다루는 유형입니다.

VI. La lettre formelle : la lettre de protestation et de proposition
격식을 갖춘 편지 : 항의&제안 편지

a. Méthodologie : la structure de la lettre de protestation et de proposition
쓰는 방법 : 항의&제안 편지의 구조

- Salutations + introduction (présentation de la situation)
- Point 1 – inconvénient(s) / problème(s)
- Point 2 – alternative(s) / solution(s)
- Conclusion + formule de politesse

Cher _____ ,

Nom

b Mise en pratique : lettre de protestation et de proposition
실전 문제 : 항의&제안 편지

앞서 우리가 다루었던 광고 주제를 항의 & 제안 편지 형식으로 글을 써보도록 하겠습니다.

ÉCRIT ARGUMENTÉ

Certaines grandes villes françaises ont décidé d'interdire toutes formes traditionnelles de publicité dans leur centre-ville. Conquis par cette démarche, vous écrivez au maire de la ville francophone dans laquelle vous vivez pour le convaincre d'interdire également, dans les rues de votre ville, les prospectus, affiches et panneaux publicitaires. Vous lui proposez des alternatives à ce type de publicité.
Vous exposerez, de manière claire et cohérente les inconvénients de la publicité traditionnelle et proposerez des alternatives ou des solutions.

(250 mots minimum)

▶ 분석적적 개요가 이 주제에 가장 적합합니다.

Aide à l'élaboration de la structure 개요 구조 작성 요령

Faites votre plan en remplissant ce tableau :
아래 표를 작성하면서 개요를 작성해보세요.

Intro		
1ʳᵉ partie	Premièrement, Tout d'abord, Pour commencer,	
	En effet, En d'autres mots, Effectivement, En d'autres termes, + exemple(s)	
TRANSITION		
2ᵉ partie	Deuxièmement, Ensuite,	
	En effet, En d'autres mots, Effectivement, En d'autres termes, + exemple(s)	
Conclusion	En conclusion, En somme, Pour conclure,	

이제 여러분이 구상한 개요에 따라 직접 글을 써보세요!

Production écrite

ÉCRIT ARGUMENTÉ

Certaines grandes villes françaises ont décidé d'interdire toutes formes traditionnelles de publicité dans leur centre-ville. Conquis par cette démarche, vous écrivez au maire de la ville francophone dans laquelle vous vivez pour le convaincre d'interdire également, dans les rues de votre ville, les prospectus, affiches et panneaux publicitaires. Vous lui proposez des alternatives à ce type de publicité.
Vous exposerez, de manière claire et cohérente les inconvénients de la publicité traditionnelle et proposerez des alternatives ou des solutions.

(250 mots minimum)

예시 답안

Intro		
1ʳᵉ partie	Premièrement, Tout d'abord, Pour commencer,	• Les tracts publicitaires sont l'une des raisons principales de la pollution en ville.
	En effet, En d'autres mots, Effectivement, En d'autres termes, + exemple(s)	• Notre ville est de plus en plus souillée par les prospectus, et autres dépliants jetés dans nos rues.
TRANSITION	La publicité traditionnelle pollue, mais a un rôle économique important donc il faut trouver des alternatives.	
2ᵉ partie	Deuxièmement, Ensuite,	• L'emploi de la peinture biodégradable. • L'emploi des publicités projetées.
	En effet, En d'autres mots, Effectivement, En d'autres termes, + exemple(s)	• Les publicités en peinture biodégradable ont une durée de vie d'une semaine et ne polluent pas. • Les publicités sont lumineuses, dynamiques et ne défigurent pas la ville comme le feraient des panneaux publicitaires. L'empreinte carbone de cette solution est elle aussi minime.
Conclusion	En conclusion, En somme, Pour conclure,	Il faut abandonner la publicité traditionnelle et la remplacer par des solutions nouvelles comme la peinture biodégradable et la publicité projetée.

예시 답안

Monsieur le Maire,

Je me permets de vous écrire une lettre pour vous faire part de mon mécontentement à l'égard de l'omniprésence de la publicité sous forme de papier dans notre ville. Ces annonces publicitaires salissent et polluent nos rues. Aussi, je voudrais vous convaincre d'adopter des alternatives publicitaires beaucoup plus respectueuses de l'environnement.

Tout d'abord, mettons les choses au clair : c'est un fait indéniable, les tracts publicitaires sont l'une des raisons principales de la pollution en ville. Notre ville est de plus en plus envahie par les prospectus et autres dépliants jetés dans nos rues par des personnes peu scrupuleuses.

Notre ville était une exception, un exemple de propreté. Malheureusement, l'utilisation à outrance de la publicité est en train de la rendre déplaisante et nuit gravement à l'environnement.

Comme je viens de l'expliquer, la publicité est une aberration d'un point de vue environnemental. Néanmoins, son utilité économique est certaine. Pour cette raison, l'utilisation de la publicité est inéluctable. Heureusement, des alternatives respectueuses de la planète existent.*

Premièrement, certaines villes ont déjà banni les publicités papier et adopté, à la place, l'emploi de la peinture biodégradable. La peinture biodégradable permet de peindre, que ce soit sur les murs, le trottoir ou la route, des messages marketing éphémères et écoresponsables. En effet, les publicités en peinture biodégradable ont une durée de vie d'une semaine et ne polluent pas.

Deuxièmement, une autre solution est actuellement en plein essor : les publicités projetées. Comme au cinéma, cette pratique consiste à projeter une publicité sur n'importe quel support urbain. Les publicités sont lumineuses, dynamiques et ne défigurent pas la ville comme le feraient des panneaux publicitaires. L'empreinte carbone de cette solution est elle aussi minime.

En conclusion, il est temps d'abandonner les archaïques publicités en papier qui enlaidissent et surtout polluent l'environnement. Des solutions, comme la publicité biodégradable ou projetée, existent. Qu'attendons-nous pour les adopter ?

Bien cordialement,

Camille ONETTE

시장님께,

　　　저는 우리 도시에 늘 존재하고 있는 광고지에 대한 불만을 전달하고자 이 편지를 씁니다. 이런 광고전단은 거리를 더럽히고 오염시킵니다. 또한, 저는 환경을 더 소중히 여기는 광고 대안을 채택하도록 시장님을 설득하고자 합니다.

　　　우선, 이 사태를 분명히 짚고 넘어 가고자 합니다. 즉, 광고전단이 도시 오염의 주된 이유 중의 하나라는 것은 부인할 수 없는 사실입니다. 우리 시는 비양심적인 사람들이 거리에 버린 광고전단과 다른 홍보물에 의해 점점 더 더럽혀지고 있습니다.

　　　우리 도시는 이례적으로, 청결함의 표본입니다. 불행히도, 광고의 과도한 사용이 도시를 불쾌하게 만들고 있으며 환경을 심각하게 훼손하고 있습니다.

　　　제가 방금 설명했듯이, 광고는 환경적인 관점에서 벗어난 것입니다. 그럼에도 불구하고, 광고의 경제적 이점이 있는 것은 분명합니다. 이런 이유로, 광고의 사용이 불가피합니다. 다행히도, 지구를 보호할 수 있는 대안책이 존재합니다.

　　　첫 번째로, 몇몇 도시는 이미 광고지를 퇴출시켰으며, 그 대신 생분해 페인트 사용을 채택했습니다. 일시적이고 친환경적인 생분해 페인트로 벽, 보도나 도로에 마케팅용 문구를 쓸 수가 있습니다.

　　　두 번째로, 다른 해결책은 현재 많이 사용되고 있는 투사 영상광고입니다. 이 기법은 영화관에서처럼 도시의 원하는 장소 어디에서나 광고를 투사할 수 있습니다. 광고는 밝고, 역동적이며, 기존 간판들처럼 도시의 미관을 해치지도 않습니다. 이 방법이 배출하는 탄소 발자국의 양도 극히 적습니다.

　　　결론적으로, 환경 미관을 해치고 특히 환경을 오염시키는 시대에 뒤떨어진 광고지 사용을 이제 그만둘 때입니다. 생분해되는 광고나 투사 영상광고 같은 다른 해결책이 존재합니다. 이런 광고들을 도입하기 위해 무엇을 기다리십니까?

　　　진심을 담아, (끝맺음말)

　　　　　　　　　　　　　　　　　　　　　　　　　　　　　　　　　　　　　까미유 오네뜨

* **Transition** 연결문장

C La transition
연결문단

≪연결문단≫은 글쓰기에서 두 파트를 이어주는 문단을 의미합니다.

연결문단 사용은 선택사항이지만, 좋게 평가될 수 있습니다. 이는 여러분이 쓴 글 내용의 일관성을 향상시킬 수 있기 때문입니다.

시각적으로 보면, 연결문단은 여러분의 작문에서 전개된 파트 사이에 보이는 아주 작은 문단입니다. 앞 파트에서 1줄을 띄우고, 뒷 파트에서도 1줄을 띄웁니다.
(혹은, 이전 파트 밑에 연결문장을 넣을 수도 있습니다.)

연결문단에서는 막 다룬 내용을 간략히 종합하고, 이후에 다루어질 내용을 소개하게 됩니다.
또한, 연결문단은 여러분의 개요가 일관성이 있는지 확인하게 해줍니다.

위 예시 답안에서의 연결문단은 다음과 같습니다.

> Comme je viens de l'expliquer, la publicité est une aberration d'un point de vue environnemental. Néanmoins, son utilité économique est certaine. Pour cette raison, l'utilisation de la publicité est inéluctable. Heureusement, des alternatives respectueuses de la planète existent.
>
> 제가 방금 설명했듯이, 광고는 환경적인 관점에서 벗어난 것입니다. 그럼에도 불구하고, 광고의 경제적 이점이 있는 것은 분명합니다. 이런 이유로, 광고의 사용이 불가피합니다. 다행히도, 지구를 보호할 수 있는 대안책이 존재합니다.

보시다시피, 연결문단은 광고에 의해 야기된 오염에 대해 언급하는 파트와 광고의 경제적 이점이 고려된 대안책이 제시된 파트를 완벽히 이어줍니다.

연결문단의 다른 예시는 말하기 파트에서도 보실 수 있습니다.

d Rendez votre essai plus vivant
더 생동감 있는 글 쓰기

각 주장의 예시 뒤에 감탄문을 넣으면, 더 설득력 있는 글이 됩니다.

> 예
> - Quelle honte ! 이게 무슨 창피인가!
> - C'est inacceptable au XXIe siècle ! 21세기에서 있을 수 없는 일이야!
> - Il faut changer cela ! 이것을 바꿔야 해!
> - C'est révoltant ! 분노스러워!
> - C'est un cauchemar ! 악몽이야!
> - C'est choquant ! 충격적이야!

반대로, 긍정적인 상황을 강조하고자 할 때는 다음과 같이 말할 수 있습니다.

> 예
> - Quel bonheur ! 너무 기뻐!
> - Quelle bonne idée ! 참 좋은 생각이야!
> - Ça change la vie ! 획기적이네!
> - C'est le paradis ! 천국이 따로 없네!
> - C'est prometteur ! 유망하네!
> - Que demander de plus ? 더 말할 필요가 없네!
>
> Autres 다른 표현
> - C'est surprenant ! 놀라워!
> - C'est intéressant ! 흥미로워!

e 중요한 팁 : DELF 시험 중 외국어 사용
Utilisation du vocabulaire non français

쓰기, 말하기 파트에서 영어나 한국어를 최대한 사용하지 마십시오.
부득이하게 사용하게 되거나 대체 단어를 찾을 수 없을 때는 사용하시되 프랑스어로 부연설명을 하는 것이 좋습니다.
DELF 시험 감독관은 시험 중에 응시생이 영어를 사용하는 것을 원하지 않습니다.
특히 영어와 프랑스어의 비슷한 단어를 발음만 프랑스어로 바꿔 사용하는 경우가 많지만 대부분 그 의미가 다르므로 확실하지 않다면 사용하지 않는 것이 좋습니다.

Sujets d'entraînement
실전 연습 문제

여러분을 위해 DELF B2 쓰기 시험에 가장 빈번하게 출제되는 주제를 바탕으로 다양한 연습 문제를 준비했습니다. 이 문제들을 모두 작문해보시기 바랍니다. 작문에 필요하고 주제와 관련된 유용한 모든 어휘를 암기하는 것이 좋습니다.

이 연습 문제를 주제로 글을 쓰려면 우선 문제 제기점이나 명확한 목표를 찾고 난 다음, 선택한 문제 제기에 해당하는 개요를 작성하세요. 초반에 나오는 연습 문제는 다음 표를 이용하여 개요를 작성해보시기 바랍니다.

화이팅!

Intro		
1ʳᵉ partie	Premièrement, Tout d'abord, Pour commencer,	
	En effet, En d'autres mots, Effectivement, En d'autres termes, + exemple(s)	
TRANSITION		
2ᵉ partie	Deuxièmement, Ensuite,	
	En effet, En d'autres mots, Effectivement, En d'autres termes, + exemple(s)	
Conclusion	En conclusion, En somme, Pour conclure,	

DELF Junior — DELF 모두 해당되는 주제

SUJET 1   ÉCRIT ARGUMENTÉ

La municipalité propose de limiter l'affichage publicitaire dans les lieux publics. Y voyant un manque à gagner pour la commune, vous vous y opposez. Vous écrivez un article dans le journal de votre ville afin de donner votre avis sur cette mesure. Vous défendez vos arguments à l'aide d'exemples précis.

(250 mots minimum)

SUJET 2   ÉCRIT ARGUMENTÉ

Vous souhaitez faire découvrir les modes d'expression artistique de votre pays d'origine (cinéma, arts plastiques…) pendant le festival « cultures du monde » organisé dans votre ville. Vous écrivez au directeur du festival pour le convaincre de consacrer une journée à l'art de votre pays d'origine. Vous lui exposez vos arguments et vous lui donnez des pistes pour l'organisation de cet événement.

(250 mots minimum)

SUJET 3   ÉCRIT ARGUMENTÉ

Dans l'entreprise française où vous travaillez, il n'est pas possible de manger sur votre lieu de travail. Vous écrivez une lettre au directeur pour lui suggérer l'installation d'une salle pour cuisiner et déjeuner. Vous argumenterez de manière détaillée en citant des exemples précis.

(250 mots minimum)

SUJET 4   ÉCRIT ARGUMENTÉ

Le maire de votre ville a accepté le projet de construction d'une autoroute qui passera à proximité de votre quartier. Vous vous y opposez. Vous écrivez au maire pour lui expliquer les inconvénients de cette construction en argumentant et en donnant des exemples précis.

(250 mots minimum)

SUJET 5 — ÉCRIT ARGUMENTÉ

Vous écrivez au maire de votre ville pour l'informer du problème de propreté publique dont souffre la commune et vous en présentez ses conséquences. Vous exposez vos arguments, donnez des exemples précis et proposez des pistes d'amélioration.

(250 mots minimum)

SUJET 6 — ÉCRIT ARGUMENTÉ

Vous écrivez au maire de votre ville pour lui proposer de mettre en place un système d'échanges gratuits de livres entre lecteurs. Vous expliquerez les avantages de cette initiative afin de le convaincre d'accepter, en argumentant et en donnant des exemples.

(250 mots minimum)

SUJET 7 — ÉCRIT ARGUMENTÉ

Vous écrivez une lettre au maire de votre ville pour contester l'ouverture de certaines zones piétonnes à la circulation des autobus pendant la journée. Vous justifiez votre point de vue avec des exemples précis.

(250 mots minimum)

SUJET 8 — ÉCRIT ARGUMENTÉ

Vous écrivez au directeur de votre entreprise afin de le convaincre de permettre aux employés de travailler chez eux. Vous lui expliquez les avantages du télétravail et le bénéfice que l'entreprise pourrait en tirer.

(250 mots minimum)

SUJET 9 — ÉCRIT ARGUMENTÉ

Votre ville a autorisé la construction d'un centre commercial sur un espace naturel. Les citoyens que vous représentez s'y opposent et préféreraient l'aménagement de ce terrain en parc. Vous écrivez au maire afin de lui exprimer votre mécontentement et vous lui exposez ensuite les avantages qu'apporterait ce nouvel espace vert.

(250 mots minimum)

SUJET 10 — ÉCRIT ARGUMENTÉ

Une centrale nucléaire doit être construite prochainement non loin de votre lotissement. Vous écrivez au journal local afin d'exprimer vos inquiétudes tout en prenant position.

(250 mots minimum)

SUJET 11 — ÉCRIT ARGUMENTÉ

Vous participez à un forum électronique afin de présenter la découverte du 20e siècle qui vous a le plus ému ou fasciné. Vous essayez de convaincre le plus grand nombre de lecteurs possible.

(250 mots minimum)

SUJET 12 — ÉCRIT ARGUMENTÉ

Vous écrivez au ministre de l'Éducation pour l'informer que de nombreux étudiants ne peuvent plus faire les études de leur choix à cause des frais de scolarité qui augmentent continuellement. Vous donnez des faits précis afin de lui expliquer pourquoi il est nécessaire d'avoir une jeunesse bien éduquée. Vous proposez également deux ou trois mesures pour améliorer la situation.

(250 mots minimum)

SUJET 13 — ÉCRIT ARGUMENTÉ

Vous écrivez au maire de votre ville afin de lui proposer des échanges sportifs avec une ville voisine. Vous lui présentez votre projet en argumentant et en donnant des exemples précis.

(250 mots minimum)

SUJET 14 — ÉCRIT ARGUMENTÉ

La municipalité a décidé d'annuler le traditionnel marathon organisé par votre ville. Cette course avait pour but de récolter des fonds pour le voyage scolaire à l'étranger de vos enfants. Vous écrivez au maire afin d'exprimer votre indignation, en argumentant et en donnant des exemples précis.

(250 mots minimum)

SUJET 15 — ÉCRIT ARGUMENTÉ

Le gouvernement vient de proposer une prime aux personnes qui souhaitent changer leur ancien véhicule à essence contre une voiture électrique. Vous écrivez au ministre de l'Écologie pour lui faire connaître votre opinion sur cette nouvelle forme de transport en argumentant et en donnant des exemples précis.

(250 mots minimum)

SUJET 16 — ÉCRIT ARGUMENTÉ

En tant que parent d'élève, vous écrivez au ministre de l'Éducation afin de lui donner votre avis sur la nouvelle réforme scolaire qui prévoit de supprimer les notes à l'école. Vous justifiez votre point de vue avec des exemples précis.

(250 mots minimum)

SUJET 17 ÉCRIT ARGUMENTÉ

Vous participez à un forum électronique sur l'apprentissage des langues étrangères. Vous expliquez pourquoi il est important pour vous d'étudier d'autres langues, en parlant de votre expérience personnelle et en argumentant votre point de vue.

(250 mots minimum)

SUJET 18 ÉCRIT ARGUMENTÉ

Vous écrivez au directeur de votre entreprise afin de lui faire savoir que vous souhaitez prendre un congé parental suite à la naissance de votre premier enfant. Vous lui expliquez pourquoi cela est important pour vous, en exposant vos arguments et en donnant des exemples.

(250 mots minimum)

SUJET 19 ÉCRIT ARGUMENTÉ

Vous écrivez au courrier des lecteurs de votre journal préféré afin de promouvoir la lutte contre la désinformation : vous proposez deux ou trois initiatives afin de repérer et dénoncer les fausses informations, vous expliquez pourquoi cela est important pour la population en donnant des arguments et des exemples.

(250 mots minimum)

SUJET 20 ÉCRIT ARGUMENTÉ

Le gouvernement envisage d'utiliser l'intelligence artificielle dans les transports publics afin de mieux gérer les flux de passagers. Vous écrivez au ministre des Transports afin de lui faire connaître votre inquiétude sur cette nouvelle technologie. Vous justifiez votre point de vue avec des exemples précis.

(250 mots minimum)

SUJET 21 — ÉCRIT ARGUMENTÉ

Vous êtes choqué par le nombre de victimes d'accidents de la route. En tant que citoyen concerné, vous écrivez au ministre des Transports afin de lui proposer des pistes d'amélioration, tout en exposant vos arguments et en donnant des exemples.

(250 mots minimum)

SUJET 22 — ÉCRIT ARGUMENTÉ

Ces derniers temps, les jeux vidéo ont trop souvent été accusés de rendre violent et dépendant. Vous écrivez au ministre de la Culture afin de valoriser ce loisir, qui mérite amplement son statut de 10e art. Vous justifiez votre point de vue avec des exemples précis.

(250 mots minimum)

SUJET 23 — ÉCRIT ARGUMENTÉ

En tant que père/mère au foyer depuis plusieurs années, vous écrivez au courrier des lecteurs du journal local afin de partager votre expérience : vous citez quelques exemples précis, tout en donnant votre opinion.

(250 mots minimum)

SUJET 24 — ÉCRIT ARGUMENTÉ

Vous écrivez au ministre de la Santé afin de lui faire connaître votre avis sur la télémédecine : vous expliquerez les avantages de cette nouvelle forme de consultation, en argumentant et en donnant des exemples.

(250 mots minimum)

SUJET 25 — ÉCRIT ARGUMENTÉ

Vous décidez d'écrire au ministre de l'Environnement afin de dénoncer l'obsolescence programmée, c'est-à-dire la technique par laquelle les entreprises réduisent délibérément la durée de vie d'un produit pour en augmenter le taux de remplacement.

Vous expliquerez pourquoi cela est devenu un véritable fléau pour la société et l'environnement, en argumentant et en donnant des exemples.

(250 mots minimum)

SUJET 26 — ÉCRIT ARGUMENTÉ

Vous écrivez au ministre de l'Agriculture afin de lui faire connaître votre avis sur les produits bio : vous expliquerez les avantages de cette nouvelle forme de production alimentaire, en argumentant et en donnant des exemples.

(250 mots minimum)

SUJET 27 — ÉCRIT ARGUMENTÉ

Le préfet vient d'autoriser l'ouverture au tourisme d'une zone naturelle protégée de la région. Malgré les avantages financiers qu'apporte cette décision, les animaux et les plantes s'y trouvant sont menacés. Vous écrivez au ministre de l'Écologie pour lui faire connaître votre inquiétude et vous lui proposez quelques solutions pour concilier tourisme et protection de l'environnement, en argumentant et en donnant des exemples précis.

(250 mots minimum)

SUJET 28 — ÉCRIT ARGUMENTÉ

En tant que citoyen concerné par les problèmes liés au changement climatique, vous écrivez au ministre de l'Écologie afin d'exprimer votre inquiétude et lui soumettre quelques propositions pour améliorer la situation. Vous justifiez votre point de vue avec des exemples précis.

(250 mots minimum)

SUJET 29 — ÉCRIT ARGUMENTÉ

Vous observez de plus en plus souvent des cas de tricherie pendant les examens. Vous écrivez au directeur de votre université afin de lui présenter la situation et vous lui proposez ensuite quelques solutions pour en finir avec ces fraudes. Vous argumenterez votre lettre avec des exemples précis.

(250 mots minimum)

SUJET 30 — ÉCRIT ARGUMENTÉ

Vous participez au forum électronique sur l'évolution de la langue française. Vous donnez votre point de vue sur la francisation* des mots étrangers. En citant votre expérience personnelle, vous argumentez votre point de vue.

*La francisation est le fait de trouver un équivalent français à un mot étranger

(250 mots minimum)

SUJET 31 — ÉCRIT ARGUMENTÉ

Dans le but de favoriser le développement et la vente des produits locaux de votre région, vous écrivez au préfet afin de lui présenter les avantages qu'offre ce mode de consommation de proximité. Vous argumenterez votre lettre avec des exemples précis.

(250 mots minimum)

SUJET 32 — ÉCRIT ARGUMENTÉ

Vous écrivez au ministre de la Santé afin de lui faire connaître votre inquiétude concernant la vente prochaine de produits OGM : vous expliquerez les inconvénients des aliments génétiquement modifiés en argumentant et en donnant des exemples.

(250 mots minimum)

SUJET 33   ÉCRIT ARGUMENTÉ

Vous écrivez au courrier des lecteurs du journal local afin de dénoncer le gaspillage alimentaire que vous avez observé dans les restaurants et les supermarchés de votre ville : vous présentez la situation et proposez deux ou trois initiatives afin de résoudre ce problème, tout en donnant des arguments et des exemples précis.

(250 mots minimum)

SUJET 34   ÉCRIT ARGUMENTÉ

Vous participez à un forum électronique sur la sécurité informatique. Vous expliquez pourquoi il est important de protéger son identité numérique et comment le faire, en parlant de votre expérience personnelle et en argumentant votre point de vue.

(250 mots minimum)

SUJET 35   ÉCRIT ARGUMENTÉ

Vous écrivez au courrier des lecteurs d'un magazine afin de faire connaître votre opinion sur la colocation : vous présentez les dernières tendances, tout en donnant des arguments et des exemples personnels.

(250 mots minimum)

SUJET 36   ÉCRIT ARGUMENTÉ

Dans l'entreprise où vous travaillez, beaucoup de vos collègues ont du mal à concilier vie familiale et vie professionnelle. Vous écrivez au directeur des ressources humaines afin de lui proposer quelques conseils pour améliorer la vie de vos collègues : vous présentez quelques idées, tout en donnant des arguments et des exemples précis.

(250 mots minimum)

SUJET 37 — ÉCRIT ARGUMENTÉ

Vous écrivez au ministre de la Santé afin de lui faire connaître votre avis sur les cigarettes électroniques : vous expliquerez les avantages et les inconvénients de cette nouvelle forme de tabagisme, en argumentant et en donnant des exemples.

(250 mots minimum)

SUJET 38 — ÉCRIT ARGUMENTÉ

Vous écrivez au courrier des lecteurs d'un magazine de santé afin de manifester votre inquiétude concernant l'augmentation de l'obésité en France : vous présentez quelques mesures qui pourraient améliorer la situation, tout en donnant des arguments et des exemples précis.

(250 mots minimum)

SUJET 39 — ÉCRIT ARGUMENTÉ

Vous écrivez au ministre de l'Environnement afin de lui faire connaître votre inquiétude concernant les problèmes résultant de la surconsommation en France. Vous expliquerez quels seraient les avantages de concilier protection de l'environnement et consommation responsable, en argumentant et en donnant des exemples.

(250 mots minimum)

SUJET 40 — ÉCRIT ARGUMENTÉ

Vous écrivez au directeur de votre entreprise afin de dénoncer le stress permanent que vos collègues et vous subissez au travail. Vous citerez quelques exemples précis, et proposerez quelques pistes d'amélioration en argumentant votre lettre.

(250 mots minimum)

DELF Junior — 대상 주제 (일반 DELF 응시자들에게도 해당될 수 있습니다.)

SUJET 41   ÉCRIT ARGUMENTÉ

Vous étudiez dans un établissement francophone. Le directeur de votre école souhaite interdire prochainement les téléphones portables dans tout le lycée. Vous lui écrivez une lettre pour exprimer votre soutien ou votre désaccord.

(250 mots minimum)

SUJET 42   ÉCRIT ARGUMENTÉ

Vous étudiez dans un lycée francophone et vous souhaitez y créer un club cinématographique. Toutefois, ce type d'activité nécessite des moyens. Afin que votre projet se réalise, vous aurez besoin d'une salle équipée d'un matériel de projection ainsi que d'un budget pour acheter les films. Vous écrivez une lettre au proviseur dans laquelle vous tenterez de le convaincre de l'utilité d'un tel club.

(250 mots minimum)

SUJET 43   ÉCRIT ARGUMENTÉ

Vous étudiez dans un établissement francophone. Le directeur de votre lycée souhaite instaurer prochainement le port obligatoire d'un uniforme scolaire. Vous lui écrivez une lettre pour exprimer votre soutien ou votre désaccord concernant ce projet.

(250 mots minimum)

SUJET 44   ÉCRIT ARGUMENTÉ

Vous étudiez dans un établissement francophone. Suite à une vente de charité, votre classe a obtenu une somme d'argent importante. Vous écrivez un article dans le journal de l'école pour proposer une utilisation de cet argent profitant à tous.

(250 mots minimum)

SUJET 45 — ÉCRIT ARGUMENTÉ

Vous souhaitez créer un journal scolaire dans votre établissement francophone. Toutefois, ce type d'activité nécessite des moyens. Afin que votre projet se réalise, vous aurez besoin d'un budget pour écrire les articles ainsi qu'éditer et imprimer les journaux. Vous écrivez une lettre au proviseur dans laquelle vous tenterez de le convaincre de l'utilité pédagogique de votre projet.

(250 mots minimum)

자가 진단표 – 쓰기 시험

쓰기 시험 준비 시 실력 향상을 직접 체크해보고 본인의 장점은 살리고 단점은 보완하여 여러분에게 가장 적합한 시험 준비를 할 수 있도록 자가 진단표를 마련했습니다.

Date :   /   /

지시사항 이행 • 지시사항에서 주어진 작문 유형은 격식을 갖춘 편지, 사적인 편지, 인터넷 게시판에 올릴 에세이 글, 신문에 게재될 기사, 업무 보고서 등이 있습니다. 내가 쓴 글의 유형이 지시사항과 일치합니다. • 지시사항에서 요구되는 주제는 프랑스 혹은 프랑스어권과 관련이 있습니다. 내가 쓴 글의 주제가 지시사항과 일치합니다. • 최소 250자를 씁니다. 250자 이상 써도 되지만 250자 미만으로 쓰지 않습니다.					
사회적 언어의 올바른 사용 • 나는 상황과 대상에 맞는 호칭과 예의를 갖춘 관용문구를 사용할 수 있습니다. • 나는 글의 상황과 대상에 맞는 어법을 사용할 수 있습니다.					
사실 기술 능력 • 나는 사실, 사건, 상황을 자세하게 기술할 수 있습니다. • 나는 구체적인 예시를 들 수 있습니다.					
하나의 입장에 대해 논증할 수 있는 능력 • 나는 어떤 아이디어에 대한 내 입장을 취할 수 있습니다. • 나는 자세한 논거 제시를 할 수 있고 구체적인 예시를 들 수 있습니다. • 나는 내 주장의 장점과 단점을 제시할 수 있습니다. • 나는 « je trouve que... », « je pense que... »와 같은 의견을 나타내는 동사를 사용할 수 있습니다.					

일관성과 통일성				
• 나는 서론–본론–결론으로 나눈 문단으로 글을 구성할 수 있습니다. • 구두점 사용은 비교적 정확하고, 글의 이해를 돕습니다. • 나는 작문의 유형에 따라 레이아웃을 알맞게 구성할 수 있습니다. • 나는 글을 내용을 조직하고 아이디어 간의 관계를 나타내기 위해 연결어를 사용할 수 있습니다. 그러면 글을 읽기가 더 쉽습니다. 　예 « néanmoins, bien que, ainsi, par conséquent, du fait de... ».				

어휘 능력 / 어휘 맞춤법

어휘 범위				
• 나는 지시사항에 제시된 주제에 맞는 B2 수준의 다양한 단어를 쓸 수 있습니다. • 나는 같은 단어의 반복을 피하고, 비슷한 의미를 가진 동의어를 사용합니다.				
어휘 구사 능력				
• 내가 사용한 단어가 적절하게 쓰였습니다.				
맞춤법 구사 능력				
• 나는 B2 수준의 대부분의 단어 철자를 바르게 쓸 수 있습니다.				

문법 능력 / 문법 맞춤법

문장의 정교함 정도				
• 나는 복합과거, 반과거, 대과거의 과거 시제를 쓸 수 있습니다. • 나는 조건법, 접속법, 명령법, 제롱디프를 쓸 수 있습니다. • 나는 동사, 명사, 형용사를 성·수 일치시킵니다.				
문장 구성 능력				
• 나는 단문과 B2 수준에 맞는 복문을 다양하게 쓸 수 있습니다. 복문은 여러 개의 인칭대명사 및 관계대명사와 변화된 동사들로 이루어진 긴 문장을 말합니다. • 나는 단문과 복문 사이를 오가며 다양하게 쓸 수 있습니다.				

자가 진단표 – 쓰기 시험

Date :   /   /

지시사항 이행
- 지시사항에서 주어진 작문 유형은 격식을 갖춘 편지, 사적인 편지, 인터넷 게시판에 올릴 에세이 글, 신문에 게재될 기사, 업무 보고서 등이 있습니다. 내가 쓴 글의 유형이 지시사항과 일치합니다.
- 지시사항에서 요구되는 주제는 프랑스 혹은 프랑스어권과 관련이 있습니다. 내가 쓴 글의 주제가 지시사항과 일치합니다.
- 최소 250자를 씁니다. 250자 이상 써도 되지만 250자 미만으로 쓰지 않습니다.

사회적 언어의 올바른 사용
- 나는 상황과 대상에 맞는 호칭과 예의를 갖춘 관용문구를 사용할 수 있습니다.
- 나는 글의 상황과 대상에 맞는 어법을 사용할 수 있습니다.

사실 기술 능력
- 나는 사실, 사건, 상황을 자세하게 기술할 수 있습니다.
- 나는 구체적인 예시를 들 수 있습니다.

하나의 입장에 대해 논증할 수 있는 능력
- 나는 어떤 아이디어에 대한 내 입장을 취할 수 있습니다.
- 나는 자세한 논거 제시를 할 수 있고 구체적인 예시를 들 수 있습니다.
- 나는 내 주장의 장점과 단점을 제시할 수 있습니다.
- 나는 « je trouve que... », « je pense que... »와 같은 의견을 나타내는 동사를 사용할 수 있습니다.

일관성과 통일성
- 나는 서론 – 본론 – 결론으로 나눈 문단으로 글을 구성할 수 있습니다.
- 구두점 사용은 비교적 정확하고, 글의 이해를 돕습니다.
- 나는 작문의 유형에 따라 레이아웃을 알맞게 구성할 수 있습니다.
- 나는 글을 내용을 조직하고 아이디어 간의 관계를 나타내기 위해 연결어를 사용할 수 있습니다. 그러면 글을 읽기가 더 쉽습니다.
  예 « néanmoins, bien que, ainsi, par conséquent, du fait de... ».

어휘 능력 / 어휘 맞춤법

어휘 범위 • 나는 지시사항에 제시된 주제에 맞는 B2 수준의 다양한 단어를 쓸 수 있습니다. • 나는 같은 단어의 반복을 피하고, 비슷한 의미를 가진 동의어를 사용합니다.						
어휘 구사 능력 • 내가 사용한 단어가 적절하게 쓰였습니다.						
맞춤법 구사 능력 • 나는 B2 수준의 대부분의 단어 철자를 바르게 쓸 수 있습니다.						

문법 능력 / 문법 맞춤법

문장의 정교함 정도 • 나는 복합과거, 반과거, 대과거의 과거 시제를 쓸 수 있습니다. • 나는 조건법, 접속법, 명령법, 제롱디프를 쓸 수 있습니다. • 나는 동사, 명사, 형용사를 성·수 일치시킵니다.						
문장 구성 능력 • 나는 단문과 B2 수준에 맞는 복문을 다양하게 쓸 수 있습니다. 복문은 여러 개의 인칭대명사 및 관계대명사와 변화된 동사들로 이루어진 긴 문장을 말합니다. • 나는 단문과 복문 사이를 오가며 다양하게 쓸 수 있습니다.						

자가 진단표 – 쓰기 시험

Date :   /   /

지시사항 이행 • 지시사항에서 주어진 작문 유형은 격식을 갖춘 편지, 사적인 편지, 인터넷 게시판에 올릴 에세이 글, 신문에 게재될 기사, 업무 보고서 등이 있습니다. 내가 쓴 글의 유형이 지시사항과 일치합니다. • 지시사항에서 요구되는 주제는 프랑스 혹은 프랑스어권과 관련이 있습니다. 내가 쓴 글의 주제가 지시사항과 일치합니다. • 최소 250자를 씁니다. 250자 이상 써도 되지만 250자 미만으로 쓰지 않습니다.					
사회적 언어의 올바른 사용 • 나는 상황과 대상에 맞는 호칭과 예의를 갖춘 관용문구를 사용할 수 있습니다. • 나는 글의 상황과 대상에 맞는 어법을 사용할 수 있습니다.					
사실 기술 능력 • 나는 사실, 사건, 상황을 자세하게 기술할 수 있습니다. • 나는 구체적인 예시를 들 수 있습니다.					
하나의 입장에 대해 논증할 수 있는 능력 • 나는 어떤 아이디어에 대한 내 입장을 취할 수 있습니다. • 나는 자세한 논거 제시를 할 수 있고 구체적인 예시를 들 수 있습니다. • 나는 내 주장의 장점과 단점을 제시할 수 있습니다. • 나는 « je trouve que... », « je pense que... »와 같은 의견을 나타내는 동사를 사용할 수 있습니다.					
일관성과 통일성 • 나는 서론 – 본론 – 결론으로 나눈 문단으로 글을 구성할 수 있습니다. • 구두점 사용은 비교적 정확하고, 글의 이해를 돕습니다. • 나는 작문의 유형에 따라 레이아웃을 알맞게 구성할 수 있습니다. • 나는 글을 내용을 조직하고 아이디어 간의 관계를 나타내기 위해 연결어를 사용할 수 있습니다. 그러면 글을 읽기가 더 쉽습니다. 예 « néanmoins, bien que, ainsi, par conséquent, du fait de... ».					

어휘 능력 / 어휘 맞춤법

어휘 범위 • 나는 지시사항에 제시된 주제에 맞는 B2 수준의 다양한 단어를 쓸 수 있습니다. • 나는 같은 단어의 반복을 피하고, 비슷한 의미를 가진 동의어를 사용합니다.					
어휘 구사 능력 • 내가 사용한 단어가 적절하게 쓰였습니다.					
맞춤법 구사 능력 • 나는 B2 수준의 대부분의 단어 철자를 바르게 쓸 수 있습니다.					

문법 능력 / 문법 맞춤법

문장의 정교함 정도 • 나는 복합과거, 반과거, 대과거의 과거 시제를 쓸 수 있습니다. • 나는 조건법, 접속법, 명령법, 제롱디프를 쓸 수 있습니다. • 나는 동사, 명사, 형용사를 성·수 일치시킵니다.					
문장 구성 능력 • 나는 단문과 B2 수준에 맞는 복문을 다양하게 쓸 수 있습니다. 복문은 여러 개의 인칭대명사 및 관계대명사와 변화된 동사들로 이루어진 긴 문장을 말합니다. • 나는 단문과 복문 사이를 오가며 다양하게 쓸 수 있습니다.					

자가 진단표 – 쓰기 시험

Date :   /   /

지시사항 이행 • 지시사항에서 주어진 작문 유형은 격식을 갖춘 편지, 사적인 편지, 인터넷 게시판에 올릴 에세이 글, 신문에 게재될 기사, 업무 보고서 등이 있습니다. 내가 쓴 글의 유형이 지시사항과 일치합니다. • 지시사항에서 요구되는 주제는 프랑스 혹은 프랑스어권과 관련이 있습니다. 내가 쓴 글의 주제가 지시사항과 일치합니다. • 최소 250자를 씁니다. 250자 이상 써도 되지만 250자 미만으로 쓰지 않습니다.					
사회적 언어의 올바른 사용 • 나는 상황과 대상에 맞는 호칭과 예의를 갖춘 관용문구를 사용할 수 있습니다. • 나는 글의 상황과 대상에 맞는 어법을 사용할 수 있습니다.					
사실 기술 능력 • 나는 사실, 사건, 상황을 자세하게 기술할 수 있습니다. • 나는 구체적인 예시를 들 수 있습니다.					
하나의 입장에 대해 논증할 수 있는 능력 • 나는 어떤 아이디어에 대한 내 입장을 취할 수 있습니다. • 나는 자세한 논거 제시를 할 수 있고 구체적인 예시를 들 수 있습니다. • 나는 내 주장의 장점과 단점을 제시할 수 있습니다. • 나는 « je trouve que… », « je pense que… »와 같은 의견을 나타내는 동사를 사용할 수 있습니다.					
일관성과 통일성 • 나는 서론 – 본론 – 결론으로 나눈 문단으로 글을 구성할 수 있습니다. • 구두점 사용은 비교적 정확하고, 글의 이해를 돕습니다. • 나는 작문의 유형에 따라 레이아웃을 알맞게 구성할 수 있습니다. • 나는 글을 내용을 조직하고 아이디어 간의 관계를 나타내기 위해 연결어를 사용할 수 있습니다. 그러면 글을 읽기가 더 쉽습니다. 예 « néanmoins, bien que, ainsi, par conséquent, du fait de… ».					

어휘 능력 / 어휘 맞춤법

어휘 범위 • 나는 지시사항에 제시된 주제에 맞는 B2 수준의 다양한 단어를 쓸 수 있습니다. • 나는 같은 단어의 반복을 피하고, 비슷한 의미를 가진 동의어를 사용합니다.					
어휘 구사 능력 • 내가 사용한 단어가 적절하게 쓰였습니다.					
맞춤법 구사 능력 • 나는 B2 수준의 대부분의 단어 철자를 바르게 쓸 수 있습니다.					

문법 능력 / 문법 맞춤법

문장의 정교함 정도 • 나는 복합과거, 반과거, 대과거의 과거 시제를 쓸 수 있습니다. • 나는 조건법, 접속법, 명령법, 제롱디프를 쓸 수 있습니다. • 나는 동사, 명사, 형용사를 성·수 일치시킵니다.					
문장 구성 능력 • 나는 단문과 B2 수준에 맞는 복문을 다양하게 쓸 수 있습니다. 복문은 여러 개의 인칭대명사 및 관계대명사와 변화된 동사들로 이루어진 긴 문장을 말합니다. • 나는 단문과 복문 사이를 오가며 다양하게 쓸 수 있습니다.					

Production orale

IV

말하기 시험

B2

I. Présentation de l'épreuve
말하기 시험 소개

a Déroulement de l'épreuve et conseils
시험 진행 순서 및 조언

 Objectif (목표)

말하기 시험의 공식적인 설명은 다음과 같습니다.
간략한 자료를 바탕으로 하여 개인적 관점을 개진·옹호하기. 준비 시간 30분. 시험 시간 20분
따라서 말하기 시험에서 여러분은 주어진 문제에 대한 의견을 표명해야 합니다. 쓰기 시험처럼 말하기 시험도 어떤 주제에 대해 논증하는 방식입니다. 논증은 단지 정보를 주는 것에서 그치지 않는다는 점에 주의해야 합니다. 따라서 사실이나 예시만 나열해서는 안 됩니다.

논증이란,
1) 여러 의견을 발전시키면서 견해를 정당화하는 것입니다.
2) 구체적인 예시로 자신의 의견을 뒷받침하는 것입니다.
3) 효율적인 순서로 자신의 의견을 개진하는 것입니다.

특히, 논증은 소통이라는 것을 유념해야 합니다. 논증의 목적은 설득입니다. 시험관들은 여러분의 의견을 판단하는 것이 아니며, 여러분의 의견 발표 능력과 옹호 능력을 채점합니다.

여러분은 제시된 자료에 대한 자신의 관점을 표명하는 발표를 준비하게 됩니다. 이 자료는 약 150자의 언론 기사 발췌문입니다. 이 자료는 주제 도입을 위해 사용될 뿐이지, 세부 내용을 살피는 것을 목적으로 하지 않습니다.

 Types de sujets (문제 유형)

말하기 시험은 두 파트로 나뉘어져 있습니다. 첫 번째 파트는 독백(monologue suivi)이라 불리는 발표의 형태로 약 10분 동안 여러분의 관점을 개진하는 시간입니다. 서론 – 본론 – 결론의 형식을 갖춘 파트입니다. 두 번째 파트는 시험관이 여러분에게 질문을 하는 시간입니다. 이 파트는 토론(débat) 형식으로 진행됩니다.

📖 Déroulement de l'épreuve (시험 진행 순서)

1. 대기실 입장 및 주제 선정
대기실에서 정해진 시간에 여러분을 호명합니다. 대기실에서 여러분은 임의로 두 개의 주제(언론 기사 발췌문)를 골라서 읽고, 빠른 시간 내에 원하는 주제 하나를 고릅니다. 이때 주제마다 주어지는 지시 사항은 모두 같은 내용이기 때문에, 지시 사항을 읽느라 시간을 낭비하는 일이 없도록 합니다. 선택한 기사 발췌문에서 제기된 문제점을 찾아냅니다. 이에 대한 여러분의 견해를 명확하게 논증의 방식으로 표명합니다. 그리고 필요한 경우, 시험관과 토론을 하는 동안 여러분의 견해를 옹호하시면 됩니다.

2. 발표 준비
여러분은 30분 동안 발표를 준비합니다. 대기실에서 배부되는 연습지에 발표의 길잡이가 되어 줄 세밀한 개요를 작성하는데, 이때 발표에 도움이 되는 어떤 자료도 참고하실 수 없습니다. 준비 시간에 발표문 전체를 다 쓰려고 하지 마세요. 그럴 시간도 없으며, 말하기 시험에서 여러분이 연습지에 작성한 문장 전체를 읽기 시작한다면, 시험관들이 이를 높이 평가하지 않을 것입니다!

3. 고사실 이동 및 본인 확인
준비 시간이 끝나면, 두 명의 시험관이 기다리는 고사실로 이동합니다. 미소를 머금으며 인사하는 것은 매우 중요하므로 잊지 마시길 바랍니다. 고사실 입장 후 곧바로 수험표(convocation)와 신분증(carte d'identité)을 시험관에게 보여주고, 본인 서명을 합니다. 수험자가 대기실을 거쳐 왔다는 것을 증명해주는 도장(tampon)이 잘 찍혀 있는지 꼭 미리 확인하시기 바랍니다.

4. 발표 (말하기 시험 파트1)
시험 시작을 알리면, 발표를 시작하시면 됩니다. 발표는 너무 길어도 너무 짧아도 안 됩니다. 8 – 10분 정도가 가장 적당합니다. 당연히 여러분이 작성한 개요를 참고하면서 발표해도 되지만, 발표 중간에 시험관들을 보는 것을 잊지 마세요. 여러분이 너무 오래 침묵하는 경우를 제외하고는, 시험관들은 발표 중에 개입을 하거나 질문을 하지 않습니다.

5. 토론 (말하기 시험 파트2)
발표가 끝나면 시험관들과의 토론이 시작됩니다. 이때 시험관은 말을 많이 하지 않으며, 여러분의 관점을 확인하고, 보충하고, 옹호할 수 있도록 몇 가지 질문을 던집니다. 시험관은 또한 여러분의 관점에 반대의 입장을 내비칠 수 있습니다.

6. 시험이 끝난 후
시험이 끝나면 준비실에서 받은 문제지와 연습지를 시험관에게 제출합니다. 시험 점수에 관해 시험관에게 물어보셔도 소용이 없습니다. 왜냐하면 시험관은 성적에 관한 어떤 정보도 말해 줄 수 없기 때문입니다.

Thèmes récurrents (시험에 자주 나오는 주제)

아래 주제 관련 어휘를 많이 알고 있어야 합니다.

**Le monde du travail — Les études — La santé — Les loisirs —
Les habitudes de consommation — Les comportements alimentaires —
Les relations sociales — Les relations familiales — Les réseaux sociaux —
Le progrès scientifique — L'éducation — L'apprentissage des langues —
L'environnement — L'égalité femmes-hommes — Les transports —
Les médias — Le tourisme, etc.**

b GRILLE D'ÉVALUATION 채점표

DOCUMENT RÉSERVÉ AUX EXAMINATEURS

**Le candidat peut prendre connaissance de ce document.
LES EXAMINATEURS SONT NÉANMOINS LES SEULES PERSONNES HABILITÉES À LE REMPLIR.**

GRILLE D'ÉVALUATION DE LA PRODUCTION ORALE B2

1 MONOLOGUE SUIVI : Défense d'un point de vue argumenté — 5 à 7 minutes

Peut dégager le thème de réflexion et introduire le débat.	0	0,5	1	1,5		
Peut présenter un point de vue en mettant en évidence des éléments significatifs et / ou des exemples pertinents.	0	0,5	1	1,5	2	2,5	3
Peut marquer clairement les relations entre les idées.	0	0,5	1	1,5	2	2,5

2 EXERCICE EN INTERACTION : Débat — 10 à 13 minutes

Peut confirmer et nuancer ses idées et ses opinions, apporter des précisions.	0	0,5	1	1,5	2	2,5	3
Peut réagir aux arguments et déclarations d'autrui pour défendre sa position.	0	0,5	1	1,5	2	2,5	3

■ POUR L'ENSEMBLE DE L'ÉPREUVE

Lexique (étendue et maîtrise) Possède une bonne variété de vocabulaire pour varier sa formulation et éviter des répétitions ; le vocabulaire est précis mais des lacunes et des confusions subsistent.	0	0,5	1	1,5	2	2,5	3	3,5	4	
Morphosyntaxe A un bon contrôle grammatical, malgré de petites fautes syntaxiques.	0	0,5	1	1,5	2	2,5	3	3,5	4	4,5	5
Maîtrise du système phonologique A acquis une prononciation et une intonation claires et naturelles.	0	0,5	1	1,5	2	2,5	3			

NOM DE L'EXAMINATEUR 1 : ....

NOM DE L'EXAMINATEUR 2 : ....

NOM DU CANDIDAT : ....

Note : .... / 25

CODE CANDIDAT : ☐ ☐ ☐ ☐ ☐ ☐ ☐ - ☐ ☐ ☐ ☐ ☐ ☐

Après évaluation du candidat, cette grille doit être rattachée à la copie DELF B2.

DELF B2

■ Grille d'évaluation (채점표)

1️⃣ Défense du point de vue (exposé) 관점 옹호 (발표)

핵심 주제를 잘 파악하여 토론을 시작할 수 있음	0	0.5	1	1.5			
중요한 요소 및/또는 적절한 예시를 강조하며 견해를 제시할 수 있음	0	0.5	1	1.5	2	2.5	3
아이디어 간의 관계를 명확하게 표시할 수 있음	0	0.5	1	1.5	2	2.5	

2️⃣ Débat 토론

자신의 생각과 의견을 분명히 밝히고 미묘한 뉘앙스를 정확하게 표현하고, 상세하게 내용을 설명할 수 있음	0	0.5	1	1.5	2	2.5	3
자신의 입장을 방어하기 위해 다른 사람의 논거와 진술에 대응할 수 있음	0	0.5	1	1.5	2	2.5	3

3️⃣ Ensemble épreuve 시험 전체 내용

Lexique (étendue et maîtrise) **어휘 사용 범위와 구사 능력** 표현을 다양하게 하고 반복을 피하기 위한 다양한 어휘를 숙지하고 있음 어휘는 명확하지만 부족함과 혼동이 있을 수 있음	0	0.5	1	1.5	2	2.5	3	3.5	4	
Morphosyntaxe **형태통사론 (문장 구성과 문법)** 문장 구성에 작은 실수가 있음에도 문법을 잘 다룰 수 있음	0	0.5	1	1.5	2	2.5	3	3.5	4	4.5	5
Maîtrise du système phonologique **발음과 억양 구사능력** 명확하고 자연스러운 발음과 억양을 구사함	0	0.5	1	1.5	2	2.5	3			

채점표를 반드시 읽어보세요!

처음에는 채점표의 내용과 형식이 머리에 잘 들어오지 않습니다. 낯설기 때문입니다. 천천히 꼼꼼하게 반복해서 읽어보세요. 채점표에서 요구하는 능력이 무엇인지 잘 파악하고 있는 것이 매우 중요합니다.

지시 사항 이행 (1.5점)
- 모든 내용이 주제와 연관이 있음
- 발표가 끝난 후 토론과 연결되는 부분이 명확하고 잘 표현됨

관점 (3점)
- 일반적인 견해가 명확하게 잘 표명됨
- 모든 논거가 자세하게 잘 개진됨

아이디어 간의 관계 (2.5점)
- 개요가 잘 짜여짐
- 논거들이 논리적으로 이어지고 연결어로 연결됨

아이디어 자세히 표현하기 (3점)
- 말하고자 하는 바를 정당화하거나 개진시키기 위해 이를 다시 언급할 수 있음
- 논거를 정확하게 표현할 수 있음

어휘 (4점)
- 주제와 관련된 어휘가 꽤 풍부함
- 전반적으로 단어를 잘 선택하고 사용함
- 이해하는 데 문제가 되지 않는다면 약간의 실수는 용인됨

문장 구성과 문법 (5점)
- 전반적으로 통상적인 문법 규칙을 따름
- 이해하는 데 문제가 되지 않는다면 약간의 실수는 용인됨
- 문장 구성이 다양함

발음 (3점)
- 발음이 꽤 명확함
- 억양이 자연스러움

c Ressources de la voix et du corps
목소리와 몸짓 표현 방법

좋은 아이디어를 가지고 좋은 문장을 만드는 것도 중요하지만 그게 전부가 아닙니다! 비언어적 의사 소통 또한 매우 중요합니다. 프랑스의 일상 생활에서 신체 언어 및 목소리의 조절이 의사소통의 93%를 차지하는 것으로 간주되고 있습니다. 단어만으로 이루어지는 의사소통은 7%에 불과합니다. 믿기 힘드시겠지만, 이는 몇 가지 프랑스의 문화적 특징으로 설명될 수 있습니다.

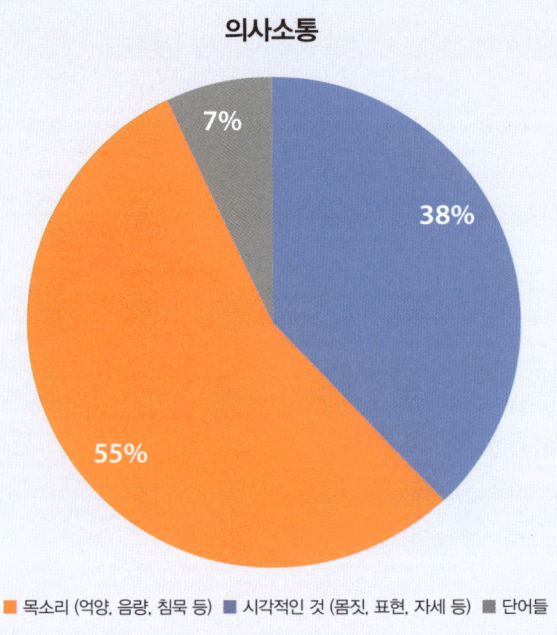

시험을 보는 상황에서는 시험관이 주로 여러분의 발표 내용에 중점을 두기 때문에 이 의사소통 비율이 변경됩니다. 그렇지만, 종종 목소리 및 시각적 측면이 시험관의 평가를 좌우합니다. 언어와 내용 측면에서는 발표의 질이 낮은데, 시험을 보는 동안 여유가 넘쳐 보이는 응시자가 항상 있습니다. 이 경우 시험관이 응시자의 프랑스어 실력이 좋게 보이는 느낌을 받기 때문에 응시자는 좋은 점수를 받기도 합니다 반대의 경우도 마찬가지입니다. 이것을 후광 효과라고 합니다. 여러분은 이를 숙지하고 자신감 있게 말할 수 있는 능력을 장점으로 만들어야 합니다.

여러분이 연습해야 할 비언어적 의사소통의 여러 측면은 다음과 같습니다.

- **목소리**
  — 목소리는 비언어적 의사 소통의 가장 중요한 요소입니다. 무엇보다 중요한 것은 여러분의 발표가 생동감 있어야 한다는 것입니다! 따라서 여러분이 쓴 글을 계속 읽기만 해서는 안 됩니다. 실제로 발표문을 세세하게 작성하지 않는다면 발표문을 읽고 싶은 유혹에서 벗어날 수 있습니다. 따라서 키워드를 사용하여 개요를 작성하고 발표하세요. 이 편이 훨씬 더 자연스럽게 보입니다.
  — 발표할 때는 천천히, 명확하게 말해야 합니다. 본인은 아주 느리게 말한다고 생각할 수 있지만, 듣는 사람은 여러분의 말이 빠르게 느껴질 수도 있다는 것을 염두에 두세요. 그러므로 문장 사이에 숨을 쉴 수 있도록 천천히 말하는 것은 발표에 더 많은 영향력을 주며, 시험관이 여러분의 말을 들어야 할 때 암묵적으로 신호를 줄 것입니다.
  — 목소리의 변화로 메시지를 주어야 합니다. 여러분은 되도록 천천히 말해야 하며, 듣는 이가 생각할 시간을 가지도록 각 파트와 아이디어 사이에 공백을 두어야 합니다.

— 중요한 단어를 강조하는 것을 망설이지 마세요. 키워드를 강조하면서 메시지를 전달하기 위해 발표의 주된 아이디어를 반복하고 힘주어서 말해야 합니다. 소심함이나 스트레스 때문에 표현하기 힘들어 하는 사람은 너그러이 봐줄 수 있지만, 잘 들리지 않고 이해하기 어려운 발표를 하는 사람은 용납하기 어렵다는 사실을 잊지 마세요.

— 좋은 발표자의 특징은 침묵을 통해 공백을 만드는 시점을 알고, 목소리에 변화를 입히는 방법을 활용한다는 것입니다. 실제로, 단조롭고 억양 없는 목소리를 듣는 것은 매우 지루합니다. 그러므로 발표 전반에 걸쳐 열정적인 감정을 나타낼 때, 설명할 때, 질문할 때, 각 상황별로 억양을 다양하게 변화시켜야 합니다.

— 어조에 변화를 주는 것은 발표 중에 할 수 있는 몇 가지 팁을 준비하여 연극을 하는 것과 비슷하다고 할 수 있습니다. 예를 들어 언어유희 사용, 문제 제기 후 청중의 생각 묻기, 질문이나 요점을 말한 뒤에 공백 두기, 아이디어 강조를 위한 용어 반복, 빨리 말한 뒤에는 좀 더 천천히 말하기 등의 방법을 사용할 수 있습니다. 물론 이를 남용해서는 안 되지만, 적절하게 사용한다면 듣는 이가 지루해하지 않고, 여러분의 발표에 집중할 수 있도록 해줍니다.

● 시선

발표나 토론 중에 시험관을 보면서 말하는 것은 중요합니다. 여러분이 말하는 것을 듣고 있는 시험관에게 집중하도록 합니다. 항상 시험관 중 한 명은 수험생이 말하는 것을 듣고, 다른 사람은 필기나 메모를 합니다. 하지만 가끔 다른 시험관을 보는 것도 잊지 마세요. 시선을 통해 많은 것을 전달할 수도 있습니다.

● 소리

소리를 내는 것을 망설이지 마세요. 예를 들어 적합한 상황일 때 웃을 수 있습니다. 시험관이 말할 때, ≪예≫ ≪정말로≫ ≪그렇습니다≫ ≪음≫ 등을 말하거나 머리를 끄덕이며 의견의 일치를 표현할 수 있습니다. ≪흠...≫ ≪흠≫ ≪그럼에도 불구하고≫를 말하거나 머리의 움직임으로 의견 불일치를 표현할 수 있습니다. 이런 소리와 몸짓으로 여러분이 시험관과 큰 어려움 없이 의견을 나눈다는 인상을 줄 것입니다.

● 표정

소리와 같이 표정도 매우 중요합니다. 프랑스인들은 문화적으로 대화 상대의 표정을 읽는 데 익숙합니다. 시험관에게 미소로 발표를 시작해보세요. 여러분이 긍정적인 부분을 언급할 때는 미소를 짓고, 반대로 동의하지 않을 때는 눈살을 찌푸려 보세요. 놀람, 분노에 반응하며 배우가 되어 보세요! 발표 내내 긍정적이고 개방적이며 웃는 태도를 갖는 것이 필수적입니다.

● 몸짓

프랑스인들은 몸짓을 많이 사용합니다. 여러분들도 함께 해보세요. 여러분이 하는 몸짓은 말하는 목적이나 의도를 설명할 수 있어야 합니다.

● 자세

자세를 똑바로 하고, 활기차고 개방적이고 자신감 있는 모습을 보여주는 것이 좋습니다.

● 동일 어휘나 표현의 지나친 반복

동일 어휘나 표현을 지나치게 반복하는 것은 기계적이고 무의식적인 언어의 습관으로, 일반적으로 자각하지 못하고 습관이 된 것입니다. 이것은 세련된 말투는 아니지만 남용하지 않고 적절히 사용하면 발표에서 자연스러운 느낌을 줄 수 있습니다. 이러한 습관을 올바르게 사용하기 위해 주저하지 말고 원어민의 도움을 받으세요.

습관적으로 반복하는 표현의 예시

Euh... (주저, 의심, 유보, 망설임을 표현할 때)
Alors (문장을 시작할 때)
Bon (해결책, 변화, 토론에서 결론을 제시할 때)
En fait (실제로, 영어로는 actually)
Vous voyez (상대방과 관계를 맺고 본인이 하는 말을 잘 이해했는지 확인할 때)
Voilà (가끔 발언 마지막에 할 수 있는 말)
Donc (아이디어 사이의 관계를 표현할 때)
Du coup (아이디어 사이의 관계를 표현할 때)
Disons que (다소 설득력이 없는 아이디어를 제안할 때)
On va dire que (다소 설득력이 없는 아이디어를 제안할 때)
Comment dire (본인이 할 말을 찾을 때)
Bref (요약을 하거나 발언의 마지막을 나타낼 때)
J'ai envie de dire (근거에 대해 말하고자 할 때)
Vous voyez ce que je veux dire ? (대화를 진행하면서, 상대방이 본인이 하는 말을 잘 이해했는지 확인할 때)
C'est un vrai sujet (아이디어의 중요성을 나타내기 위해 발언 마지막에 할 수 있는 말)
On ne va pas se mentir (토론에서 논거를 제시하기 전에 할 수 있는 말)
Je vais être très clair (토론에서 상대방이 자신의 의견과 완전히 다를 때나 아주 설득력 있는 논거나 예시를 나타내고자 할 때 쓸 수 있는 말)
Écoutez! (자신이 하고자 하는 말에 힘을 실어주기 위해서나 상대방의 관심을 끌고자 할 때 발언 초반에 할 수 있는 말로써, 확신에 찬 톤이나 두 사람만 알 수 있는 톤으로 말할 수 있다)
Naturellement (상대방의 발언에 대한 답변이나 자신의 발언을 시작할 때 할 수 있는 말)
Complètement d'accord avec vous (상대방의 발언에 답변으로 할 수 있는 말)
Les yeux dans les yeux (중요한 논거를 말하기 전에 두 사람만 알 수 있는 톤으로 할 수 있는 말)
Ça fait sens (상대방의 발언에 답변으로 할 수 있는 말)
C'est une contre-vérité (자신이 틀렸다고 생각하는 논거나 아이디어에 찬성하지 않을 때, 상대방의 발언에 대한 답변으로 할 수 있는 말)

● 중요한 팁

≪Fake it until you make it!≫ 원하는 것을 이룰 때까지 그런 척 행동하라!
이 영어 문장은 훌륭한 조언입니다. 프랑스어로 말하는 것이 편한 것처럼 행동해 보세요. 예를 들어 프랑스인을 만날 기회가 있다면 그들이 이야기하는 모습을 관찰해보거나 유튜브에서 프랑스인들이 어떻게 말하는지 살펴보세요. 그들이 쓰는 표현들을 찾아보고, 그 표현을 따라 해보고 똑같이 써보세요. 이렇게 연습한다면 여러분의 프랑스어가 더 자연스럽게 보일 것입니다!

● 마지막 조언

모의 말하기 시험의 예시 동영상을 보려면 유튜브에서 〈델프 B2 구술 시험, 델프 B2 말하기 시험, B2 말하기 시험, 델프 B2 말하기〉와 같은 키워드를 사용하여 많은 영상을 찾을 수 있습니다. 가급적이면, 어학원, 알리앙스 프랑세즈, 프랑스문화원 등과 같은 공식 기관에서 업로드한 비디오를 보도록 하세요.

d Le marquage vocal des parties
각 파트를 음성으로 구분짓기

● **각 파트 간 공백(공백은 말하기에서의 침묵을 의미합니다)**

읽는 것과 듣는 것은 다릅니다. 작문 시험 답안지를 읽을 때는 문단을 쉽게 시각화하고 구별할 수 있습니다. 그러나 말하기 시험은 아주 다릅니다. 많은 응시자들이 말을 너무 빨리 하고, 각 파트 사이에 공백(침묵)의 시간을 갖지 않습니다. 그러면 시험관이 발표의 구성을 이해하는 데 매우 어려움을 겪을 수 습니다. 이는 당연히 점수에 영향을 미칩니다! 이를 피하기 위해서 다음의 두 가지를 주의하시기 바랍니다.

— 한 파트가 끝나고 다른 파트의 시작을 알리기 위해서 각 파트 사이에 충분한 공백(침묵) 시간을 가지고, 시험관이 여러분이 말한 내용을 이해할 수 있는 시간을 줍니다.
— 한 파트 내에서 아이디어를 구분할 때도 공백 시간을 가집니다.

● **억양은 두 번째 표시 방법**

특히 연결어가 어떤 아이디어의 시작을 알리거나 또 더 중요한 한 파트의 시작을 알리는 경우, 논리적 연결어를 발음할 때 억양과 목소리의 음량을 조절할 수 있습니다.

● **시험 시간 배분**

반드시 시간 관리를 잘 하시기 바랍니다. 발표는 8분에서 10분 정도가 좋습니다.

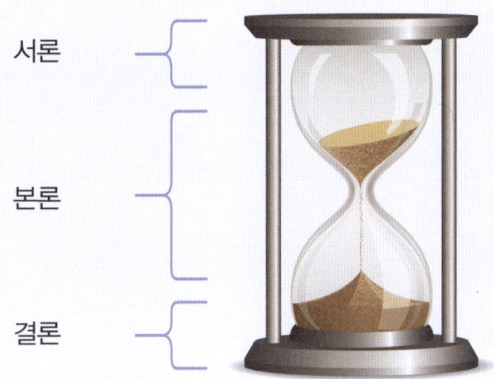

● 중요한 팁

Utilisation du vocabulaire non français (DELF 시험 중 외국어 사용)
쓰기, 말하기 시험에서 영어나 한국어를 최대한 사용하지 마십시오. 부득이하게 사용하게 되거나 대체 단어를 찾을 수 없을 때는 사용하시되 불어로 부연설명을 하는 것이 좋습니다. DELF 시험 감독관은 시험 중에 응시생이 영어를 사용하는 것을 원하지 않습니다. 특히 영어와 불어의 비슷한 단어를 발음만 불어로 바꿔 사용하는 경우가 많지만 대부분 그 의미가 다른 경우가 많으므로 확실하지 않다면 사용하지 않는 것이 좋습니다.

II. L'exposé
발표

a. Comprendre le sujet et trouver la problématique
주제 이해와 문제 제기

여러분은 말하기 시험에서 짧은 언론 기사를 읽게 됩니다. **이 기사는 발표와 토론의 주제가 됩니다. 기사의 세부 내용을 이해하는 것은 필요하지 않습니다.** 속독을 통해, 발표 도입부를 위한 유용한 정보를 찾고 발표 시 논증을 위해 쓸 수 있는 아이디어가 있는지 찾아봅니다. 또한 발표의 가이드라인이 될 문제 제기를 정합니다.

여러분은 주어진 기사를 읽으며 다음 세 가지 질문의 답을 찾아야 합니다.

1. 전반적인 주제는 무엇인가?
제시된 자료의 전반적인 주제는 기사의 제목에 주로 표시되어 있습니다. 만약 여러분이 기사 제목을 이해하지 못한다면, 텍스트 내용을 특히 반복되는 키워드 중심으로 더 읽으셔야 합니다. 전반적으로 텍스트가 무엇에 관한 내용인지 이해해야 합니다.

2. 필수 정보는 무엇인가?
우선 글이 어떤 맥락에서 쓰였는지 알아야 합니다. 기사가 보고서 발행, 여론 조사 혹은 어떤 사건 이후에 작성되었는지 확인합니다. 기사의 출처(글쓴이, 신문 이름, 날짜)는 발표 도입부에서 언급할 수 있습니다. 여러분이 발표에서 언급할 수 있는 제일 중요한 기사 내용도 찾도록 합니다.

3. 어떤 문제를 제기해야 하는가?
기사 분석에서 가장 중요한 단계입니다. B2 말하기 시험에서 발표는 서론 – 본론 – 결론으로 이루어지는 형식적인 파트입니다. 따라서 주된 아이디어를 통한 논증을 요합니다. 이것이 문제 제기의 역할입니다.

문제 제기는 질문의 형태로 할 수 있습니다. (예 남녀 간의 불평등에 어떻게 맞서야 하는가?) 주제를 선택하여 문제를 제기하는 것은 여러분이 필요한 아이디어를 찾고 개요를 준비하는 데 도움을 줍니다. 발표 중간에 포기하지 마세요! 발표 후반에는 명확하게 문제 제기에 대한 답변을 해야 합니다. 제시된 주제를 다양한 측면에서 다룰 수 있고, 특히 여러 의견들에 맞설 수 있는 주제가 무엇인지 생각하고 문제 제기에 대한 폭넓은 질문을 구상해보세요. 중요한 것은 정보 전달 목적의 발표가 아니라 의견을 제시하는 발표를 해야 한다는 것입니다.

델프 B2 실전 연습 문제를 보겠습니다.

> **Violences faites aux femmes : un fléau à combattre**
>
> Chaque année, en France, plus de 200 000 femmes sont maltraitées par leur mari ou leur compagnon. 1 femme sur 3 est victime de violence au cours de sa vie. Le 25 novembre, à l'occasion de la Journée internationale pour l'élimination de la violence contre les femmes, une campagne de mobilisation a été lancée afin d'alerter sur l'ampleur et les nombreuses formes que prennent ces violences. Des manifestations ont eu lieu dans les plus grandes villes de l'hexagone pour dire stop.
>
> Les violences faites aux femmes ne comprennent pas seulement les insultes ou les coups, elles signifient également des droits dénigrés, des opportunités limitées et des voix réduites au silence.
>
> Ces violences sont partout. On les retrouve dans l'entreprise, dans le couple et même dans la sphère publique.
>
> Selon les spécialistes, les inégalités entre les sexes sont le terreau de ces violences. Mais comment lutter contre cette brutalité ?
>
> Sophie STIKÉ, *Le Quotidien d'un Monde meilleur,* 20 août 2022

1. 전반적인 주제는 무엇인가?

제시된 자료의 전반적인 주제는 기사의 제목에 주로 표시되어 있습니다. 이 기사는 여성에게 가해지는 폭력에 관한 내용입니다.

2. 필수 정보는 무엇인가?

이 기사는 소피 스티케에 의해 작성되었으며, Le Quotidien d'un Monde meilleur 신문에 게재되었습니다. 여기에 다음과 같은 내용을 언급하고 있습니다.

— 20만 명이 넘는 여성이 남편이나 동거남으로부터 학대 당하고 있습니다. 이들 3명 중 1명은 평생 지속되는 폭력의 희생자입니다.
— 여성에게 가해지는 폭력의 수가 많고, 다양한 형태로 이루어집니다. 폭력은 사적, 일적, 공적 공간에서 이루어집니다.

3. 어떤 문제 제기를 할 것인가?

가장 명확하고 적합한 문제 제기 주제는 물론 기사에서 제안된 내용입니다. 위 기사의 경우 '이러한 폭력을 어떻게 근절할 것인가?'와 같습니다. 그렇지만 다음과 같은 다른 문제 제기도 생각해볼 수 있습니다.

> ▶ **한국에도 폭력 피해 여성들이 있는가?**
>
> ▶ **여성에게 가해지는 폭력을 근절하는 것이 왜 중요한가?**

다음과 같이 사실에 근거한 문제 제기는 피하도록 합니다.

> ▶ **여성들이 직면하는 폭력 유형은 어떤 것이 있는가?**

이러한 문제 제기는 사실에 근거한 내용만 다룰 수 있기 때문입니다. 의견을 제시할 수 있는 문제 제기를 선택하는 것이 아주 중요합니다.

이 주제와 관련하여, 아래 세 가지 질문에 답변해보세요.

Le harcèlement scolaire, un problème dont on doit parler

Le harcèlement est une violence répétée, continue, sur une longue période, par une personne ou un groupe de personnes à l'égard d'une autre. En France, environ un élève sur dix subit cette violence au quotidien avec des conséquences visibles ou non. Cela peut être des marques corporelles issues de bagarres, de jeux dangereux ou bien des difficultés de concentration, des problèmes de sommeil ou encore une estime de soi qui s'affaiblit.
L'enfant harcelé va s'isoler lentement, car ses camarades ne le soutiennent pas et les adultes sont peu présents. La culpabilité, la honte peuvent mener soit à un comportement social violent soit à un repli et un décrochage scolaire.
Depuis quelques années, avec le développement des technologies numériques, nous assistons à un harcèlement qui sort des murs de l'école. Le cyberharcèlement prend une ampleur sans précédent. La définition et la responsabilité du harcèlement changent : par Internet on peut humilier quelqu'un de façon rapide, groupée et indirecte (sans s'adresser à la victime). Et puisque cela a lieu en dehors de l'école, qui peut réellement agir pour lutter contre ces violences ? Cette nouvelle tendance démultiplie dangereusement les possibilités de harcèlement, mais également l'impact dévastateur sur la victime pouvant la conduire jusqu'au suicide.

Douglas VANILLE, *Le journal des écoles,* 2 septembre 2022

1. 전반적인 주제는 무엇인가?

2. 필수 정보는 무엇인가?

3. 어떤 문제 제기를 할 것인가?

_____

_____

* 여전히 문제 제기가 어렵다면, 아이디어를 먼저 찾도록 합니다. 찾은 아이디어에 따라 문제 제기를 하면 됩니다.

b Chercher des idées et construire le corps de l'exposé
아이디어 찾기 및 발표문 구상하기

발표문 구상을 통해서 앞서 선택한 문제 제기에 대한 답변을 해야 합니다. 이를 위해서는 아이디어를 최대한 많이 모아야 합니다. 발표의 목적은 서론에서 언급한 문제 제기에 대한 답변을 결론에서 하는 것임을 다시 한번 말씀 드립니다. 또한, 이 답변은 발표문의 논거에 근거합니다.

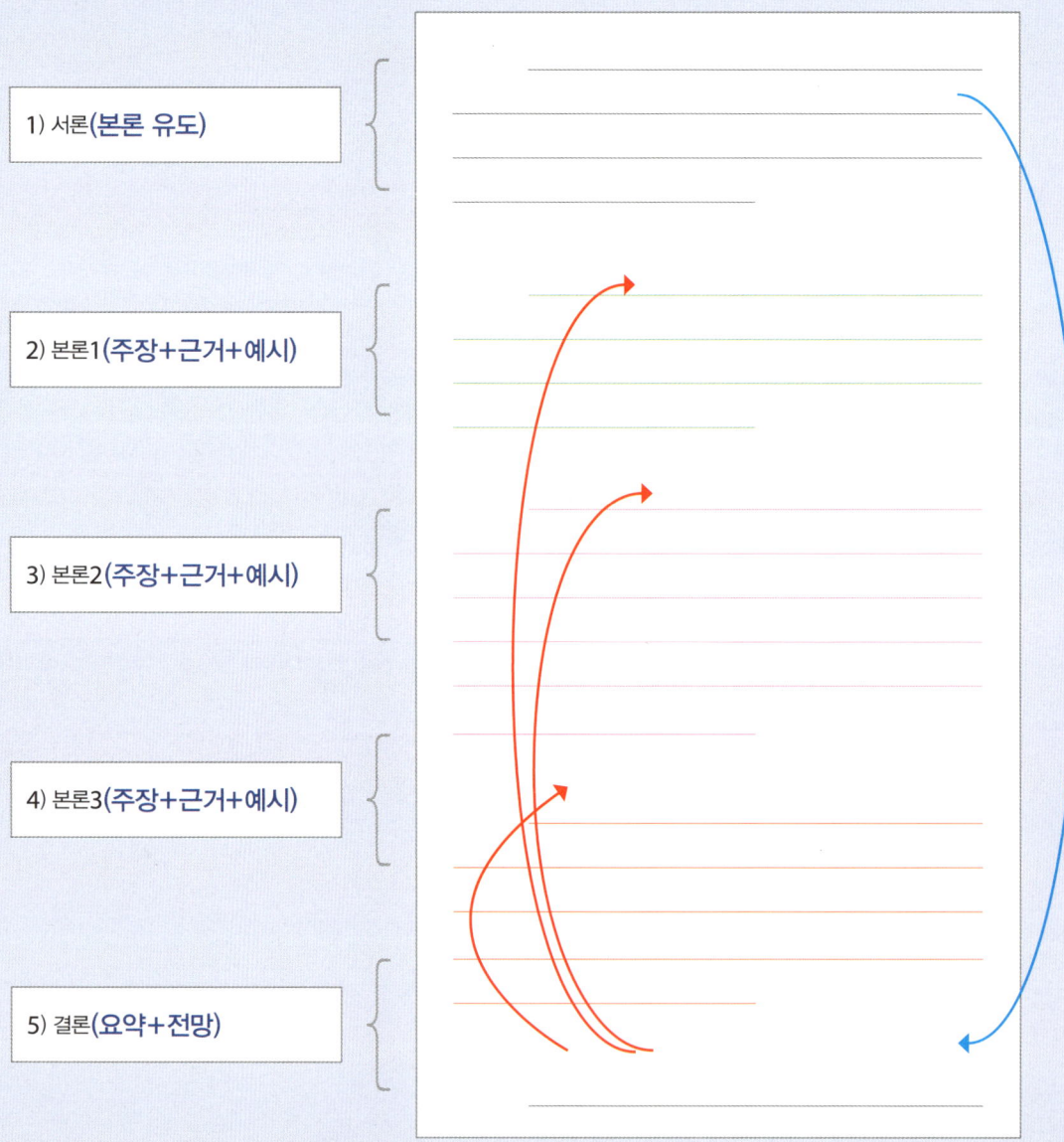

1) 서론(본론 유도)
2) 본론1(주장+근거+예시)
3) 본론2(주장+근거+예시)
4) 본론3(주장+근거+예시)
5) 결론(요약+전망)

개요 작성의 논리

— 개요 작성의 논리는 작문 시험과 정확히 동일합니다. 서론에서 문제 제기를 하고, 결론에서 이에 대한 답변을 합니다. (파란색 화살표) ➡
— 결론에서 하는 답변은 본론에서 설명된 각 단락의 논거/주장(의견)에 근거하여 이루어집니다. (빨간색 화살표) ➡

논거(아이디어) 찾기

— 개요 작성 시 논거를 세우는 것이 가장 어려운 부분입니다. 자신의 의견을 뒷받침할 논거를 찾으려면 어떻게 해야 할까요?
가장 중요한 것은 실전 연습을 해보고, 가까운 사람들과 토론을 하며, 최신 기사를 읽어 보는 것입니다.
— 논거를 찾을 때, 일일이 분류할 필요 없이 생각나는 대로 연습지에 적으면 됩니다. 일종의 브레인 스토밍입니다. 그리고나서 논거를 선별하여 해당 개요 파트에 넣으면 됩니다. 브레인 스토밍을 하면서도 논거를 찾는 게 어렵다면, 다음과 같은 방법을 시도해보세요.

- **방법 1 : 기사에 있는 아이디어에서 시작하기**

    먼저 제시된 언론 기사를 읽습니다. 앞서 말씀드린 대로 세부 기사 내용을 다 이용하려 하지 말고, 내용 중 유용한 아이디어만 차용하는 것이 좋습니다. 기사에 유용한 아이디어가 있다면 그것을 좀 더 발전시킬 수 있습니다. 예를 들어, 기사가 신기술의 위험성을 언급한다면, 다른 위험 요소를 찾아보세요. 혹은, 기사가 어떤 문제에 대한 대책을 제안한다면, 다른 대책도 찾아볼 수 있습니다.

    반면 기사의 아이디어를 비판할 수도 있습니다. 기자의 의견을 반박하거나 상대화할 수 있을만한 예시를 찾으면 됩니다. 예를 들어, 기사에서 어떤 물건이나 서비스가 부정적으로 언급되고 있다면, 여러분은 반대로 긍정적인 측면을 보여주도록 해보세요.

- **방법 2 : 개인적 경험 동원하기**

    주제와 관련된 개인적인 경험이 있는지 다음과 같은 질문을 던져보세요. 〈이전에 동일한 상황과 맞닥뜨린 적이 있는가? 가족이나 친구들 중에 비슷한 경험을 한 적이 있는가? 이때 어떤 기분을 느꼈는가? 이 일을 통해 어떤 생각을 가지게 되었는가? 구체적인 예를 들면서 묘사할 수 있는가? 한국에서의 상황과 비교하면 차이점이 있는가?〉 특히 마지막 질문은 시험관이 자주 던지는 질문이니 유념하시기 바랍니다.

- **방법 3 : 다양한 측면 모색해보기**

  주제를 확장하는 좋은 방법은 최대한 여러 측면에서 질문을 던지면서 문제를 고려해보는 것입니다.

  예) 경제적 측면 : 비용이 얼마인가?
  법적 측면 : 어떤 법과 관련되어 있는가?
  정치적 측면 : 어떤 결정과 관련되어 있는가?
  환경적 측면 : 어떤 오염 위험이 있는가?
  교육적 측면 : 어떤 방지책이 있는가?
  보건 위생 측면 : 건강에 어떤 위험이 있는가?
  경제적 측면 : 경제에 어떤 이득이 있는가?

- **방법 4 : 관점을 다양화하기**

  이 방법은 여러분의 의견을 세심하게 표현하고 말할 거리를 찾는 데 유용합니다. 주어진 문제와 관련된 사람을 파악하고 그들 입장에 서보세요. 예를 들어, 교육과 관련된 주제에서 관련된 사람들이 가질 수 있는 각자의 입장은 무엇일까요?

  예) 학생의 입장, 교사의 입장, 교장의 입장, 학부모의 입장

이제 아이디어를 찾아봅시다.

Les caméras de surveillance, un outil de sécurité ou de contrôle ?

La technologie de la reconnaissance faciale devient de plus en plus sophistiquée. Désormais, il est possible de lire les émotions et de détecter des comportements suspects.

La technologie de reconnaissance faciale a progressé à pas de géant ces dernières années grâce aux progrès de la vision informatique et de l'intelligence artificielle (IA). Cette technologie est maintenant de plus en plus intégrée aux systèmes de surveillance comme les caméras.

Les caméras équipées de la reconnaissance faciale peuvent identifier les gens aux frontières, repérer les criminels et définir l'identité, l'humeur et même les intentions de n'importe qui dans la rue.

L'entreprise britannique WeSee, par exemple, affirme que sa technologie d'IA peut détecter les émotions comme la joie, le doute et la colère.

Les caméras vidéo peuvent désormais utiliser cette technologie pour détecter les comportements suspects et alerter les autorités sur une menace terroriste potentielle.

Mais quelles sont les implications pour la vie privée ?

Coralie BERTÉ, *Technews,* 13 décembre 2022

어떤 문제 제기를 할 수 있을까요?

예시 답안

- 거리에 CCTV 설치를 지지해야 하는가?
- CCTV의 존재는 사생활과 개인의 자유를 위협하는가?
- 안면 인식은 긍정적인 기술 진보인가?

지금부터 아이디어를 찾아보겠습니다. 아래의 표를 작성해보세요!

방법	아이디어
À partir du document 기사 내용	▶ ▶
À partir de mon expérience 자신의 경험	▶ ▶
Les aspects du problème 문제의 여러 측면	Aspects juridiques 법적 측면 ▶ ▶ Aspects politiques 정치적 측면 ▶ ▶ Aspects environnementaux 환경적 측면 ▶ ▶ Aspects éducatifs 교육적 측면 ▶ ▶ Aspects économiques 경제적 측면 ▶ ▶
Variété de points de vue 다양한 관점	Les citoyens 시민 ▶ ▶ La mairie 시청 ▶ ▶ La police 경찰 ▶ ▶

방법	아이디어
À partir du document 기사 내용	▶ La reconnaissance faciale nous facilite la vie. 안면 인식은 우리의 삶을 용이하게 해줍니다. ▶ Les caméras de surveillance nous garantissent la sécurité. CCTV는 우리의 안전을 보장해줍니다.
À partir de mon expérience 자신의 경험	▶ La nuit, quand je rentre chez moi, je me sens en sécurité sachant qu'il y a des caméras de sécurité. 심야 귀가길에, 나는 CCTV가 있는 것이 안심이 됩니다. ▶ Parfois, à cause des caméras de surveillance, je me sens épié et je ne peux pas me comporter de manière naturelle. 때때로, 나는 CCTV 때문에 감시 당하는 느낌이 들며 자연스럽게 행동할 수 없습니다.
Les aspects du problème 문제의 여러 측면	Aspects juridiques 법적 측면 ▶ Il faut des lois qui encadrent l'installation de caméras de surveillance afin de protéger la vie privée tout en garantissant la sécurité. 안전을 보장하면서 사생활을 보호할 수 있는 CCTV 설치 관련 법률 제정이 필요합니다. ▶ Les caméras de surveillance permettent de faciliter le travail de la justice. CCTV는 법원의 업무를 용이하게 해줍니다. Aspects politiques 정치적 측면 ▶ Les caméras de sécurité au service du totalitarisme. Certaines dictatures pourraient utiliser les caméras de surveillance pour contrôler la population. 전체주의 체제에서 활용될 수 있는 CCTV. 몇몇 독재 국가에서 국민을 통제하기 위해 CCTV를 사용할 수 있습니다. Aspects environnementaux 환경적 측면 ▶ Les caméras de sécurité peuvent empêcher certaines incivilités environnementales comme jeter des déchets dans la rue. CCTV는 길거리에 쓰레기를 버리는 것과 같은 환경 관련 몰상식한 행동을 막을 수 있습니다. ▶ La production des caméras est polluante. De plus, au quotidien, la vidéosurveillance consomme beaucoup d'électricité. 보안 카메라의 생산은 환경을 오염시킵니다. 그리고 CCTV는 매일 많은 전기를 소비합니다. Aspects éducatifs 교육적 측면 ▶ Les caméras de sécurité garantissent une qualité d'enseignement et préviennent les abus. CCTV는 교육의 질을 보장하고 잘못된 행동의 남용을 예방할 수 있습니다. Aspects économiques 경제적 측면 ▶ La production, l'installation, la maintenance et l'exploitation des caméras de surveillance sont créatrices d'emplois. CCTV의 생산, 설치, 유지와 운영은 고용을 창출합니다. ▶ Cela concurrence certains emplois, notamment dans le domaine de la surveillance. 특히 경비 분야와 같은 일자리와 경쟁할 수 있습니다.

Variété de points de vue 다양한 관점	Les citoyens 시민 ▶ La présence de caméras crée un sentiment de sécurité. 　시민들은 CCTV의 존재로 안전함을 느낍니다. ▶ La présence de caméras peut être perçue comme une atteinte à la vie privée. 　CCTV는 사생활을 침해하는 존재로 여겨질 수 있습니다. La mairie 시청 ▶ La présence de caméras lutte contre la délinquance. 　CCTV의 존재는 범죄를 예방할 수 있습니다. ▶ La présence de caméras rassure les citoyens (électeurs). 　CCTV의 존재는 유권자인 시민을 안심시켜줍니다. La police 경찰 ▶ La présence de caméras de surveillance facilite le travail des policiers. 　CCTV의 존재는 우리의 업무를 용이하게 해줍니다. ▶ La présence de caméras de surveillance menace leur emploi. 　CCTV의 존재는 우리의 일자리를 위협합니다.

* 문제 제기보다 아이디어를 찾는 것이 더 쉽다면, 먼저 아이디어를 찾은 다음 그에 따라 문제 제기를 선택해도 됩니다.

첫번째 주제의 아이디어를 찾아보세요.

Violences faites aux femmes : un fléau à combattre

Chaque année, en France, plus de 200 000 femmes sont maltraitées par leur mari ou leur compagnon. 1 femme sur 3 est victime de violence au cours de sa vie. Le 25 novembre, à l'occasion de la Journée internationale pour l'élimination de la violence contre les femmes, une campagne de mobilisation a été lancée afin d'alerter sur l'ampleur et les nombreuses formes que prennent ces violences. Des manifestations ont eu lieu dans les plus grandes villes de l'hexagone pour dire stop.
Les violences faites aux femmes ne comprennent pas seulement les insultes ou les coups, elles incluent également des droits dénigrés, des opportunités limitées et des voix réduites au silence.

Ces violences sont partout. On les retrouve dans l'entreprise, dans le couple et même dans la sphère publique.

Selon les spécialistes, les inégalités entre les sexes sont le terreau de ces violences. Mais comment lutter contre cette brutalité ?

Sophie STIKÉ, *Le Quotidien d'un Monde meilleur,* 20 août 2022

문제 제기 예시

여성에 가해지는 폭력을 어떻게 근절할 것인가?

아래의 표를 작성하면서 발표를 위한 아이디어를 찾아 보세요.

방법	아이디어
À partir du document 기사 내용	▶ ▶
À partir de mon expérience 자신의 경험	▶ ▶
Les aspects du problème 문제의 여러 측면	Aspects juridiques 법적 측면 ▶ ▶ Aspects politiques 정치적 측면 ▶ ▶ Aspects sociaux 사회적 측면 ▶ ▶ Aspects psychologiques 심리적 측면 ▶ ▶ Aspects familiaux 가족 측면 ▶ ▶
Variété de points de vue 다양한 관점	Les hommes 남자들 ▶ ▶ Les femmes 여자들 ▶ ▶ Autres membres de la société 사회 구성원 ▶ ▶

아래 주제도 같은 방법으로 아이디어를 찾아보세요

Les mouvements de dénonciation : un bien qui fait beaucoup de mal ?

Comme c'est souvent le cas, c'est aux États-Unis qu'est née la cancel culture. Tout a commencé avec le mouvement américain « *woke* » dénonçant les injustices qui pèsent sur les minorités. Puis, est apparu le mouvement « *Black Lives Matter* » qui dénonçait les actes de ségrégation raciale et de discrimination à l'égard des Afro-américains. La pensée « woke » s'est ensuite popularisée. Être woke, c'est avoir conscience du racisme, de la grossophobie, du sexisme, etc. On retrouve logiquement derrière cette pensée les militants antiracistes, féministes, anticolonialistes, ou encore LGBT+.

C'est de cette prise de conscience des inégalités qu'est apparue la « *cancel culture* », la culture de l'annulation, qu'on appelle aussi la culture de la dénonciation. Ce mouvement consiste à dénoncer, le plus souvent sur les réseaux sociaux, une personne qui aurait eu des propos ou des comportements inappropriés. Le but final est de faire taire, voire d'effacer une oeuvre ou une parole que l'on considère non conformes à la défense d'une cause.

Ces mouvements de dénonciation et d'effacement sont aussi vivement critiqués. On leur reproche leur manque de nuance. Aussi, de plus en plus de personnalités pointent du doigt l'intolérance à l'égard des opinions divergentes qu'elle suscite. De plus, l'humiliation publique qu'ils génèrent n'est pas toujours justifiée et est trop souvent disproportionnée.

Cécile ANCIEU, Le Journal du Net, 2 février 2022

문제 제기 예시

학교 폭력을 어떻게 막을 것인가?

Technique	Idée(s)
À partir du document	▶ ▶
À partir de mon expérience	▶ ▶
Les aspects du problème	Aspects culturels ▶ ▶ Aspects politiques ▶ ▶ Aspects sociaux ▶ ▶ Aspects éducatifs ▶ ▶ Aspects économiques ▶ ▶
Variété de points de vue	Les citoyens ▶ ▶ Les minorités et autres personnes victimes de discrimination ▶ ▶ les personnes visées ▶ ▶

C Organiser ses idées dans un plan
개요 작성시 필요한 아이디어 모으기

B2 말하기 시험은 논거를 제시하면서 명확하게 자신의 의견을 표명하기를 요구합니다. 즉, 서론-본론-결론으로 이루어진 논증 유형의 발표이므로 이전 단계에서 찾은 아이디어를 논리적으로 조직하기 위해 개요를 작성해야 합니다. 개요 작성은 시험관이 발표를 이해하는 데에도 도움이 됩니다. 잘 구성된 발표는 듣기도 편하고 내용을 따라가기 쉬우며, 파트 식별도 빠르게 할 수 있습니다. 주제에 관한 여러분의 의견도 어려움 없이 이해할 수 있습니다. 또한, 개요 작성은 발표문 구성에 도움이 됩니다. 잘 작성된 개요는 논리 없는 아이디어나 반복, 누락을 피하게 해줍니다.

여러분이 개요 작성 연습을 잘 한다면, 발표 준비 시간을 단축할 수 있으며 모든 내용이 논리적으로 연결될 것입니다. 대기실에서 어떻게 해야 할지도 알 수 있습니다. 개요의 형식 하나를 숙지하고 있다면, 시험 당일 시간을 아낄 수 있습니다. 그렇지만 말하기 시험을 위한 개요라는 것을 잊지 마세요! 개요 작성은 글쓰기가 아닙니다. 따라서 시험관 앞에서 보고 따라 읽을 문장 전체를 쓰면 안 됩니다. 시험 준비 단계에서 여러분이 해야 할 일은 발표할 때 눈에 잘 띌 수 있도록 중요한 논거를 명사 형태의 프랑스어로 메모하는 것입니다. 개요는 발표 내내 따라다니는 일종의 가이드 라인입니다.

다음은 말하기 시험에서 유용한 두 가지의 개요 형식입니다.

Le plan dialectique 변증법적 개요

찬/반, 네/아니오, 장점/단점 등과 같은 유형의 대립된 의견을 발표할 때 쓸 수 있는 완벽한 개요입니다.
이 책의 작문 시험에서 이미 변증법적 개요를 다룬 적이 있습니다. 변증법적 개요는 의견을 반박하는 구조이며, 2~3개의 파트로 구성됩니다.

① **La thèse 명제** : 내가 반박하고자 하는 의견을 다룹니다.
② **L'antithèse 반대명제** : 명제에 반하는 논거를 개진시킵니다.
③ **La synthèse 명제와 반대명제의 합** : 자신의 관점을 개진시킵니다.
   (만약 시간이 없다면, 이 부분은 결론에서 짧게 다루어도 됩니다.)

발표는 주제와 제기된 문제를 설명하는 서론부터 시작합니다. 그 다음, 문제의 장점-단점 혹은 단점-장점 순으로 설명합니다. 세 번째 파트에서는 이전 파트에서 개진된 논거에 근거한 자신의 의견을 소개합니다.

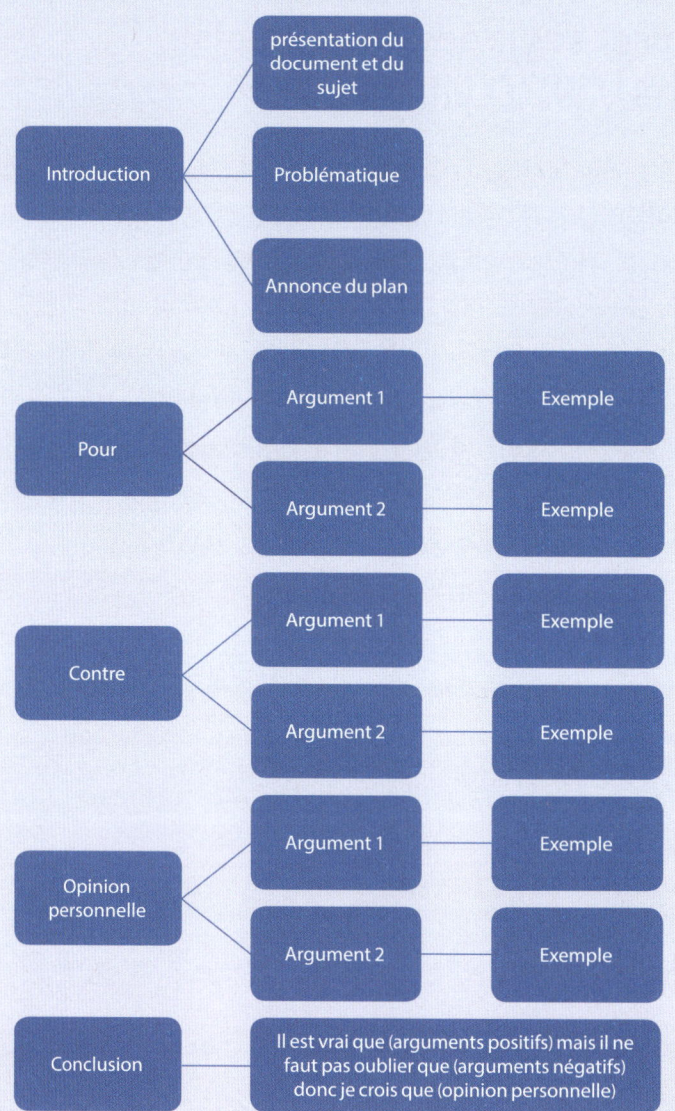

서론	

장점 혹은 명제	

단점 혹은 반대 명제	

아이디어 종합 및 입장 제시	

결론 (내용 요약 및 최종 개인 의견 제시)	

Le plan d'exposé progressif (ou analytique) 단계적 (분석적) 개요

이 개요는 어떤 문제를 설명하고 해결하는 데 사용됩니다. 앞에서 봤던 〈여성에게 가해지는 폭력〉에 관한 주제처럼 반박할 수 없는 문제의 경우에 이 개요가 유용합니다. 이러한 주제는 폭력에 대한 찬/반을 논하라는 것이 아니라 폭력에 관한 현상을 설명하고 해결책을 제시하는 것이 더 알맞습니다.

분석적 개요는 3개의 파트로 이루어집니다.

① **La situation 상황** : 현상과 결과를 기술합니다.
② **Les causes 원인** : 문제의 이유를 설명합니다.
③ **Les solutions 해결책** : 문제를 해결하기 위한 방법을 앞서 다룬 원인에서 추론합니다.

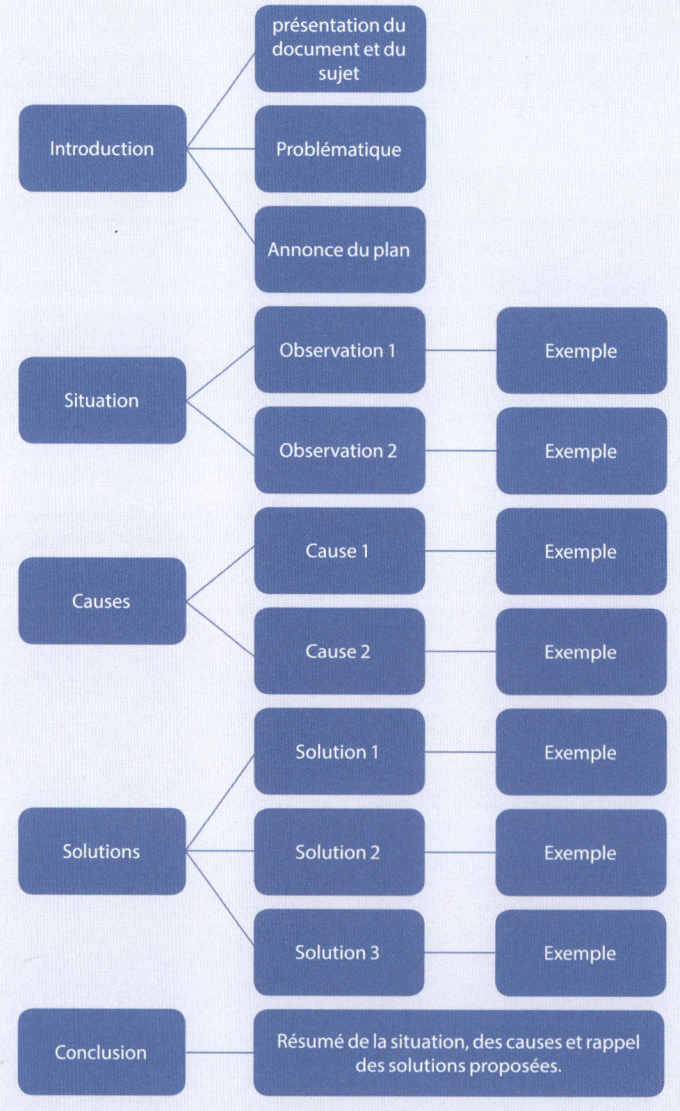

- 서론
- 문제가 되고 있는 상황 소개
- 원인/결과
- 해결책
- 결론 : 상황, 원인, 해결책 요약 및 강조

연습문제 다음의 주제는 어떤 개요를 선택할 수 있을까요?

> Sujet 1
>
> **Faut-il pousser les enfants à parler plusieurs langues ?**
>
> Plus de la moitié de la population mondiale est bilingue, voire trilingue. Mais en France, cela surprend encore et suscite généralement une fascination mêlée d'envie : parler plusieurs langues sonne comme une promesse de réussite.
> Pourtant, le bilinguisme est parfois craint. Certains pensent qu'apprendre deux langues en même temps risque d'entraîner une confusion dans la tête de l'enfant et même un retard mental.
> Pour d'autres, être bilingue ne constitue pas un obstacle pour le développement de la langue maternelle. L'enfant qui apprend deux langues simultanément ne les confond pas et ne commence pas à parler plus tard. Il pourrait même développer des avantages cognitifs, notamment une capacité à mieux focaliser son attention et à inhiber certaines informations.
> Malgré tout, le bilinguisme n'est pas toujours simple. Parfois, l'enfant peut refuser de s'exprimer dans sa langue maternelle, surtout s'il sent que l'école ou le collège voit d'un œil réprobateur qu'une langue différente est parlée à la maison.
> Quoi qu'il en soit, le bilinguisme exerce un attrait de plus en plus fort sur les familles monolingues. Face aux enjeux de la mondialisation, nombreux sont ceux qui ont pris conscience de la nécessité de maîtriser plusieurs langues.
>
> Fillipo LYGLOTTE, la revue des parents, 13 février 2023

Problématique 문제제기 :

_____

Type de plan choisi 선택한 개요 유형 :

_____

Sujet 2

Abandonnons le confort de la consommation : notre survie en dépend

Vouloir vivre heureux en vivant avec moins, c'est une manière bien réelle de changer le monde !

D'année en année, le fameux « jour du dépassement » intervient plus tôt dans notre calendrier. Il correspond à la date à partir de laquelle l'humanité a consommé l'ensemble des ressources naturelles que la terre est capable de régénérer en un an. Et les conséquences sont graves : appauvrissement de la biodiversité, changement climatique, pollution… Pour sauver notre planète, il n'y a qu'une solution : changer nos modes de vie.

Nous devons changer radicalement nos habitudes. Logement, habillement, alimentation, déplacements, communication, argent. Il faut acheter moins, jeter moins !

Plus question de voyager à l'étranger et de prendre l'avion. Arrêtons d'acheter sans cesse de nouveaux vêtements. N'achetons plus de produits ayant des emballages ! Limitons au strict nécessaire notre consommation.

Arrêtons d'être hypnotisés par les publicités qui nous incitent à consommer. La société de consommation dans laquelle nous vivons est un mirage dangereux qui menace l'humanité.

Xavier KAEKOUTÉ, La lanterne, 29 juillet 2022

Problématique :

Type de plan choisi :

여러분은 이제 아이디어를 찾고, 제기할 문제를 선택하고, 개요를 구성할 수 있습니다.
이제 발표만 남았습니다!

d Construire les parties de son exposé
발표 파트 구성하기

> 다음 예시는 시험에서 자주 쓰는 관용 표현을 사용하여 제시한 개요 모델입니다. 여러분이 시험관의 기대를 이해하는 데 도움을 주기 위해 제시된 모델이지만, 어떠한 경우에도 이를 그대로 말하려고 완전히 외워서는 절대로 안 됩니다. 만약 응시자 자신이 말한 내용을 이해하지 못한다거나 너무 어렵고 적합하지 않은 어휘를 쓴다는 느낌이 들어서 발표를 외운 티가 심하게 난다면, 시험관은 매우 엄격한 태도를 보일 수 있습니다.

L'introduction 서론

서론은 일반적으로 3개의 파트로 이루어집니다.

① Présentation du document, du sujet du document et des idées principales 기사, 기사 주제, 주된 의견 소개
② Formulation de la problématique 문제 제기 하기
③ Annonce du Plan 본론에서 다룰 내용 및 개요 소개

여러분은 시험에서 다음과 같은 방법으로 발표를 시작할 수 있습니다.

- L'article que j'ai choisi a pour titre « _____ ». Il a été écrit par _____ et a été publié dans/sur « _____ » le _____.
  제가 선택한 이 기사의 제목은 ≪　　≫ 입니다. ≪　≫에 의해 작성되었으며, ≪　≫에서 일/월/년에 게재되었습니다.

  Ce document a pour sujet _____.
  이 기사는 _____라는 주제를 다루고 있습니다.

  Aussi, nous pouvons y lire que _____ et que _____.
  또한 _____와 _____에 관한 내용도 볼 수 있습니다.

  Lors de ma lecture, je me suis posé la question suivante « _____ ? »
  기사를 읽을 때, 저는 _____ 같은 질문을 던져보았습니다.

  Pour répondre à cette interrogation, je vais tout d'abord vous parler de _____ puis, j'aborderai _____ et pour finir je partagerai avec vous mon opinion sur ce sujet.
  이 질문에 답하기 위해서, 우선 _____에 대해서 말하겠습니다. 그리고 나서 _____에 대해 다루고, 이 주제와 관한 저의 의견을 시험관님과 함께 나누도록 하겠습니다.

다른 예시 문장

- L'article que je viens de lire est nommé « _____ ». Il a été publié sur le site Internet _____.
  Cet article parle de _____ et de _____.
  Il me semble que l'auteur nous invite à nous demander si / pourquoi / comment / de quelle manière _____ ?
  Je vais tenter de répondre à cette question en vous présentant _____ je vous parlerai ensuite de _____ et je finirai en vous proposant des solutions à ce problème.

- L'article sur lequel je me suis penché a pour titre « _____ ». Il a été publié sur le site Internet _____.
  Nous apprenons dans ce texte que _____ et que _____.
  La lecture de document nous pousse à nous demander si / pourquoi / comment / de quelle manière _____ ?
  Je vais tenter de répondre à cette question en vous présentant _____ je vous parlerai ensuite de _____ et je finirai en vous proposant des solutions à ce problème.

여성에게 가해지는 폭력의 주제를 예로 들면, 서론은 다음과 같이 쓸 수 있습니다.

Violences faites aux femmes : un fléau à combattre

Chaque année, en France, plus de 200 000 femmes sont maltraitées par leur mari ou leur compagnon. 1 femme sur 3 est victime de violence au cours de sa vie. Le 25 novembre, à l'occasion de la Journée internationale pour l'élimination de la violence contre les femmes, une campagne de mobilisation a été lancée afin d'alerter sur l'ampleur et les nombreuses formes que prennent ces violences. Des manifestations ont eu lieu dans les plus grandes villes de l'hexagone pour dire stop.
Les violences faites aux femmes ne comprennent pas seulement les insultes ou les coups, elles incluent également des droits dénigrés, des opportunités limitées et des voix réduites au silence.
Ces violences sont partout. On les retrouve dans l'entreprise, dans le couple et même dans la sphère publique.
Selon les spécialistes, les inégalités entre les sexes sont le terreau de ces violences. Mais comment lutter contre cette brutalité ?

Sophie STIKÉ, *www.infos.com,* 20 août 2022

L'article que je viens de lire est nommé « Violences faites aux femmes : un fléau à combattre ». Il a été publié sur le site Internet *infos. com*.
Cet article parle des violences faites aux femmes. Aussi, nous pouvons y lire qu'en France 200 000 femmes sont maltraitées par leur mari ou leur compagnon. Nous apprenons également dans ce document que les femmes sont victimes de violences dans la sphère privée, publique et professionnelle.
Cette situation est intolérable. Lors de ma lecture, je me suis donc posé la question suivante : comment combattre les violences faites aux femmes ?

Je vais tenter de répondre à cette interrogation en vous présentant la situation actuelle et en vous proposant ensuite des solutions pour lutter contre ce fléau.

Le développement 본론

서론을 마치면 2개 또는 3개의 파트로 구성된 본론으로 넘어갑니다. 각 파트에는 2개 또는 3개의 주된 논거가 포함되어야 합니다. 말하기 시험에서 여러분은 개인적인 견해를 표명해야 하므로 설명이나 부차적인 논거 및 예시를 들어 자신의 의견을 개진합니다. 주된 논거는 설명, 부차적인 논거, 주된 논거의 타당성을 보여주기 위해 잘 선택된 예시에 의해 정당화됩니다.

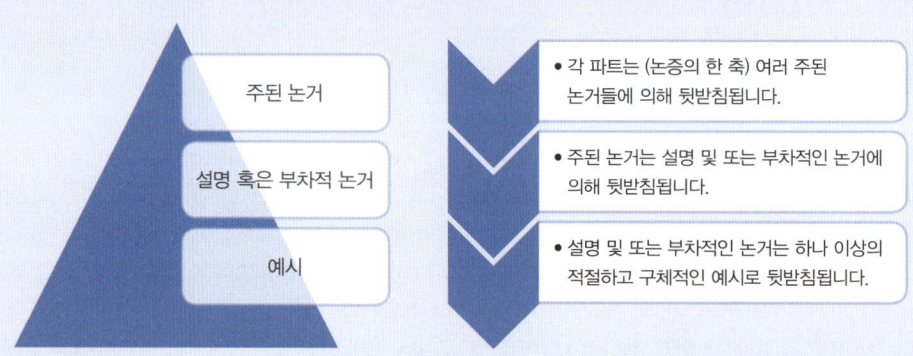

주의하세요! 논거를 제시하는 발표를 할 때 단순히 장점과 단점을 열거하거나 사실만 연속적으로 말해서는 안 됩니다. 반드시 여러분의 의견과 논거를 개진시켜야 합니다. 주요 논거를 명확하게 설명하고, 시험관이 알 수 있을 만큼 충분히 강조했는지 확인하세요.
예시를 드는 것은 여러분의 논거를 증명하기 위해서 매우 중요하다는 것을 잊지 마세요. 적절하고 구체적인 예를 들어야 합니다. 예시를 들 때 꼭 진실을 말할 필요가 없으며, 신빙성이 있는 범위 내에서 개인적 경험, 연구 결과, 설문조사 등을 상상해서 제시할 수 있습니다. 시험관은 이에 대한 사실 여부를 확인하지 않으며 주제에 관한 절대적 지식을 가지고 있는 것도 아닙니다.

한 파트 구성의 예시

1re partie **Tout d'abord,** Idée principale 1 주된 의견 1	Premièrement, Idée secondaire 1 부차적 의견 1	En effet, Explication de l'idée secondaire 1 부차적 의견 설명 1	Par exemple,
	Deuxièmement, Idée secondaire 2 부차적 의견 2	De fait, Explication de l'idée secondaire 2 부차적 의견 설명 2	Pour illustrer cette idée, citons le cas de…
	Troisièmement, Idée secondaire 3 부차적 의견 3	En d'autres termes, Explication de l'idée secondaire 3 부차적 의견 설명 3	D'ailleurs, + exemple concret

> **Tout d'abord,** nous allons faire un état des lieux des inégalités entre les hommes et les femmes.
>
> **Premièrement,** les femmes sont traitées de manière inégale sur leur lieu de travail. **En effet,** il est constaté qu'une femme est moins bien rémunérée qu'un homme à poste égal. **Par exemple,** en Corée, pour le même poste, les femmes ont un salaire 25 % inférieur à celui des hommes en moyenne. Cela est injuste !*
>
> **Deuxièmement,** les femmes sont également victimes de différences de traitement au sein de notre société. **Il est effectivement** considéré à tort qu'une femme est plus faible qu'un homme. Pour cette raison, la gent féminine est plus souvent victime d'incivisme. **Pour illustrer ce fait, prenons l'exemple de** mon pays, la Corée du Sud. Ici, les femmes qui conduisent une voiture se font facilement klaxonner pour l'unique raison qu'elles sont des femmes et qu'elles n'oseront pas répondre. Ce type de comportement ne devrait pas exister !*
>
> **Troisièmement,** les inégalités de traitement auxquelles font face les femmes se retrouvent aussi à la maison. **En d'autres termes,** au sein du couple et de la famille, les femmes sont moins bien traitées et occupent une place inférieure à celle des hommes. **D'ailleurs,** une étude récente a montré que seulement 20 % des ménages sud-coréens partageaient de manière équitable les tâches ménagères entre les hommes et les femmes ! Il est temps que ça change !*

* 각 논거 개진이 끝날 때마다 감탄문이나 개인적인 의견을 추가해보세요. 그러면 더욱 활기차고 설득력 있는 발표가 될 수 있으며, 시험관은 여러분의 의견을 명확하게 알게 될 것입니다.

 마지막으로 본론의 각 파트 길이가 균등하게 배분이 되었는지 잘 확인하세요. 한 파트는 매우 길고 다른 파트는 매우 짧아지는 것을 피해야 합니다.

La conclusion 결론

2~3개의 파트로 이루어진 본론이 끝나면 이제 결론을 말할 차례입니다. 시험관에게 마지막 인상을 남기는 부분이므로, 결론을 소홀히 해서는 안 됩니다. 결론은 잘 마무리되어야 합니다. 따라서 여러분의 의견을 이끌어 낸 주된 논거를 잘 요약하고, 서론에서 한 문제 제기에 대한 답을 명확하게 해야 합니다.

다시 말하지만 결론에서 여러분의 의견을 매우 명확하게 표현해야 합니다. 예를 들어, 시험관은 주제가 다루고 있는 상황이나 현상에 대해 여러분이 찬성하는지 혹은 반대하는지 의심할 여지없이 알 수 있어야 합니다. 마찬가지로, 결론에서 논거를 추가하거나 수정해서는 안 됩니다. 또한 본론에서 이미 사용한 문장을 반복하지 않아야 하며, 다른 단어나 표현으로 요약해서 말하는 것이 좋습니다.

● **의견 선택**

시험관은 당연히 점수를 공평하게 매겨야 합니다. 그럼에도 불구하고 개인적으로 여러분의 의견에 전적으로 반대하는 경우, 점수를 매기는 동안 무의식적으로 신념에 영향을 받을 수 있습니다. 그러므로 일반적으로 모두가 찬성할 수 있는 의견을 채택하는 것이 좋습니다. 이렇게 '잘 선택된 의견'은 토론에서 큰 이점이 될 것입니다. 다시 말해, 시험관이 실제로 지지하는 의견을 여러분이 토론에서 옹호한다면, 시험관은 그 의견을 반박하기 어려울 것입니다! 이는 토론을 매우 용이하게 해줄 것입니다. 발표 계획을 세우기 전에 전략적으로 시험관의 의견을 한 번 상상해보세요.

● **또 다른 문제 제기하기**

여유가 있다면, 또 다른 문제 제기로 발표를 끝내는 것도 가능합니다. 결론 끝부분에 일반적으로 본론에서 언급된 주제와 비슷한 또 다른 주제의 문제(새로운 문제)를 언급하는 방식을 말하는 것입니다. 시험관이 마지막으로 듣는 부분이므로 새로운 문제 제기의 선택에 심혈을 기울여야 합니다. 따라서 여러분이 이 방식을 실행하기 어렵다고 느껴지신다면, 안 하셔도 됩니다. 그렇지만, 또 다른 문제 제기는 일반적으로 토론으로 유도하기 때문에 전략적인 방법이라고 할 수 있습니다.

또 다른 문제 제기의 유형의 예는 다음과 같습니다.

> - Pour approfondir cette thématique, il serait également intéressant, de discuter ensemble de _____
>   이 주제를 심화시키려면, 같이 _____ 에 대해서 논의해보는 것도 흥미로울 것입니다.
>
> - Maintenant que mon exposé est terminé, une nouvelle question me vient à l'esprit : comment/pourquoi/de quelle manière/est-ce que, etc. ?
>   제가 막 발표를 마친 순간, 새로운 문제가 제 머리 속에 떠올랐습니다. 어떻게/왜/어떤 방법으로/~입니까? 등.
>
> - Le sujet que je viens de traiter nous amène naturellement à une autre thématique : _____
>   제가 다루었던 주제는 우리를 자연스럽게 다른 주제인 _____ 로 이끕니다.
>
> - Le sujet que je viens de traiter nous invite naturellement à nous demander si _____
>   제가 다루었던 주제는 우리를 자연스럽게 만약 _____ 인지 자문해보게 합니다.

● **논거 연결하기**

논거를 제시하는 명확한 발표를 하려면, 개요의 각 파트에서 아이디어를 잘 조직해야 합니다. 하지만 이것으로 충분하지 않고, 발표의 이해를 용이하게 하려면 아이디어 사이의 관계를 잘 보여주어야 합니다.

좀 더 명확한 논증을 하기 위해서, 다음과 같은 표현을 쓸 수 있습니다.

　　— 발표의 각 파트를 잘 이어주는 연결 문장
　　— 논거의 관계를 잘 보여주는, 열거할 때 쓰는 연결어
　　— 아이디어 간의 관계를 나타내는 논리적인 연결어　예 c'est pourquoi 그래서

● 논리적 연결어

쓰기, 말하기 시험에서 일관성과 통일성은 합격을 위한 매우 중요한 요소입니다. 따라서 경우에 따라 적절한 논리적 연결어를 자주 사용해야 합니다. 다음은 주요 연결어를 정리한 표입니다. 가장 중요한 연결어는 굵게 표시되어 있습니다.

Je veux ...	Conjonctions de coordination 등위접속사	Conjonctions subordination 종속접속사	Adverbes et locutions 부사와 관용구	Prépositions + GN 전치사+명사구
Indiquer l'ordre des arguments dans le discours 말하기에서 논거의 순서를 나타낼 때 **CONNECTEURS ÉNUMÉRATIFS** 열거할 때 쓰는 연결어			**premièrement, deuxièmement, d'abord, puis, ensuite, enfin... en premier lieu, en second lieu, d'une part, d'autre part,** en conclusion, en fin de compte, en définitive...	
Introduire une idée ou une information nouvelle 새로운 정보나 아이디어 넣기 **ADDITION** 추가	**et**	de même que, sans compter que, ainsi que...	**ensuite,** voire, **d'ailleurs,** encore, **de plus, quant à, non seulement... mais encore,** de surcroît, en outre...	
Réfuter l'argument opposé 반대 논거 반박할 때 **OPPOSITION** 대립	**mais, or**	bien que, quoique, **tandis que, alors que, même si...**	**cependant, pourtant, toutefois, néanmoins, en revanche, au contraire,** malgré tout, certes...	**malgré...**
Apporter des preuves, des justifications 증거나 근거 제시할 때 **CAUSE** 원인	**car**	**parce que, puisque, étant donné que,** comme, vu que, sous prétexte que..	effectivement...	de fait, en effet, grâce à, **à cause de,** en raison de...

Préciser ou illustrer une idée par un 예시를 통해 아이디어 설명하고 구체화할 때 **EXEMPLE** 예시			par exemple, ainsi, en effet, notamment, en d'autres termes, c'est à dire, autrement dit, d'ailleurs…	
Donner les résultats d'un fait 어떤 사실에 대한 결과를 언급할 때 **CONSÉQUENCE** 결과	**donc, et**	de sorte que, **si bien que,** de façon que, **au point que, tellement… que, si… que…**	**aussi,** finalement, **ainsi, voilà pourquoi, c'est pourquoi, par conséquent,** tout compte fait…	
Indiquer un **BUT** 목적을 나타낼 때		**pour que,** de peur que, de crainte que, **afin que…**	**pour, dans le but de, afin de, en vue de…**	
Indiquer une **CONDITION** 조건을 나타낼 때 **HYPOTHÈSE** 가정		**si, au cas où,** en admettant que, pourvu que, à condition que…		**en cas de…**
Résumer ou introduire une **CONCLUSION** 요약하거나 결론을 시작할 때	**donc**		**ainsi,** en somme, bref, **pour conclure,** en résumé, finalement, en un mot, **en définitive, en conclusion**	

말하기에서는 여러분이 발표에서 어느 부분을 말하고 있는지 상대방이 알 수 있도록 해야 합니다. 이를 위해 서론에서 앞으로 다룰 내용에 대한 개요를 소개하는 것도 좋지만 각 파트의 시작과 끝을 이어줄 연결 문장을 추가하면 더욱 효과적입니다.

● **연결문장으로 각 파트 이어주기**

연결문장은 말하기의 두 파트를 이어주는 1~2개의 문장을 말합니다. 예를 들어, 세 파트로 구성된 발표는 2개의 연결문장을 가지게 됩니다. 하나는 첫 번째와 두 번째 파트 사이에, 다른 하나는 두 번째와 세 번째 파트 사이에 넣습니다. 연결문장을 잘 표시하려면 각 파트와 연결문장 사이에 약간의 공백을 유지하도록 합니다.

연결문장은 두 단계를 거쳐 만들 수 있습니다.

 ① 막 끝낸 파트의 주된 의견을 반복합니다.
 ② 이어질 파트의 주된 의견을 알립니다.

다음과 같은 유형의 연결문장을 이용할 수 있습니다.

▶ (간격 두기) **Je viens de vous expliquer** *les avantages de la vidéosurveillance.* **Je vais maintenant vous parler de** *ses limites.* (간격 두기)*

▶ (간격 두기) **Nous avons précédemment montré que** *les violences faites aux femmes sont multiples.* **Nous allons à présent tenter de trouver** *des solutions à ce problème.* (간격 두기)

▶ (간격 두기) **Je vous ai présenté** *les causes du harcèlement scolaire,* **intéressons-nous à présent à** *ce qui peut être fait pour le combattre.* (간격 두기)

＊간격 두기 : 문장과 문장 사이에 잠깐의 시간 간격을 두는 것을 말합니다.

발표 구조와 연결어 정리표

*주제에 따라 변경이 필요합니다.

Parties	Sous-parties/contenu		
Introduction	L'article que j'ai choisi s'intitule « _____ » il a été publié sur le site Internet « _____ » L'auteur parle de _____ et de _____.		
	Ce texte m'invite à me demander comment « _____ ».		
	Pour répondre à cette interrogation, je vais tout d'abord vous parler de _____ puis, j'aborderai _____ et pour finir je partagerai avec vous mon opinion sur ce sujet.		
1ʳᵉ partie Tout d'abord, _____	Premièrement,	En effet,	Par exemple,
	Deuxièmement,	De fait,	Pour illustrer cette idée, citons le cas de _____
	Troisièmement,	En d'autres termes,	D'ailleurs, +exemple concret
Transition 1	Comme je viens de l'expliquer, _____. Toutefois, il existe également des inconvénients importants. Je vais maintenant vous les détailler.		
2ᵉ partie	Pour commencer,	Effectivement,	On peut voir en effet que…
	Ensuite,	En effet,	Comme en témoigne + nom
	Pour terminer,	En d'autres mots,	Tel est le cas de + nom
Transition 2	Je vous ai présenté _____ et _____. Laissez-moi terminer par _____.		
3ᵉ partie	En premier lieu,	En effet,	Je vais prendre un exemple :
	En second lieu,	Effectivement,	Prenons par exemple le cas de + nom
	Pour finir,	De fait,	Par exemple,
Conclusion	En conclusion, je vous ai tout d'abord parlé de _____ puis de _____ et j'ai terminé mon exposé en vous proposant des solutions/en vous donnant mon opinion.		

Je vous remercie pour votre attention et me tiens maintenant à votre disposition pour répondre à vos questions.

Le débat
토론

a Présentation du débat 토론 파트 소개

발표가 끝나면, 토론으로 넘어갑니다. 시험에서의 토론은 실제로 여러 사람이 모여서 하는 토론과 다릅니다. 왜냐하면 시험에서는 모든 사람이 똑같이 자신의 생각을 표현할 수 있는 것이 아니기 때문입니다. 시험관은 말을 많이 하지 않고, 여러분이 말을 많이 할 수 있도록 질문할 것입니다. 이러한 이유로, 질문은 대체로 oui/non으로 답하는 객관식이 아닌 여러분의 생각이나 관점을 펼칠 수 있는 주관식 질문으로 이루어집니다.

또한, 시험관은 여러분의 반응을 알아보기 위해 여러분의 주장에 일부러 동의하지 않을 수 있다는 사실을 알고 계셨으면 합니다. 시험관의 말을 반박하거나 여러분의 의견과 일치하지 않음을 표현하는 것을 두려워하지 마세요. 시험관은 여러분의 아이디어 자체를 판단하는 것이 아니라 아이디어를 표현할 수 있는 능력을 판단합니다. 발표와 달리 토론은 예측하기 어려운 시험 파트이며, 토론의 진행은 상황에 따라 달라집니다.

그러나 다음 장에서 다루게 될 두 가지 방법으로 토론 시험을 대비할 수 있습니다.

— 시험관이 물어볼 수 있는 질문을 미리 생각해보기
— 의견의 불일치나 확신을 나타낼 수 있는 표현 숙지하기

b Questions fréquentes des examinateurs 시험관이 자주 하는 질문

토론에서 일반적으로 4가지 유형의 질문을 받게 됩니다

발표에서 여러분이 언급한 내용에 관한 질문

- Je ne suis pas sûr d'avoir bien compris votre conclusion…
- Donc, si j'ai bien compris, vous considérez que _____.
- Vous voulez dire qu'il faut _____. C'est bien ça ?
- Vous affirmez que _____. Que voulez-vous dire ?
- Si je vous comprends bien, _____ ?

- Vous avez dit _____. Pourriez-vous expliquer ce que vous entendez par là?
- Vous affirmez que _____. Pourriez-vous expliquer ce que vous entendez par là?
- Vous proposez de _____. Quels seraient les objectifs concrets?
- Quand vous dites que _____. Vous voulez parler de _____ ou bien de _____?
- Personnellement, _____, c'est quelque chose qui vous plairait? Pour quelles raisons?
- Vous par exemple, vous accepteriez de _____? Pourquoi?

토론에서 여러분이 언급한 내용에 관한 질문

- Vous venez de dire que _____. Pourriez-vous nous expliquer ce que vous voulez dire exactement?
- Vous dites que _____ Pourriez-vous nous donner un exemple?
- Mais quand même, _____, c'est plus _____ que _____, non?
- Il y a déjà beaucoup de _____, à quoi servirait d'en créer plus?
- Ce que vous dites a déjà été fait. En quoi ce que vous proposez est différent?
- Cela ne vous inquiète pas?
- Vous apprécieriez si _____?
- Et pourquoi ne pas _____?

좀 더 일반적이고 간혹 여러분과 연관이 있는 질문

- Qu'en est-il dans votre pays?
- Pouvez-vous nous parler de la situation de _____ dans votre pays?
- Vous, personnellement, avez-vous eu l'expérience de _____?
- Comment imaginez-vous l'avenir?
- Comment d'après vous, évoluera cette situation?
- Comment pourrait-on résoudre ce problème?

드물긴 하지만, 여러분이 선택한 기사에 대한 질문

- Dans l'article, l'auteur affirme que _____ Qu'en pensez-vous?
- D'après vous, que veut dire l'auteur de l'article quand il écrit _____?
- Vous n'avez pas parlé d'un point important soulevé par l'auteur de l'article. Qu'avez-vous à dire sur _____?

C La reformulation : une technique payante
문장을 명확하게 다시 표현하기 위한 유용한 방법

토론에서 시험관이 말한 내용을 다시 한 번 말한 뒤, 질문에 답하거나 여러분의 의견을 말하는 것이 좋습니다. 왜냐하면, 다음과 같은 이유로 여러분에게 도움이 되기 때문입니다.

— 시간을 아낄 수 있습니다.
— 여러분이 잘 이해했고 말할 때 여유를 가지고 있다는 인상을 줄 수 있습니다.
— 여러분의 말을 더 설득력 있게 하고, 토론을 잘 이끌어갈 수 있습니다.

시험관이 말한 의도를 다시 표현하는 것은 여러분이 꼭 사용해야 하는 수단입니다. 그러나 문장을 명확하게 다시 표현하는 것이 매번 반복되어서는 안 되며 생동감 있는 토론을 위해 좀 더 자발적인 방식으로 대답할 수 있어야 합니다. 다음은 시험에서 문장을 다시 표현할 때 사용할 수 있는 예시입니다.

질문을 받았을 때

- Vous me demandez si _____ *reformulation de ce qu'il a dit* 시험관이 한 질문을 재표현 _____. À cette question, je répondrais que votre idée est _____ *votre idée* 시험관의 의견 _____.

- C'est une question intéressante et légitime que vous me posez. _____ *reformulation de ce qu'il a dit*
  La réponse que je vais vous donner est la suivante : _____ *votre idée* _____.

상반된 의견을 말할 때

- Je comprends ce que vous dites _____ *reformulation de ce qu'il a dit* _____. Néanmoins, je pense que _____ *votre idée* _____.

- Vous avez en partie raison _____ *reformulation de ce qu'il a dit* _____. Toutefois, je pense que vous oubliez que _____ *votre idée* _____.

- Il est vrai que _____ *reformulation de ce qu'il a dit* _____. Mais je pense que _____ *votre idée* _____.

- Certes, _____ *reformulation de ce qu'il a dit* _____. Mais il ne faut pas oublier que _____ *votre idée* _____.

- Vous affirmez que _____ *reformulation de ce qu'il a dit* _____. Personnellement, je crois que _____ *votre idée* _____.

- J'ai bien compris votre opinion. Vous pensez que _____ *reformulation de ce qu'il a dit* _____. Cependant, je ne suis pas d'accord avec vous. Je crois que

_____ *votre idée* _____.

- Vous avez raison de soulever ce point _____ *reformulation de ce qu'il a dit* _____. Toutefois, il me semble que ce qui est vraiment important c'est _____ *votre idée* _____.

d Stratégies de réponse 답변 전략

토론 파트에서는 여러분이 주장하는 관점을 시험관이 반박하게 되어 있습니다. 그래서 시험관에게 답변할 수 있는 다양한 전략에 대해 알아보도록 하겠습니다.

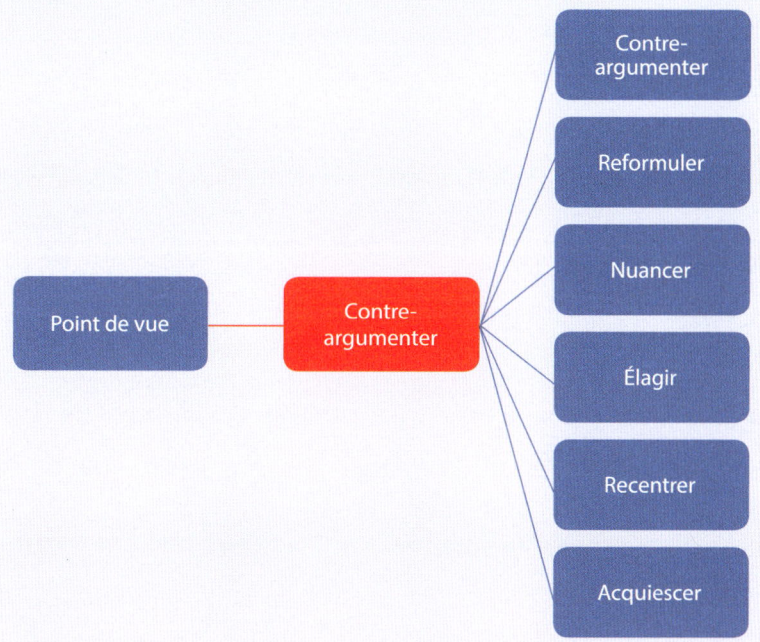

Le candidat explique son point de vue
응시자가 자신의 관점을 설명합니다.
L'examinateur cherche à contredire le candidat
시험관은 응시자의 말을 반박하고자 합니다.

- Contre-argumenter : chercher à contredire l'examinateur
  반대 논거 제시하기 : 시험관의 말을 반박할 때
  예 Je pense au contraire que votre opinion ...
    ...라는 당신의 의견과 반대로 생각합니다.

- Reformuler : exprimer d'une manière différente son point de vue
  명확하게 다시 표명하기 : 자신의 견해를 다른 방법으로 표현하기
  예 Ce que je voulais dire, c'est que votre opinion ...
    제가 말씀드리고자 한 것은, 당신의 의견이 ...이란 것입니다.

- Nuancer : approuver le point de vue de l'autre, mais exprimer le fait qu'il y a également un aspect contradictoire non évoqué par l'interlocuteur.
  미묘한 차이를 고려하여 설명하기 : 상대방의 견해에 동의하지만 상대방이 언급하지 않은 모순적인 측면도 있다는 사실 표명하기
  예 Certes, opinion de l'examinateur, mais votre opinion ...
    물론, 시험관의 의견 그렇지만 여러분의 의견

- Élargir : s'ouvrir sur d'autres sujets liés au même domaine. (Choix d'idée cohérent avec ce qui a été dit précédemment).
  확장하기 : 같은 분야에 있는 다른 주제로 이끌기 (이전에 말한 것과 일관성이 있는 아이디어 선택하기)
  예 Prenons l'exemple de autre sujet ...
    다른 주제 ~의 예를 들어봅시다.

- Recentrer : revenir sur le sujet principal (souligner l'égarement de l'examinateur).
  중요한 문제로 되돌아오기 : 중요한 내용 재검토하기 (시험관의 말이 주제에서 벗어남을 주장하기)
  예 Revenons au sujet principal ...
    중요한 내용을 다시 언급해봅시다...

- Acquiescer : approuver le point de vue de l'autre lorsque vous ne savez pas quoi répondre. Pour passer à autre chose.
  동의하기 : 뭐라고 답변해야 될지 모를 때 다른 문제로 넘어가지 위해서 상대방의 의견에 동의하기
  예 Vous avez raison. Maintenant, parlons de autre sujet/idée, il y a bien des choses à dire là-dessus également, non ?
    당신이 옳습니다. 자 그럼 다른 주제 / 아이디어에 관해 얘기해봅시다. 여기에 대해서 할 이야기가 많지 않을까요?

 **여러분이 옹호하고자 하는 의견을 전략적으로 선택하세요.**

B1에서는 시험관이 응시자의 말에 반박할 수도 있고 아닐 수도 있지만, B2에서는 시험관이 응시자의 의견에 반드시 반박해야 합니다. 그래서 응시자는 자신의 관점을 방어할 수 있어야 합니다. 발표는 일종의 시뮬레이션 상황입니다. 그러므로 어떤 사실에 대한 여러분의 실제 관점을 드러내면서 자신의 의견을 제대로 옹호하지 못하는 것보다 개인적인 신념에 부합하지 않더라도 방어할 수 있는 관점을 택하는 것이 더 좋습니다.

시험관의 의견을 반박하거나 논증하는 것을 망설이지 마세요. 토론할 때는 정중한 태도로 자신의 발언을 옹호하고 이의를 제기할 수 있어야 합니다. 시험관이 실제로 지지하고 있는 의견을 여러분이 옹호한다면, 시험관은 이를 쉽게 반박하지 못할 것입니다. 이는 토론을 아주 용이하게 만듭니다. 전략적으로 생각하시고, 발표와 토론을 구상하기 전에 시험관의 의견을 상상해보세요.

시험관이 덜 개입할수록, 여러분이 토론에 적극적으로 참여할수록 높은 점수를 받게 됩니다. 시험관의 질문에 대답하는 것만으로 만족하지 마세요. 더 나아가, 주제에 대해 더 일반적으로 이야기하고 적용 사례나 자세한 예를 드는 것에 집중하고, 또 다른 주제와 연관시켜보세요. 시험관에게 정중하게 하나 정도의 질문을 해볼 수도 있습니다.

e Vocabulaire et expressions figées utiles lors du débat 토론에서 유용하게 쓸 수 있는 어휘와 관용 표현

시험관의 질문에 답변하려면 중요한 표현을 많이 알고 있어야 합니다.

자신의 의견 표현하기

- À mon avis,...
- En ce qui me concerne,...
- Je trouve que...
- Je pense que c'est...
- Je crois que c'est...
- J'ai l'impression que c'est...
- Je suis persuadé que c'est...
- Je suis sûr/certain que c'est...
- À ma connaissance, c'est...
- Pour certaines raisons, il faut dire que...
- Ce qui me paraît important, c'est...
- À mes yeux,...

동의/일치 표현하기

- Oui, tout à fait.
- Je le pense également.
- Je suis du même avis.
- Je pense comme vous.
- Je le reconnais.
- Je partage votre point de vue.
- C'est exact! Parfaitement exact!

의견의 불일치 표현하기

- Je ne suis pas du tout de cet avis.
- Je pense au contraire que...
- Je ne vois pas pourquoi...
- Je ne partage pas votre opinion.
- Je ne suis pas d'accord avec cette idée.
- Peut-être, vous trompez-vous...
- C'est une idée intéressante, mais fausse.

- J'aimerais être d'accord avec vous, mais…
- Nous ne voyons pas le problème du même œil…
- Nous ne sommes pas sur la même longueur d'onde…
- Ne croyez pas ça!
- Contrairement à ce que vous êtes en train de suggérer…
- Je ne vois pas les choses de la même manière!
- Contrairement à vous, je pense que…
- Je suis en désaccord total avec vous…
- Non, vous avez tort!
- Vous vous trompez!
- C'est une plaisanterie!

이미 말한 내용을 명확하게 다시 설명할 때

- Ce n'est pas ce que j'ai voulu dire…
- Ce que j'ai voulu dire par-là, c'est que…
- En d'autres termes…
- Autrement dit…
- Plus exactement…
- Je pensais en fait à…
- Non, je me suis sans doute mal exprimé, je voulais dire que…
- Ce que je veux dire exactement, c'est que…

말한 내용에 대한 의구심 표현할 때

- Je suppose que oui, cependant…
- Le pensez-vous vraiment?
- Eh bien, ça dépend.
- Oui, en un certain sens, mais…
- Je suis d'accord jusqu'à un certain point.

어떤 대답을 해야 될지 모를 때

- Cela dépend (de…)
- C'est une question de point de vue.
- Il m'est impossible de donner un avis (définitif) sur ce sujet.
- Je n'ai jamais vraiment réfléchi à…
- Je n'ai pas d'opinion bien précise/arrêtée sur…
- Honnêtement, je ne me le suis jamais demandé…

- Je ne me suis jamais vraiment posé la question.

기타 유용한 표현

- Je ne partage pas du tout votre opinion sur _____.
- Si j'ai bien compris, d'après vous, la principale cause de _____ c'est _____. C'est bien cela?
- J'ai des doutes sur l'efficacité de _____.
- Mais _____, cela ne vous choque pas?
- Vous suggérez de _____, c'est une bonne idée, je pense. Mais qu'est-ce que _____?
- _____, vous ne trouvez pas?
- J'en suis persuadé. Je ne vois aucun problème à _____.
- C'est un peu difficile à dire, car _____. Mais je doute que _____.
- Oui, je le reconnais. Cela doit être _____. Mais je pense que _____.
- C'est une mesure intéressante effectivement, mais peut-être difficile à faire accepter...
- Non, ce n'est pas ce que j'ai voulu dire. Je pensais au problème de _____.
- Non, je ne vois pas pourquoi il faudrait _____.
- Je ne crois pas que ce soit aussi compliqué que cela. Je reste convaincu que _____.
- Honnêtement, ça me choque!
- C'est vrai que cela prendra du temps de _____. Mais je pense vraiment que c'est la meilleure solution.
- Je suis tout à fait de votre avis pour ce qui est de _____.
- Je crois réellement que dans le futur _____.
- Je suis persuadé qu'à l'avenir _____.
- Je ne partage pas du tout l'opinion selon laquelle _____.
- Non, effectivement je ne crois pas que cela soit facile de _____. Mais je suis certain que _____.
- Je me suis sans doute mal exprimé. Selon mon point de vue _____.
- En analysant la situation, je pense que _____.
- Pour aller au cœur du sujet _____.
- Venons-en au fait _____.
- Beaucoup de gens pensent que _____. Mais en fait _____.
- J'avais moi aussi l'habitude de penser que _____, mais je me suis finalement

rendu compte que _____.
- Certaines personnes pensent que _____. Néanmoins _____.
- La plupart des gens seraient d'accord pour que _____.
- Nous savons tous que _____.
- Il est indéniable que _____.
- Je reste fondamentalement persuadé que _____.
- C'est en toute connaissance de cause que je peux affirmer que _____.
- Ce n'est certainement pas vous qui me contredirez si je vous dis que _____.

토론을 확장할 수 있는 표현

- Vous dites que _____, mais si l'on prend le cas, par exemple, de _____.
- Peut-être bien, mais regardez _____.
- Considérons le sujet dans sa globalité, _____.
- Il ne s'agit pas seulement de _____, mais de manière plus générale de _____.
- Pour élargir le débat on pourrait aussi parler de _____.

토론에서 중요한 문제로 되돌아오고자 할 때

- Ne perdons pas notre temps avec ces détails. Le vrai problème c'est _____.
- Non, mais là on s'égare! Le cœur du problème c'est _____.
- Je pense que ce qu'il faut vraiment considérer, c'est _____.
- Pour mieux comprendre cette idée, prenons l'exemple de _____.
- Soyons pragmatiques! _____.

- Avec des «si» on mettrait Paris en bouteille! Soyons réalistes, _____.
- Avec des «si» on referait le monde! Recentrons le débat sur _____.
- (시험관이 « si »나 « oui, mais si »라고 할 때 쓸 수 있는 표현)

Sujets d'entraînement
실전 연습 문제

말하기 시험에서 가장 빈번하게 나오는 테마를 바탕으로 다양한 연습 문제를 준비했습니다. 전부 연습해보고, 발표 시 필요하고 주제와 관련된 유용한 모든 어휘를 암기하기 바랍니다. 발표문을 구상하기 위해 우선 문제 제기할 부분을 찾고 난 다음, 선택한 문제 제기에 해당하는 개요를 작성하세요. 초반에 나오는 연습문제는 아래 표를 이용하여 개요를 작성해 보세요.

물론 말하기 시험 날, 주어진 연습지에 이 모든 것을 다 쓸 수는 없습니다. 그러나 여러분은 위에 제시된 발표를 위한 개요의 구성을 잘 숙지하고, 연결어 표현을 잘 알고 있어야 합니다. 연습지에 주된 아이디어, 소 아이디어 및 예시를 빠른 시간 내에 작성하면 됩니다. 문장뿐만 아니라 설명도 즉흥적으로 말할 수 있습니다. 연결어는 기억하고 있으므로 연습지에 적을 필요가 없습니다. 연결 문장이나 관용구 등도 마찬가지입니다.

단어로 이루어진 발표문을 참고하고 싶다면, 쓰기 시험 파트를 보세요. 실제로 글쓰기는 말하기와 거의 동일합니다. 이 둘의 중요한 차이점은 여러분이 글을 쓰는 것과 말하는 것의 차이입니다. 따라서 연습지에 개요를 작성할 때 모든 내용을 다 적어두지 않는 것이 좋습니다. 발표의 가이드라인이 될 수 있는 핵심 내용만 적으세요. 나머지는 핵심 내용을 토대로 살을 덧붙여 여러분이 직접 말로 이야기하면 됩니다. 이 시험은 '말하기' 시험이기 때문에, 여러분이 단순하게 미리 작성한 텍스트만 읽는다면 좋은 점수를 받을 수 없습니다.

파이팅!

Parties	Sous-parties/contenu		
Introduction	Présentation de l'article : 기사 소개		
	Ce texte m'invite à me demander *quel/comment/pourquoi/…* Problématique : 문제 제기		
	Pour répondre à cette interrogation, je vais tout d'abord vous parler de idée 1 아이디어 1: puis, j'aborderai idée 2 아이디어 2 : et pour finir je partagerai avec vous idée 3 아이디어 3 :		
1re partie *Tout d'abord,* *idée 1 아이디어1:*	Premièrement, sous-idée 1 : 소 아이디어 1 :	En effet, explication de la sous-idée 1 : 소 아이디어 1설명:	Par exemple, exemple concret sous-idée 1 : 소 아이디어 1 예시 :
	Deuxièmement, sous-idée 2 : 소 아이디어 2 :	De fait, explication de la sous-idée 2 : 소 아이디어 2 설명 :	Pour illustrer cette idée, citons le cas de exemple concret sous-idée 2 : 소 아이디어 2 예시 :
	Troisièmement, sous-idée 3 : 소 아이디어 3 :	En d'autres termes, explication de la sous-idée 3 : 소 아이디어 3 설명 :	D'ailleurs, exemple concret sous-idée 3 : 소 아이디어 3 예시 :
Transition 1	Comme je viens de l'expliquer, idée 1 : 아이디어 1 Nous allons maintenant parler de idée 2 : 아이디어2		
2e partie	Pour commencer, sous-idée 1 :	Effectivement, explication de la sous-idée 1 :	On peut voir en effet que exemple concret sous-idée 1 :
	Ensuite, sous-idée 2 :	En effet, explication de la sous-idée 2 :	Comme en témoigne exemple concret sous-idée 2 :
	Pour terminer, sous-idée 3 :	En d'autres mots, explication de la sous-idée 3 :	Tel est le cas de exemple concret sous-idée 3 :
Transition 2	Je vous ai présenté idée 1 : et idée 2 : Laissez-moi terminer par idée 3 :		
3e partie	En premier lieu, sous-idée 1 :	En effet, explication de la sous-idée 1 :	Je vais prendre un exemple… exemple concret sous-idée 1 :
	En second lieu, sous-idée 2 :	Effectivement, explication de la sous-idée 2 :	Prenons par exemple le cas de + nom exemple concret sous-idée 2 :
	Pour finir, sous-idée 3 :	De fait, explication de la sous-idée 3 :	Par exemple, exemple concret sous-idée 3 :
Conclusion	En conclusion, je vous ai tout d'abord parlé de idée 1 puis de idée 2 et j'ai terminé mon exposé avec idée 3		

Je vous remercie pour votre attention et me tiens maintenant à votre disposition pour répondre à vos questions

일반적으로 말하기 시험의 개요는 다음과 같습니다. 아래 개요가 너무 길다고 느낄 수 있습니다. 만약 10~12분 이상 걸리는 너무 긴 발표를 하게 될까 염려된다면, 본론을 세 파트로 구성하는 대신 두 파트로 줄이면 됩니다.

Q : Les nouvelles technologies sont-elles un bon outil pédagogique ?

I. **Les nouvelles technologies sont nuisibles à l'apprentissage**
  a. **Les élèves ne savent plus écrire à la main.**
      i. Étude japonaise : 30 % des élèves du collège ont des difficultés à écrire à la main.
  b. **Les nouvelles technologies perturbent et déconcentrent les apprenants.**
      i. Quand j'étais à l'école, on utilisait davantage nos ordinateurs pour jouer que pour étudier.
  c. **Les nouvelles technologies sont moins efficaces que les livres pour l'apprentissage.**
      i. Une étude américaine montre que les élèves mémorisent moins bien une leçon sur un écran qu'une leçon imprimée sur du papier.
      ii. Personnellement, quand je révise pour un examen, j'ai de moins bonnes notes quand j'utilise mon ordinateur, car je n'arrive pas à me rappeler de ce que j'ai appris.

II. **Les nouvelles technologies doivent avoir une place importante dans l'éducation**
  a. **Les appareils numériques rendent l'enseignement plus attractif. Des enfants apprendront sans le savoir de nombreuses choses sur leur tablette, car l'enseignement y est plus ludique.**
      i. Mon petit cousin a appris l'anglais grâce à des applications éducatives sur tablette.
  b. **Les nouvelles technologies permettent de faire des choses qu'il était impossible de faire avant en classe.**
      i. Grâce aux nouvelles technologies, nous pouvons voyager virtuellement sur la lune en cours de sciences, visiter le Louvre en cours d'arts plastiques.
  c. **Il faut préparer les enfants à l'avenir. La maîtrise des technologies est cruciale.**
      i. Quand on est adulte, on doit savoir utiliser les nouvelles technologies pour notre vie professionnelle, mais aussi privée. 70 % des travailleurs en Corée du Sud utilisent un ordinateur au travail.

III. **Il faut utiliser les nouvelles technologies dans l'éducation, mais à bon escient**
  a. **Les technologies doivent être utilisées à des moments bien déterminés.**
      i. Dans certaines écoles coréennes, les élèves peuvent utiliser des outils multimédias seulement à certaines heures ou lors de certains cours.
  b. **Les outils numériques utilisés à l'école doivent être ceux de l'école et non pas ceux de l'élève.**
      i. Si la tablette appartient à l'école, aucun jeu ou autre divertissement ne seront installés.
  c. **Il faut enseigner aux élèves à bien utiliser les nouvelles technologies. Quoi que l'on fasse, les enfants sont entourés par la technologie. Il vaut donc mieux leur apprendre à bien l'utiliser, de manière modérée et responsable.**
      i. Aux États-Unis, des cours sont créés pour enseigner aux élèves la bonne utilisation de leurs appareils numériques.

Conclusion :
Je suis pour l'utilisation de la nouvelle technologie dans l'éducation. Néanmoins, le recours au multimédia doit être contrôlé et réfléchi.

DELF 모두에게 해당하는 주제

SUJET 1 — Une langue commune pour l'humanité ?

Phénomène international actuellement en expansion, le bilinguisme/multilinguisme est la conséquence du développement des moyens de transport ainsi que de l'émergence de nouveaux moyens de communication. Toutefois, un problème se pose dans le système éducatif de chaque pays : celui du choix de la langue. En effet, quand les élèves et les professeurs parlent plusieurs langues, laquelle adopter pour enseigner l'histoire ? Les sciences ? Beaucoup d'enseignants sont confrontés à cette épineuse question sur laquelle les experts ne sont pas unanimes. Nous sommes à un tournant de notre histoire. Devrions-nous adopter une langue commune pour faciliter les échanges et l'apprentissage ? Et si le monde parlait une langue unique, serait-ce un rêve ou un cauchemar ?

Maude ZARELLA, *La Gazette du Pays de Retz,* 15 septembre 2021

SUJET 2 — Le partage des tâches ménagères est-il néfaste pour le couple ?

Dans un couple, on dit souvent que le partage des tâches ménagères est essentiel pour résister à l'usure de la routine. Néanmoins, une étude remet tout cela en question.

En effet, le ménage est souvent source de dispute. Aussi, d'après des chercheurs, lorsque l'homme et la femme partagent équitablement les tâches, le couple a bien plus de risques de divorcer. L'institut de recherche en sciences sociales Nova affirme d'ailleurs que si l'homme fait autant le ménage que la femme, les chances de divorcer sont 50 % plus élevées que lorsque la répartition des tâches ménagères est déséquilibrée.

Alors plutôt que de vouloir absolument partager également les tâches ménagères ou la gestion des finances, il vaut mieux que le couple discute ensemble du temps libre dont chacun dispose chaque semaine et choisisse une répartition en fonction des affinités.

Lara LEUZE, *Un jour une opinion,* 14 mars 2021

SUJET 3 Le streaming est-il l'avenir du divertissement ?

Les services de streaming concurrencent sérieusement la radio et la télévision. Environ 70% des 15-24 ans consomment des contenus sur les diffuseurs numériques Netflix ou Spotify et délaissent les médias et divertissements traditionnels.

Le streaming semble être en train d'enterrer la télé, mais il sauve également un secteur que l'on croyait condamné avec l'avènement d'Internet : l'industrie musicale. Effectivement, les bénéfices des grandes maisons de disque augmentent à nouveau depuis 2014 grâce aux plateformes de streaming. Le nombre d'écoutes dans le monde a dépassé pour la première fois les 1000 milliards l'an dernier et les artistes en sont les principaux bénéficiaires. Le streaming remplacera-t-il la télé et la radio ?

Debby SCOTT, www.lecho2point0.com, 10 janvier 2021

SUJET 4 La conservation des données numériques est-elle une bonne idée ?

La conservation des données numériques après la mort pourrait bien nous assurer une sorte d'immortalité. Certains l'espèrent, d'autres le redoutent.

Quoi qu'il en soit, les comptes des réseaux sociaux des personnes décédées demeurent parfois longtemps actifs et se transforment parfois en mausolées numériques. Du reste, on voit maintenant se développer des comptes mémoriels. Facebook propose ainsi de transformer les comptes des défunts en comptes dits de commémoration, l'expression « En souvenir de » étant affichée à côté du nom de la personne sur son profil. Mais est-ce que le défunt l'aurait vraiment souhaité lorsqu'il était vivant ? Si aucune directive n'a été donnée, c'est à la famille de décider. Faut-il laisser Facebook et Twitter se transformer en cimetière ?

Fanny ÉPI, www.philoettechno.com, 18 juin 2022

SUJET 5   **La gratuité dans les transports en commun, est-ce vraiment possible ?**

Et si l'on ne payait plus les transports en commun ? L'idée revient sur la table, notamment dans les grandes villes. Déjà, de nombreuses agglomérations ont adopté cette gratuité. Dunkerque en fait partie. Depuis un an déjà, les Dunkerquois ne paient plus le bus. La fréquentation a augmenté de 85,5% sur un an et, parmi les nouveaux usagers, 48% prenaient auparavant la voiture pour se déplacer. Le résultat est stupéfiant : déplacements plus rapides, moins de pollution et un centre-ville heureux. Néanmoins, le financement de la gratuité s'est fait aux dépens de la culture. En effet, la construction d'une salle de spectacle a été annulée. Ne pas payer … se paie d'une manière ou d'une autre.

Jonathan LEBUSSE, Le journal du Nord, 20 décembre 2022

SUJET 6   **Plutôt livre ou tablette ?**

Contrairement à ce que l'on pourrait craindre, dans le domaine de la littérature, le numérique est en grand recul par rapport au livre papier. Après dix ans de lutte, la bataille entre le numérique et le papier est terminée. Les livres en version électronique n'ont pas connu d'élan dans leur croissance, bien au contraire. En Grande-Bretagne et aux États-Unis, depuis quatre ans, le numérique recule au profit du papier. Pourtant certains journaux et magazines font encore le pari : arrêter le papier et passer au numérique. Numérique ou papier ? Lequel est le mieux ? Pour l'environnement, le choix est vite fait.

Jacques UZE, www.lejournalnumerique.com, 12 juin 2021

SUJET 7 — Les espaces verts en ville

Selon un récent sondage, pour plus de 7 Parisiens sur 10, trouver un nouveau logement près d'un parc ou d'un jardin est un critère indispensable. En effet, selon des études scientifiques, les plantes permettraient de rafraîchir l'air, de limiter le réchauffement des surfaces bétonnées et enfin pour certains végétaux, de lutter contre la pollution. Pour cette raison, la municipalité cherche à développer de nombreux projets verts dans la ville, par exemple l'installation de façades végétales sur les immeubles, afin de réduire les nuisances sonores venues de l'extérieur. Cependant, il faut prendre en compte également certains inconvénients tels que la circulation de pollens qui augmente le risque d'allergie chez certaines personnes, ainsi que le coût énorme de ces installations et de leur entretien.

Sarah FRAICHI, www.maville.fr, 22 octobre 2022

SUJET 8 — Les nouvelles habitudes de consommation

Les centres commerciaux français sont en crise et doivent se réinventer de toute urgence. Selon un spécialiste de la grande distribution, le concept des années 60 « tout sous le même toit et pas cher » touche à sa fin. La spécialité des sites Internet, comme Amazon par exemple, est de proposer de nombreux produits, tout en offrant services, conseils et livraison à domicile. Les consommateurs, de plus en plus soucieux de leur bien-être, cherchent également à devenir responsables : voici le temps du shopping raisonné. Consommer mieux, avec des produits meilleurs pour la santé, moins gaspiller et si possible, moins chers ? La fin annoncée des grands supermarchés ?

Aude DOGUE, www.68millionsdacheteurs.fr, 5 septembre 2021

SUJET 9   **La différence de salaire hommes-femmes**

Dans un couple, lorsqu'on dépend de l'autre financièrement, c'est souvent difficile. Il faut s'adapter et définir son rôle dans la famille ou dans la société, afin de ne pas se sentir inutile. Certains le vivent bien, d'autres moins bien. C'est le cas de Benjamin, 38 ans, ingénieur au chômage : « Avant, ma famille dépendait de moi principalement. Mais depuis que j'ai perdu mon emploi, je dois maintenant compter sur ma femme. Le plus dur, ce n'est pas tant de gagner moins d'argent que ma femme que d'avoir subi un échec professionnel. Mon frère par exemple, a toujours moins gagné que sa femme, et cela ne lui posait pas de problème. Mais je découvre ce que c'est que de dépendre de l'autre, je ne me sens plus à ma place, et je n'aime pas ce sentiment de faiblesse que je ressens. »

Gad JETTE, www.entremag.com, 9 février 2023

SUJET 10   **Professeur de père en fils ?**

Quand on est élevé dans une famille dont les parents ont une profession marquante, il est souvent difficile de ne pas continuer cette tradition familiale. Cela se retrouve notamment chez les enseignants. Selon une étude, 64 % des garçons de 16 ans dont le père exerce une profession intellectuelle ou scientifique souhaitent suivre cette même voie, contre 34 % pour l'agriculture et 6 % dans le milieu ouvrier. En effet, les parents savent leur transmettre la passion de leur métier et en grandissant dans un milieu marqué par les valeurs d'une profession, les enfants s'y intéressent finalement d'eux-mêmes. C'est ainsi que l'on peut voir se développer de nombreuses familles de policiers, d'avocats ou de médecins.

Cher HIJTEME, www.journaldelemploi.fr, 8 décembre 2022

SUJET 11 — De la bonne utilisation des smartphones à l'école

De plus en plus de professeurs de primaire et de collège mettent en place des activités pédagogiques avec les réseaux sociaux, afin d'enseigner aux élèves comment se servir éthiquement et avec civilité de leur téléphone. Ainsi, ils savent écrire des messages plus respectueux à leurs proches, mais apprennent également à chercher des informations utiles plus rapidement. Cela est un véritable avantage pour cette génération qui développera ses capacités personnelles et professionnelles via ces moyens de communication. Cependant, le gouvernement souhaiterait bientôt interdire l'utilisation des portables dans les écoles et collèges, à cause de la mauvaise utilisation de ces derniers. Alors, comment réussir à faire respecter cette décision par les élèves ?

Mario BRAUSSE, www.edumag.fr, 17 août 2021

SUJET 12 — Internet et les médicaments

En France, les pharmaciens s'inquiètent de la vente en ligne et en libre accès de plus de 150 médicaments sur certains sites. En effet, ces derniers ne détaillent pas suffisamment la composition, la bonne utilisation, ou bien les effets secondaires possibles de leurs produits mis en vente. Ils sont facilement accessibles et une consommation non contrôlée par un médecin pourrait faire courir au consommateur de graves risques pour sa santé. Les pharmaciens craignent également la concurrence de la grande distribution, capable de vendre certains médicaments non remboursés 20 % moins cher qu'en pharmacie. Bien que le marché de l'automédication soit encore peu développé, doit-on s'en soucier au nom de la santé publique ?

Jean CIVE, www.santemaispasdespieds.fr, 3 mars 2021

SUJET 13 — Enfants et télévision

De nombreux scientifiques affirment qu'une surexposition aux écrans est mauvaise pour le cerveau des enfants, en plein développement. Cela aurait des conséquences néfastes sur leur comportement et leur santé. Selon eux, les jeunes regardant plus de 3 heures de télévision par jour auraient plus de difficultés pour s'endormir le soir. Ces chercheurs auraient également trouvé une relation entre la télévision et certains troubles de la concentration, ce qui empêcherait certains enfants d'étudier correctement par exemple. À l'inverse, certains spécialistes recommandent plutôt aux parents de laisser leurs enfants jouer aux jeux vidéo, favorisant ainsi leur prise de décisions, tout en leur permettant d'être à la fois acteurs, metteurs en scène et spectateurs d'une activité interactive.

Ariane EDOROTE, www.tvplus.fr, 29 janvier 2022

SUJET 14 — Travail surveillé

Un tout nouveau programme informatique permet aux responsables d'entreprises de suivre les activités de leurs employés sur leur ordinateur de bureau. Ils savent ainsi quels dossiers et fichiers sont consultés, lesquels sont modifiés et surtout ils ont connaissance des sites Internet fréquentés et de leur durée d'utilisation. Ce nouveau programme leur permet aussi de surveiller les heures d'arrivée et de départ du bureau. Cependant, les employés ont le droit à une vie professionnelle privée et n'ont pas forcément à justifier tous leurs faits et gestes. Également, en étant surveillés, ils auront sans doute un comportement différent, qui pourrait affecter leur efficacité dans leur travail. Même si ce système permet aux employeurs de savoir quelles personnes vont sur les réseaux sociaux au lieu de travailler, cela soulève de nombreuses questions sur la liberté individuelle.

Eddy DONCTOILABA, www.entremag.com, 1er mai 2023

SUJET 15 — Tourisme avec un ami loué

Voyager dans un pays inconnu est toujours plus agréable lorsque l'on est accompagné par une personne qui en connaît tous les secrets. Il existe donc depuis peu un site Internet permettant de rapprocher les personnes : vous y trouverez des « amis locaux », connaissant parfaitement les endroits où vous souhaitez vous rendre et vous pourrez déterminer ensemble un circuit personnalisé afin de profiter pleinement de votre séjour. Le prix varie selon les villes, mais reste tout à fait accessible. Un bon complément de salaire pour l'ami loué, qui considère généralement cette occasion de faire découvrir sa région comme une distraction plutôt qu'une réelle source de revenus. De plus, de nombreuses personnes ayant déjà participé à cette initiative sont devenues par la suite, de véritables amis.

Joe BIDJOBA, www.voyager.com, 4 juillet 2021

SUJET 16 — L'importance des moments personnels

Selon le dernier livre d'un spécialiste en psychologie, il est important de retrouver son temps intime, celui que l'on utilise pour soi-même et non pas pour les autres ou bien encore pour son travail. De manière générale, les personnes sont de plus en plus pressées, occupées, débordées par leurs activités quotidiennes : travail, responsabilités parentales, vie de couple, et même parfois pendant les vacances, avec l'organisation frénétique des visites touristiques. Le temps est devenu un bien matériel à rentabiliser. À force d'être disponible pour les autres, on oublie de l'être pour soi, et cela provoque finalement une crise de conscience chez certaines personnes lorsqu'elles font un « burnout ». Donc, avant qu'il ne soit trop tard, pensez donc à prendre votre temps et à vous faire plaisir.

Edmée MOADESSANDRE, www.famillemagazine.fr, 14 novembre 2022

SUJET 17 — Échanger sa maison pour les vacances

Le concept a été créé par des professeurs américains et suisses il y a quelques années maintenant : certains souhaitaient visiter l'Europe, d'autres voulaient voyager aux États-Unis. Après avoir échangé des informations sur leurs logements respectifs, les deux familles ont échangé leur maison, le temps des vacances. Depuis, cette idée s'est généralisée et il existe partout dans le monde la possibilité de prêter son logement en échange d'un autre, dans un autre pays. Les avantages sont nombreux, mais avant tout économiques : c'est très intéressant puisqu'en plus de la maison, vous pouvez aussi utiliser un véhicule si son propriétaire vous l'autorise. Toutefois se posent les problèmes de la responsabilité et de la confiance en cas de dégâts ou de vols.

Agathe YOUBABI, www.bonsplans.fr, 16 avril 2021

SUJET 18 — Louer ses vêtements ?

Vous en avez assez de porter toujours les mêmes vêtements ? Et si pour changer un peu, vous décidiez de les louer ? C'est le nouveau concept lancé par Béatrice, qui vient d'ouvrir récemment sa propre boutique de location de vêtements. « Je me lassais rapidement des robes que j'achetais dans les magasins de mode. De plus, mes placards débordaient de vêtements en tout genre que je ne portais presque jamais. Alors je me suis dit : "Et si je pouvais louer des vêtements quand j'en ai uniquement besoin ?". J'ai alors réalisé que je pourrais faire des économies tout en renouvelant ma garde-robe. » Besoin d'un costume pour un mariage, d'une robe pour un festival ? Au lieu d'acheter, pensez plutôt à la location.

Aïcha FEMAL, www.journaldelamode.fr, 21 juin 2020

SUJET 19 — Le régime végétarien remis en question

Avec les réseaux sociaux et Internet, de plus en plus de personnes prennent conscience des problèmes écologiques et éthiques liés à l'élevage intensif et décident de ne plus consommer de produits issus des animaux ou de leur exploitation. Malgré tout, il est important d'avoir de bonnes connaissances sur la nutrition, car un régime alimentaire mal adapté ou mal contrôlé peut provoquer des problèmes de santé. En effet, certains spécialistes en nutrition affirment que le manque de protéines animales peut provoquer des carences en fer, élément important dans l'équilibre alimentaire des enfants ou adolescents en pleine croissance. Il est donc important de consommer d'autres produits, comme certains végétaux, afin de pallier ce manque de nutriments.

Jean VEPA, www.santeplus.fr, 8 mars 2022

SUJET 20 — Pour votre santé, faites du sport !

Depuis peu, des médecins conseillent à leurs patients de faire du sport afin de résoudre certains de leurs problèmes : stress, surpoids, angoisse, troubles du sommeil… En effet, il est prouvé depuis de nombreuses années qu'avoir une activité physique régulière permet au corps de se renforcer tout en apportant un équilibre physique et psychologique à ceux qui le pratiquent. Au nom de la santé publique, l'Académie de médecine est même allée jusqu'à ouvrir le débat proposant de faire rembourser certaines séances de sport par la Sécurité sociale. Cette mesure devrait en effet faciliter l'accès à la pratique sportive et augmenter le nombre d'adhérents dans les clubs et associations. Le sport étant déjà obligatoire à l'école, il pourrait également le devenir prochainement à l'université et pourquoi pas plus tard, au travail.

Donna MEMELABABALE, www.edumag.fr, 9 mars 2021

SUJET 21 — Le grand retour des taxis ?

Depuis plusieurs années, les voitures privées ont pris de plus en plus d'importance dans le transport en ville, faisant de l'ombre aux taxis qui voyaient leur clientèle diminuer progressivement. Les principaux reproches : un tarif souvent élevé ainsi qu'une disponibilité limitée. Pour contrer ces problèmes, une nouvelle initiative permet aujourd'hui aux usagers de partager leur taxi en direction des aéroports et de diminuer ainsi la facture à hauteur de 40 %. Il faut pour cela réserver son taxi en ligne à l'avance et accepter de faire quelques détours en ville, tout en récupérant d'autres passagers. Pensez-vous que cette solution face à la concurrence, moins chère et plus accessible, saura s'imposer avec le temps ?

Eli COPTAIRE, www.vroomvroom.com, 26 mai 2022

SUJET 22 — L'avenir du steak, c'est le cafard !

On parle de plus en plus de l'importance de prendre soin de notre planète. Et si, pour y parvenir, on mettait des insectes dans notre assiette ? En plus des avantages environnementaux, manger des insectes comporte de nombreux bénéfices pour la santé. En tout cas, c'est ce qu'affirment des chercheurs d'Oxford. Lors d'une étude, ils ont comparé les apports nutritifs des insectes à ceux de la viande et les résultats sont des plus intéressants. Les criquets, les charançons rouges des palmiers et les ténébrions meuniers sont trois espèces d'insectes qui sont plus saines que le bœuf et le poulet. Aucun insecte n'est statistiquement moins sain que la viande.
Alors, pourriez-vous manger des steaks de cafards et des brochettes de scorpions ?

Jean BONNEAU, www.lachroniquedebarbeuk.fr, 13 août 2021

SUJET 23 — Commerce équitable

Le 11 mai est la journée mondiale du commerce équitable. Le commerce équitable est longtemps resté réservé aux initiés, tiers mondialistes et écolos de tous poils. Fort heureusement, la prise de conscience des déséquilibres nord/sud a fait du chemin et l'idée même du commerce équitable (qui consiste à rémunérer équitablement les petits producteurs des pays en voie de développement) fait désormais partie de la réflexion des pays développés.

Depuis quelques années, le mouvement prend de plus en plus d'ampleur et se voit soutenu par un nombre croissant de citoyens, au moins dans les intentions d'achats. Malheureusement, la pratique n'est pas toujours au rendez-vous. En France, une majorité des consommateurs n'achètent pas de produits labellisés commerce équitable. Ils seraient trop chers. Et vous, qu'en pensez-vous ? Faut-il payer plus cher pour un monde plus juste ?

Laurie KULAIRE, www.leblogdelapachamama.org, 11 mai 2021

SUJET 24 — La célébrité n'est plus ce qu'elle était

Depuis la nuit des temps, la soif de célébrité demeure, mais depuis quelques années, la nature même de la célébrité a changé. Plus besoin d'être positivement hors-norme pour se faire remarquer : la célébrité est désormais accordée à tous indépendamment de la valeur de leur travail ou de leur pensée. Les stars n'ont désormais, plus nécessairement de talent, quel qu'il soit. Elles n'ont plus la capacité d'expliquer le monde, de le transfigurer ou encore de nous faire rêver.

Les penseurs qui avaient la main sur la célébrité la laissent, peu à peu, aux acteurs et aux chanteurs. Désormais, c'est la forme plus que le contenu de la célébrité qui demeure. Ce sont davantage des coquilles vides. Les anciens « guides » de l'humanité sont devenus des reflets de l'humanité qui sont fabriqués largement par les médias.

Claire DELUNE, www.lequotidiendesillusions.com, 12 décembre 2021

DELF Junior 대상 주제 (일반 DELF 응시자에게도 해당될 수 있습니다.)

SUJET 25 — Poids du cartable, le cauchemar des kinésithérapeutes

Cela fait des années que les professionnels de santé tirent la sonnette d'alarme : un cartable trop lourd a un impact important sur le dos et la colonne vertébrale. Le problème perdure pourtant.

Un cartable ne devrait pas excéder 10 % du poids de l'enfant. Soit en moyenne 3,4 kg pour un élève de 11 ans et 4,4 kg pour un élève de 13 ans. La réalité est bien différente ! Selon les dernières mesures effectuées, la plupart des cartables de collégiens pèsent plus de 17 % de leur poids ! Le problème est que les séquelles dorsales pour les enfants s'avèrent dramatiques et la liste des maux est longue : déformation du squelette, déséquilibre dans la marche, compression respiratoire, scoliose, lombalgies, etc. Le dialogue avec le personnel éducatif n'ayant pas été couronné de succès, nous pouvons espérer que le numérique offrira des solutions dans un avenir proche.

Éva NOUISSEMENT, www.larevueducollège.org, 2 septembre 2021

SUJET 26 — L'envie d'être à la mode, jamais ne se démode.

Nous vivons dans un monde qui attache beaucoup d'importance à l'apparence et nous avons souvent tendance à juger une personne sur sa silhouette, sa mine, son allure. C'est la raison pour laquelle nous accordons beaucoup d'importance aux vêtements, à la parure. Il ne s'agit pas d'un phénomène nouveau, purement contemporain : nous sommes, depuis toujours, obsédés par le regard des autres et par notre style vestimentaire. L'histoire de l'humanité prouve que la mode a toujours existé et la manière dont les personnes s'habillent importe toujours aux autres. Les tombeaux des rois égyptiens, remplis de vêtements et de bijoux d'apparat nous montrent bien que le souci de l'apparence est millénaire et qu'il répond chez l'homme à l'éternel besoin de plaire et de se plaire. Le vêtement agit essentiellement comme une seconde peau, il est une partie de nous-mêmes. C'est nu que l'enfant vient au monde et c'est le vêtement qui le plonge dans l'humanité. Êtes-vous, vous aussi, prêts à dépenser beaucoup d'argent pour vous distinguer, être à la mode ?

Mario NETTE, www.leblogsuperficiel.com, 12 novembre 2022

SUJET 27 — Livre audio, une autre façon de lire

Le regard du public sur le livre audio a changé. Il y a quelques années, considéré comme un produit pour ceux qui ne peuvent pas lire, le public a désormais pris la mesure que c'était vraiment une alternative et une vraie façon de découvrir des œuvres littéraires pour tout le monde. Pour ceux qui aiment lire, le livre audio est une manière différente et tout aussi agréable d'accéder aux textes. Curieusement, ce changement de regard a été rendu possible par quelques grandes sociétés américaines, notamment Amazon avec sa filiale Audible, qui propose plusieurs milliers de titres en français. Écouter ou lire ? Se valent-ils l'un et l'autre ?

Jacques OUCHE, www.lemagazinedulundi.fr, 4 juillet 2022

SUJET 28 — Réseaux sociaux et ados

On les appelle les « social natives », ils représentent la génération des adolescents de 2018, nés avec les réseaux sociaux. Les « social natives » sont particulièrement habiles avec l'utilisation des smartphones et des réseaux sociaux sur lesquels ils font la pluie et le beau temps. Facebook, Snapchat, YouTube, Instagram, Tik Tok, etc. Les ados et préados les adorent, ils y passent environ 2 heures par jour. Sur ces plateformes, ils échangent, restent connectés, s'expriment ou tout simplement suivent les autres comptes. Très souvent utilisées avant l'âge légal et sans consentement parental, ces plateformes sociales ne cessent pourtant de se multiplier. Leurs dangers sont bien connus : cyberharcèlement, escroquerie, addiction, repli sur soi et échec scolaire en sont les principaux.

Harry COVERT, www.le-smart-pas-smart.com, 13 octobre 2021

SUJET 29 — L'amitié est-elle nécessaire ?

Elle nous accompagne depuis l'enfance, on lui a consacré des films et des séries à succès, elle a même sa journée internationale le 30 juillet. Aristote allait jusqu'à affirmer que sans ami, personne ne choisirait de vivre. Avoir des amis est-il vraiment important ?

Près d'un Français sur 2 considère l'amitié comme indispensable à son équilibre personnel. Les aspects les plus importants de l'amitié sont l'entraide et la possibilité de se confier. Le fait de s'amuser ensemble ne serait que secondaire et relèverait plutôt de simples relations de copinage. L'amitié est donc une vraie valeur refuge pour partager les joies et les coups durs de l'existence, mais aussi pour nous aider à avancer dans la vie. Nous avons tous besoin de la franchise bienveillante d'un ami n'hésitant pas à nous inciter à nous remettre en question. Et vous, pourriez-vous vous passer de vos amis ?

Abélard TISTE, www.1amipastriste.fr, 20 juillet 2022

SUJET 30 — Le prénom peut-il être une malédiction ?

Appeler son enfant Nutella ou encore Hitler ou Bétéhesse, est-ce vraiment légal ? Si en France il n'existe pas de liste de prénoms interdits, la justice peut s'opposer à certains d'entre eux et renommer l'enfant. En général, choisir un prénom de bébé sème souvent la discorde entre les conjoints, voire même au sein des deux familles quand ce n'est pas entre les deux familles. Le choix du prénom d'un enfant ne doit pas se faire à la légère, car il devra vivre avec toute sa vie. Alors, doit-on pouvoir appeler son enfant comme on le souhaite ? Devrions-nous donner la possibilité à nos enfants de choisir leur prénom quand ils sont en âge de choisir ? À vous de juger !

Sandra JAIFROI, www.monnomcestnon.com, 13 avril 2021

SUJET 31 — Les animaux, des êtres vivants souvent considérés comme des objets

De nombreuses personnes profitent de la compagnie d'un animal et il ne leur viendrait même pas à l'esprit de se séparer de leur chat ou de leur chien qu'elles considèrent comme un membre à part entière de la famille. Toutefois, la cohabitation entre les personnes et les animaux n'est pas toujours une réussite et dans certains cas, la relation est un échec qui pousse à l'abandon : en 2021, 100 000 chiens et 39 000 chats ont été recueillis dans des refuges en France. Si pour un propriétaire la décision d'abandonner un animal de compagnie peut être difficile, pour l'animal, l'abandon est une condamnation à mort dans 60 % des cas.

Igor MALSAVOITURE, www.4pattes4life.org, 1 juillet 2022

SUJET 32 — Le Père Noël, magie ou mensonge ?

Lorsque l'on évoque le mythe du père Noël, les avis des spécialistes de l'enfance et ceux des parents divergent. Pour la plupart des gens, le père Noël fait figure de bien joli mensonge. Un mensonge teinté de magie et de mystère. D'ailleurs, de l'avis de pédopsychiatres, le père Noël fait partie de ces rites qui aident les enfants à grandir. Au sortir de l'enfance, arrêter de croire au père Noël ne serait alors ni plus ni moins que faire l'expérience de la réalité.

Pourtant, selon une étude menée récemment, mentir à nos enfants au sujet du père Noël pourrait sérieusement nuire à la confiance qu'ils nous accordent naturellement.

Alors, devons-nous faire croire aux enfants que le père Noël existe ?

Sarah PORTE, www.doucenuit.com, 25 décembre 2021

SUJET 33 Faut-il abandonner les notes à l'école ?

Un élève peut se sentir stigmatisé par les notes. Face à la constante pression scolaire, les parents remettent de plus en plus en cause ce système d'évaluation. D'ailleurs, d'après un sondage, 73 % des parents sont pour une diminution du poids des notes dans l'appréciation du cursus scolaire. Selon eux, leur empreinte anxiogène hiérarchise plus qu'elle n'encourage l'apprentissage et le développement des compétences.
Certaines écoles font même le choix de supprimer les notes. Toutefois, supprimer les notes n'équivaut pas à éradiquer un système d'évaluation, mais plutôt à le faire évoluer. Pour cela, de nombreux pédagogues recommandent l'évaluation par compétence pour stimuler les facultés d'apprentissage. Ce type d'évaluation peut, en effet, valoriser les qualités de l'élève, ses acquis et lui permettre de progresser.

Claire HAITEDEUDI, www.lemag2leduc.org, 2 septembre 2020

SUJET 34 Uniforme scolaire, êtes-vous pour ou contre ?

Abandonnée en France depuis 1968, la question de l'uniforme à l'école revient à chaque rentrée sur le devant de la scène. Égalité pour certains, privation de liberté pour d'autres, l'uniforme continue de diviser.
Toutefois, l'uniforme scolaire tend à reconquérir doucement le cœur des Français. En effet, cette année encore, certaines écoles françaises ont décidé de remettre l'uniforme au goût du jour. Et vous, qu'en pensez-vous ? Êtes-vous pour le retour de l'uniforme à l'école ?

Cécile OURXA, www.coteecole.fr, 4 septembre 2022

자가 진단표 – 말하기 시험

시험을 준비하면서 실력 향상을 직접 체크해보고, 본인의 장점은 살리고 단점은 보완하여 본인에게 가장 적합한 시험 대비를 할 수 있도록 자가 진단표를 마련했습니다.

Date :   /   /

첫 번째 파트 – 발표 : 논증된 자신의 관점 방어하기

- 나는 기사의 주제와 주된 아이디어를 찾아낼 수 있습니다.
- 나는 기사와 관련 있는 명확한 문제 제기를 할 수 있습니다.
- 나는 발표 개요를 소개할 수 있습니다.

- 나는 내 견해를 표명할 수 있습니다.
- 나는 내 견해를 논증할 수 있습니다.
- 나는 구체적이고 적합한 예시를 들 수 있습니다.

- 내 아이디어는 논리적인 순서대로 이어지고, 서론 – 본론 – 결론으로 구성된 시작과 끝이 있습니다.
- 나는 내 아이디어를 연결하기 위해 다양한 연결어를 사용합니다.

두 번째 파트 – 토론

- 나는 내 의견을 확실하게 말할 수 있습니다.
- 나는 내 아이디어의 뉘앙스를 표현하기 위해 다양한 논거를 제시할 수 있습니다.
- 나는 내 주장을 명확하게 표현할 수 있습니다.
- 나는 양보의 표현을 할 수 있습니다.

- 나는 찬성과 반대를 표시할 수 있습니다.
- 나는 시험관의 주장에 반응할 수 있습니다.
- 나는 내 관점을 방어할 수 있습니다.

시험 전체 내용

어휘 범위와 구사 능력 • 나는 기사의 주제와 문맥에 맞는 B2 수준의 단어를 쓸 수 있습니다. • 나는 같은 단어의 반복을 피하고, 비슷한 의미를 가진 동의어를 씁니다.					
문장 구성과 문법 • 나는 단문과 B2 수준에 맞는 복문을 말할 수 있습니다. 　복문은 여러 개의 변화된 동사들로 이루어진 긴 문장을 말합니다. • 나는 복합과거, 반과거, 대과거의 과거 시제를 쓸 수 있습니다. • 나는 동사, 명사, 형용사를 성·수 일치시킬 수 있습니다. • 나는 실수를 하면, 스스로 수정할 수 있습니다.					
발음과 억양 • 나는 꽤 명확한 발음을 할 수 있습니다. • 나는 말하는 속도가 자연스러우며, 너무 빠르거나 너무 느리게 말하지 않습니다. • 나는 다양한 억양을 구사할 수 있습니다.					

자가 진단표 – 말하기 시험

Date :   /   /

첫 번째 파트 – 발표 : 논증된 자신의 관점 방어하기

  😐

• 나는 기사의 주제와 주된 아이디어를 찾아낼 수 있습니다. • 나는 기사와 관련 있는 명확한 문제 제기를 할 수 있습니다. • 나는 발표 개요를 소개할 수 있습니다.					
• 나는 내 견해를 표명할 수 있습니다. • 나는 내 견해를 논증할 수 있습니다. • 나는 구체적이고 적합한 예시를 들 수 있습니다.					
• 내 아이디어는 논리적인 순서대로 이어지고, 서론 – 본론 – 결론으로 구성된 시작과 끝이 있습니다. • 나는 내 아이디어를 연결하기 위해 다양한 연결어를 사용합니다.					

두 번째 파트 – 토론

• 나는 내 의견을 확실하게 말할 수 있습니다. • 나는 내 아이디어의 뉘앙스를 표현하기 위해 다양한 논거를 제시할 수 있습니다. • 나는 내 주장을 명확하게 표현할 수 있습니다. • 나는 양보의 표현을 할 수 있습니다.					
• 나는 찬성과 반대를 표시할 수 있습니다. • 나는 시험관의 주장에 반응할 수 있습니다. • 나는 내 관점을 방어할 수 있습니다.					

시험 전체 내용

어휘 범위와 구사 능력 • 나는 기사의 주제와 문맥에 맞는 B2 수준의 단어를 쓸 수 있습니다. • 나는 같은 단어의 반복을 피하고, 비슷한 의미를 가진 동의어를 씁니다.					
문장 구성과 문법 • 나는 단문과 B2 수준에 맞는 복문을 말할 수 있습니다. 복문은 여러 개의 변화된 동사들로 이루어진 긴 문장을 말합니다. • 나는 복합과거, 반과거, 대과거의 과거 시제를 쓸 수 있습니다. • 나는 동사, 명사, 형용사를 성·수 일치시킬 수 있습니다. • 나는 실수를 하면, 스스로 수정할 수 있습니다.					
발음과 억양 • 나는 꽤 명확한 발음을 할 수 있습니다. • 나는 말하는 속도가 자연스러우며, 너무 빠르거나 너무 느리게 말하지 않습니다. • 나는 다양한 억양을 구사할 수 있습니다.					

자가 진단표 – 말하기 시험

Date :   /   /

첫 번째 파트 – 발표 : 논증된 자신의 관점 방어하기

• 나는 기사의 주제와 주된 아이디어를 찾아낼 수 있습니다. • 나는 기사와 관련 있는 명확한 문제 제기를 할 수 있습니다. • 나는 발표 개요를 소개할 수 있습니다.					
• 나는 내 견해를 표명할 수 있습니다. • 나는 내 견해를 논증할 수 있습니다. • 나는 구체적이고 적합한 예시를 들 수 있습니다.					
• 내 아이디어는 논리적인 순서대로 이어지고, 서론 – 본론 – 결론으로 구성된 시작과 끝이 있습니다. • 나는 내 아이디어를 연결하기 위해 다양한 연결어를 사용합니다.					

두 번째 파트 – 토론

• 나는 내 의견을 확실하게 말할 수 있습니다. • 나는 내 아이디어의 뉘앙스를 표현하기 위해 다양한 논거를 제시할 수 있습니다. • 나는 내 주장을 명확하게 표현할 수 있습니다. • 나는 양보의 표현을 할 수 있습니다.					
• 나는 찬성과 반대를 표시할 수 있습니다. • 나는 시험관의 주장에 반응할 수 있습니다. • 나는 내 관점을 방어할 수 있습니다.					

시험 전체 내용

어휘 범위와 구사 능력 • 나는 기사의 주제와 문맥에 맞는 B2 수준의 단어를 쓸 수 있습니다. • 나는 같은 단어의 반복을 피하고, 비슷한 의미를 가진 동의어를 씁니다.					
문장 구성과 문법 • 나는 단문과 B2 수준에 맞는 복문을 말할 수 있습니다. 복문은 여러 개의 변화된 동사들로 이루어진 긴 문장을 말합니다. • 나는 복합과거, 반과거, 대과거의 과거 시제를 쓸 수 있습니다. • 나는 동사, 명사, 형용사를 성·수 일치시킬 수 있습니다. • 나는 실수를 하면, 스스로 수정할 수 있습니다.					
발음과 억양 • 나는 꽤 명확한 발음을 할 수 있습니다. • 나는 말하는 속도가 자연스러우며, 너무 빠르거나 너무 느리게 말하지 않습니다. • 나는 다양한 억양을 구사할 수 있습니다.					

자가 진단표 – 말하기 시험

Date :   /   /

첫 번째 파트 – 발표 : 논증된 자신의 관점 방어하기

항목					
• 나는 기사의 주제와 주된 아이디어를 찾아낼 수 있습니다. • 나는 기사와 관련 있는 명확한 문제 제기를 할 수 있습니다. • 나는 발표 개요를 소개할 수 있습니다.					
• 나는 내 견해를 표명할 수 있습니다. • 나는 내 견해를 논증할 수 있습니다. • 나는 구체적이고 적합한 예시를 들 수 있습니다.					
• 내 아이디어는 논리적인 순서대로 이어지고, 서론 – 본론 – 결론으로 구성된 시작과 끝이 있습니다. • 나는 내 아이디어를 연결하기 위해 다양한 연결어를 사용합니다.					

두 번째 파트 – 토론

항목					
• 나는 내 의견을 확실하게 말할 수 있습니다. • 나는 내 아이디어의 뉘앙스를 표현하기 위해 다양한 논거를 제시할 수 있습니다. • 나는 내 주장을 명확하게 표현할 수 있습니다. • 나는 양보의 표현을 할 수 있습니다.					
• 나는 찬성과 반대를 표시할 수 있습니다. • 나는 시험관의 주장에 반응할 수 있습니다. • 나는 내 관점을 방어할 수 있습니다.					

시험 전체 내용

어휘 범위와 구사 능력					
• 나는 기사의 주제와 문맥에 맞는 B2 수준의 단어를 쓸 수 있습니다. • 나는 같은 단어의 반복을 피하고, 비슷한 의미를 가진 동의어를 씁니다.					
문장 구성과 문법 • 나는 단문과 B2 수준에 맞는 복문을 말할 수 있습니다. 복문은 여러 개의 변화된 동사들로 이루어진 긴 문장을 말합니다. • 나는 복합과거, 반과거, 대과거의 과거 시제를 쓸 수 있습니다. • 나는 동사, 명사, 형용사를 성·수 일치시킬 수 있습니다. • 나는 실수를 하면, 스스로 수정할 수 있습니다.					
발음과 억양 • 나는 꽤 명확한 발음을 할 수 있습니다. • 나는 말하는 속도가 자연스러우며, 너무 빠르거나 너무 느리게 말하지 않습니다. • 나는 다양한 억양을 구사할 수 있습니다.					

자가 진단표 – 말하기 시험

Date :   /   /

첫 번째 파트 – 발표 : 논증된 자신의 관점 방어하기

• 나는 기사의 주제와 주된 아이디어를 찾아낼 수 있습니다. • 나는 기사와 관련 있는 명확한 문제 제기를 할 수 있습니다. • 나는 발표 개요를 소개할 수 있습니다.					
• 나는 내 견해를 표명할 수 있습니다. • 나는 내 견해를 논증할 수 있습니다. • 나는 구체적이고 적합한 예시를 들 수 있습니다.					
• 내 아이디어는 논리적인 순서대로 이어지고, 서론 – 본론 – 결론으로 구성된 시작과 끝이 있습니다. • 나는 내 아이디어를 연결하기 위해 다양한 연결어를 사용합니다.					

두 번째 파트 – 토론

• 나는 내 의견을 확실하게 말할 수 있습니다. • 나는 내 아이디어의 뉘앙스를 표현하기 위해 다양한 논거를 제시할 수 있습니다. • 나는 내 주장을 명확하게 표현할 수 있습니다. • 나는 양보의 표현을 할 수 있습니다.					
• 나는 찬성과 반대를 표시할 수 있습니다. • 나는 시험관의 주장에 반응할 수 있습니다. • 나는 내 관점을 방어할 수 있습니다.					

시험 전체 내용

어휘 범위와 구사 능력 • 나는 기사의 주제와 문맥에 맞는 B2 수준의 단어를 쓸 수 있습니다. • 나는 같은 단어의 반복을 피하고, 비슷한 의미를 가진 동의어를 씁니다.					
문장 구성과 문법 • 나는 단문과 B2 수준에 맞는 복문을 말할 수 있습니다. 복문은 여러 개의 변화된 동사들로 이루어진 긴 문장을 말합니다. • 나는 복합과거, 반과거, 대과거의 과거 시제를 쓸 수 있습니다. • 나는 동사, 명사, 형용사를 성·수 일치시킬 수 있습니다. • 나는 실수를 하면, 스스로 수정할 수 있습니다.					
발음과 억양 • 나는 꽤 명확한 발음을 할 수 있습니다. • 나는 말하는 속도가 자연스러우며, 너무 빠르거나 너무 느리게 말하지 않습니다. • 나는 다양한 억양을 구사할 수 있습니다.					

REMERCIEMENTS

Merci à nos collègues et amis qui ont participé aux enregistrements sonores

Manuel BAILLY
Marie BOULAY
Émilie CALABRESSE
Jérémie DENIS
Thomas GUIDEZ
Laurent LAPUYADE
Charlotte LESEAULT
Laure MARCHAL
Frédéric MEURISSE
Emmanuel NICOLAS
Lise-Anne PANTIN
Mathieu ST-PIERRE
Jeong Hye SON

Merci à ceux qui nous ont soutenus

Suji JOUAUD
Marina JOUAUD
Wontae KIM
Renée DENIS

외국어 출판 45년의 신뢰
외국어 전문 출판 그룹
동양북스가 만드는 책은 다릅니다.

45년의 쉼 없는 노력과 도전으로 책 만들기에 최선을 다해온
동양북스는 오늘도 미래의 가치에 투자하고 있습니다.
대한민국의 내일을 생각하는 도전 정신과 믿음으로 최선을 다하겠습니다.

동양북스

일단 합격하고 오겠습니다

DELF
프 랑 스 어 능 력 시 험

B2

스크립트
핸드북

일단 합격하고 오겠습니다

DELF
프 랑 스 어 능 력 시 험

B2

스크립트
핸드북

동양북스

1 Compréhension de l'oral

▶ **EXERCICE 1**

Journaliste

C'est une grande première, on pourrait même dire une révolution dans le domaine de la grande distribution puisque le premier hypermarché ouvert sept jours sur sept vient tout juste d'être inauguré. Ce magasin est donc ouvert à présent le dimanche après-midi de 13 h à 20 h. Pas de vendeurs ni de salariés, juste une dizaine d'agents de sécurité et une quinzaine de caisses automatiques en fonction. Entre surconsommation et droit du travail, cela relance donc le débat sur l'ouverture des magasins le dimanche. Micro-trottoir à la sortie de cet hypermarché afin de savoir ce qu'en pensent les consommateurs.

Madame, bonjour, que pensez-vous de ce magasin qui ouvre même le dimanche maintenant ?

Femme interviewée

Honnêtement, autant c'est bien pour les personnes qui sont occupées en semaine et qui ne peuvent pas faire leurs courses, autant je trouve ça impensable de venir « se promener » dans les magasins le dimanche. J'en parlais avec une amie l'autre jour qui me disait que sa fille adorait aller faire du shopping dans les centres commerciaux ouverts le week-end.

Où sont donc passés toutes ces activités traditionnelles, tous ces moments en famille que l'on vivait avant ? Finis les déjeuners de famille, les promenades, les après-midis jeu de société ou film quand il fait mauvais... Maintenant, les gens ne pensent plus qu'à consommer encore et encore. Si ça continue, le shopping va bientôt devenir l'activité familiale préférée des Français ! Et tous ces commerçants qui travaillent le week-end, qui se reposent le lundi, alors que de nombreux commerces sont fermés également. Vous êtes-vous déjà demandé quand est-ce qu'ils faisaient leurs courses ?

Eh bien voilà ! Alors moi, si j'ai besoin de faire mes courses, je les fais le mercredi, afin de profiter de mon week-end, pour passer le temps en famille, et penser à autre chose que consommer.

Journaliste

Et vous, monsieur, qu'en pensez-vous ?

Homme interviewé

Je ne comprends pas pourquoi la France continue à refuser l'ouverture des magasins le dimanche alors que cela se fait dans presque tous les pays du monde. Après tout, de nombreux autres commerces comme les restaurants par exemple sont ouverts ce jour-là. Qu'est-ce qui est différent pour un caissier de supermarché et un serveur dans un restaurant ? Déjà que certains médecins et autres pharmacies sont fermés le samedi, alors imaginez un peu si tout était fermé le dimanche ?

Et les gens qui travaillent toute la semaine, samedi inclus, quand est-ce qu'ils font leurs courses ? Vous êtes-vous déjà posé la question ? Ce n'est pas le soir après le travail qu'ils vont aller s'embêter dans les magasins. Et puis à ce que je sache, les patrons proposent à leurs employés de venir travailler le dimanche, et ils peuvent tout à fait refuser s'ils ne le veulent pas ! S'ils acceptent ils sont presque payés double, alors tout le monde est gagnant non ? Et puis si les magasins ne trouvent aucun employé qui veut travailler ce jour-là, ils n'ont qu'à recruter de nouvelles personnes ! Je suis persuadé qu'il y a des personnes au chômage qui adoreraient pouvoir travailler même le dimanche.

Journaliste

Des avis très partagés donc, comme vous l'entendez. Ce qui est sûr c'est que cette tendance d'offrir au consommateur la possibilité de faire ses courses tous les jours ne fera que s'accentuer à l'avenir. Maintenant, travailler le dimanche reste un choix, tout comme aller consommer ce jour-là uniquement.

▶ **EXERCICE 2**

Journaliste

En 2018, on peut dire que les Françaises ont travaillé gratuitement à partir du 8 novembre.

En cause, les inégalités salariales. Je reçois donc pour en parler avec nous Isabella BLEULAIZIEUX. Bonjour.

Isabella BLEULAIZIEUX

Bonjour, et merci de m'avoir invitée.

Journaliste

Vous faites partie d'un collectif féministe qui souhaite dénoncer cette inégalité, et cette année encore, vous remontez au créneau, face à une situation de plus en plus critique selon vous, n'est-ce pas ?

Isabella BLEULAIZIEUX

Oui tout à fait, car si l'on en croit les chiffres concernant la différence de la moyenne horaire brute de rémunération entre femmes et hommes, tous secteurs économiques confondus. Selon les chiffres de l'organisme de statistiques de l'Union européenne, et bien, sur l'année 2017, les femmes ont gagné 16,7 % de moins que les hommes — et ce n'est que l'une des façons de calculer l'inégalité salariale femmes-hommes. Par exemple, selon une autre étude de 2016 de l'Observatoire des inégalités, les salaires des femmes sont en moyenne inférieurs de 26,8 % à ceux des hommes, tous temps de travail confondus.

Journaliste

Et donc votre collectif a adapté ce rapport au nombre de jours ouvrés en 2018, et vous êtes arrivés à la date du 8 novembre 2018. Les Françaises travaillent donc « bénévolement » quatre jours de plus que l'année dernière, c'est bien ça ?

Isabella BLEULAIZIEUX

Oui, tout à fait. La date du 8 novembre était basée sur des analyses s'appuyant sur des chiffres de 2015 : l'organisme montre que les inégalités se sont accentuées entre 2015 et 2018. L'inégalité salariale est donc incontestablement en progression.

Journaliste

Mais ce n'est pas tout, car cette étude a révélé d'autres problèmes concernant l'inégalité ?

Isabella BLEULAIZIEUX

En effet, cela a également permis de faire apparaître au grand jour plusieurs grandes inégalités. Il y a, d'abord, le fait que la sphère privée influe sur la sphère publique pour les femmes, qui ont en majorité la responsabilité de l'éducation des enfants, la prise en charge de leurs parents, les tâches ménagères et la charge mentale.

Cela explique notamment la forte proportion des femmes travaillant à temps partiel : 29 % d'entre elles contre 7 % des hommes. Avoir des enfants influe considérablement sur leur taux d'activité, contrairement aux hommes.

Journaliste

Et concernant les études, est-ce qu'elles sont aussi un facteur de discrimination ?

Isabella BLEULAIZIEUX

Alors, nous avons également à souligner une répartition selon le genre au niveau des études supérieures, des métiers et des postes à responsabilités.

Le rapport de l'étude montre que les femmes sont concentrées dans des niveaux hiérarchiques inférieurs : la communauté scientifique s'accorde à dire que ces « choix » sont influencés par la prévalence des stéréotypes genrés. Bien que les femmes soient parfois plus diplômées que les hommes, une internalisation des stéréotypes et des inégalités devant les négociations salariales minent leur carrière. Elles sont sous-représentées, mais aussi sous-rémunérées, et l'écart s'accentue avec le niveau d'études : c'est parmi les salariés les plus diplômés que l'écart de revenu salarial est le plus prononcé.

Journaliste

Et donc, votre collectif souhaiterait proposer des initiatives pour faire face à ces problèmes ?

Isabella BLEULAIZIEUX

En plus de cibler les sources principales de l'inégalité salariale entre femmes et hommes, nous avons en effet identifié trois niveaux d'action. À l'échelle individuelle, les femmes peuvent se serrer les coudes bien sûr dans l'entreprise ou encore négocier une augmentation. Par ailleurs, les entreprises devraient adopter une politique de transparence en matière de rémunération, mettre en place une aide à la garde d'enfants, revaloriser les emplois les moins payés et augmenter le salaire des employées. Et enfin, en matière de politiques publiques, notre collectif met en avant des initiatives inspirantes lancées dans d'autres pays européens. On y retrouve l'importance du congé parental, qui a montré son efficacité comme en Suède par exemple.

Le pays a été le premier à remplacer le congé maternité par un congé parental de 16 mois. Depuis janvier 2016, les pères suédois ont l'obligation de prendre au minimum 90 jours de ce congé parental après la naissance de leur enfant.

Journaliste

Merci beaucoup Isabella pour toutes ces explications. Bonne journée à toutes et à tous !

▶ EXERCICE 3

DOCUMENT 1

Animateur

Pour la deuxième année consécutive, le Festival de Cannes mettra à l'honneur la réalité virtuelle et augmentée. Baptisé Cannes XR, cet événement se déroulera au même moment que la compétition officielle du 12 au 17 mai. Écoutons Marie GALYCE, responsable communication du festival.

Marie GALYCE

Alors oui, c'est vrai. L'objectif de ce programme est très simple. Nous souhaitons que le Festival de Cannes joue un rôle d'accélérateur de croissance pour l'écosystème du divertissement en réalité virtuelle. Nous sommes convaincus que les technologies immersives telles que la RA et la XR sont l'avenir du cinéma et donc nous souhaitons jouer un rôle dans cette révolution en favorisant le développement de relations transnationales entre acteurs du secteur, tout en les aidant à promouvoir et développer leurs activités auprès de l'industrie cinématographique.

Alors cette année nous avons prévu une nouveauté importante, la création d'un nouveau prix axé sur la réalité virtuelle qui sera décerné à l'un des dix projets sélectionnés par le jury. Aussi ayant été relativement à l'étroit l'année dernière, nous disposerons cette fois-ci d'un espace de 2400 m². Nous souhaitons décloisonner le secteur du divertissement, être le pont entre technologie et cinéma. Des représentants de très grandes entreprises comme Google, Microsoft, Facebook et Intel seront donc présents.

DOCUMENT 2

Journaliste

Internet c'est plus de 3 milliards de personnes, des millions d'entreprises ou d'organismes privés ou publics à potentiellement cibler depuis votre canapé. Dans ce contexte, la cyberdélinquance se développe de façon exponentielle. Ces personnes mal intentionnées et à la recherche de forfaits à commettre, on les appelle des hackers, des crackers, des hacktivistes ou encore des pirates. Ils sont invisibles, mais pourtant omniprésents. Laissons la parole à monsieur ALTEWELT, spécialiste de la question. Alors, monsieur ALTEWELT, est-ce que le citoyen lambda doit s'inquiéter de la menace des hackers ?

Monsieur ALTEWELT

Alors oui, tout à fait. Via Internet, les acteurs mal intentionnés peuvent s'attaquer à n'importe lequel d'entre nous !

Le principal danger, très courant d'ailleurs, est l'usurpation d'identité. Le vol d'identité, cela arrive quand quelqu'un vole vos informations personnelles, les utilise sans permission et, se faisant passer pour vous, finit par endommager votre réputation, vos finances… Il faut savoir que deux millions de Français ont déjà été victimes d'usurpation d'identité. Si l'on est victime d'un vol d'identité, il faut immédiatement déposer plainte au commissariat de police ou à la brigade de gendarmerie, mais cela n'est pas suffisant, il faut en fait déposer plainte à chaque fois que l'on a connaissance d'une fraude, c'est le seul moyen de s'opposer aux créanciers.

DOCUMENT 3

Journaliste

Nous accueillons aujourd'hui monsieur ESISTKRIEG, auteur du livre Les Consom'acteurs. Bonjour, monsieur ESISTKRIEG, pouvez-vous nous dire ce que c'est d'être consom'acteur ?

Monsieur ESISTKRIEG

Bonjour à tous. Alors cela signifie devenir acteur de la consommation, être donc « consom'acteur ». C'est en d'autres mots le fait de se poser la question de savoir ce que l'on cautionne à travers son acte d'achat.

La décision de consommer est un choix individuel. Chacun a la possibilité, la liberté, le droit et le devoir de choisir à qui il donne son argent. Bien qu'il soit insignifiant à l'échelle individuelle, le pouvoir d'acheter ou non tel ou tel produit est considérable lorsqu'il est multiplié par des milliers ou des dizaines de milliers de consommateurs déterminés.

Depuis quelques années, cette prise de conscience du pouvoir que nous, consommateurs, possédons se traduit par l'apparition de nombreux appels au boycott. Le boycott, c'est-à-dire le refus d'acheter un produit précis, est plus que jamais un véritable moyen de pression dont disposent les consommateurs «citoyens» qui se sentent responsables et conscients de leurs achats.

Les motivations du boycott sont multiples. Elles peuvent être écologiques, c'est-à-dire contre un produit, ou une entreprise polluante ou encore éthiques par exemple contre une entreprise qui réalise sa production dans des pays où l'on fait travailler des enfants, où l'on exploite les ouvriers. La motivation peut finalement être morale. Par exemple contre un pays qui déclenche une guerre.

2 Compréhension de l'oral

▶ **EXERCICE 1**

Journaliste

La fessée est désormais interdite en France. Le Parlement a adopté définitivement, mardi 2 juillet, par un ultime vote du Sénat, une proposition de loi déjà votée par l'Assemblée nationale visant à interdire les *« violences éducatives ordinaires »*.

C'est une petite révolution. Pour en parler, nous accueillons monsieur BALINE, psychologue de la petite enfance et chercheur en neurologie.

Bonjour, Professeur BALINE, merci d'avoir accepté notre invitation.

Professeur BALINE

Bonjour. Merci de m'avoir convié à votre émission.

Journaliste

Alors monsieur BALINE, pensez-vous que la France ait raison d'interdire la punition corporelle ?

Professeur BALINE

Oui ! Enfin ! J'ai envie de dire ! C'est une pratique moyenâgeuse qui n'a rien à faire au XXIe siècle !

Journaliste

Moyenâgeuse, mais efficace si l'on en croit certaines personnes !

Professeur BALINE

Alors là, pas du tout ! C'est même le contraire.

Plus des enfants se font punir avec violence, plus ils sont dissipés. C'est un cercle vicieux ! D'ailleurs au Canada, une étude menée auprès de 500 familles a démontré que lorsque les parents ont été formés à ne plus avoir recours à la punition physique, les comportements difficiles chez les enfants ont également diminué de manière significative. La punition physique est bien moins efficace que les méthodes de discipline positive pour obtenir une amélioration du comportement. Cela est prouvé.

Journaliste

Mais à part avoir des bleus, quels sont les risques pour les enfants ?

Professeur BALINE

À part avoir des bleus ? C'est déjà beaucoup et inacceptable ! Vous ne croyez pas ?! Un enfant ne devrait jamais avoir la peau meurtrie par l'un de ses parents.

Journaliste

Oui, désolé. Je me suis mal exprimé. Quelles sont les conséquences du châtiment corporel ?

Professeur BALINE

Je sais bien, je vous taquine. Alors en fait, sur le long terme, de nombreuses recherches indiquent que la punition physique est associée à une variété de problèmes de santé mentale, comme la dépression, l'anxiété et l'abus de drogues et d'alcool.

Certaines études plus récentes indiquent par ailleurs que la punition physique est aussi liée à un développement cognitif plus lent et une baisse du rendement scolaire.

De plus, des recherches en imagerie cérébrale laissent entendre que le châtiment corporel pourrait être à l'origine d'une réduction de la matière grise du cerveau dans des régions associées à la performance lors de tests de quotient intellectuel.

Journaliste

Je vais là encore jouer l'avocat du diable, mais on entend souvent des adultes dire qu'ils ont reçu des fessées dans leur enfance et qu'ils vont très bien aujourd'hui ! Pensez-vous qu'ils mentent ?

Professeur BALINE

Il est possible qu'une personne ayant reçu des fessées dans l'enfance s'en sorte bien. Cependant, le risque est élevé pour que ce ne soit pas le cas pour bien des personnes. En effet, les enfants victimes de punitions corporelles sont nombreux à vivre des impacts négatifs sur leur développement. Ils apprennent également que la violence physique est une bonne stratégie pour gérer les conflits. Cette violence, ils la reproduiront donc. C'est leur entourage, notamment leurs propres enfants qui en feront les frais et cette transmission de la violence se reproduira encore et encore.

Journaliste

Merci monsieur BALINE d'avoir répondu à mes questions. Nous rappelons à nos auditeurs que s'ils sont témoins de violences faites à un enfant, ils ont le devoir de le signaler en appelant le 119 Allô Enfance en Danger.

▶ EXERCICE 2

Journaliste

Aujourd'hui, la trottinette électrique est partout et a envahi le paysage urbain. Peu nombreux sont ceux qui ne l'ont pas encore testée.

Depuis quelques années, les grandes métropoles françaises cherchent, en effet, de nouvelles manières pour diminuer la pollution de l'air et favorisent de plus en plus les transports en commun et les solutions « vertes ».

Nous accueillons madame DELAVILLA et allons discuter avec elle de ce véritable boom.

Alors madame DELAVILLA, vous êtes conseillère en urbanisme, spécialisée dans les transports. Quand cet engouement pour ce petit véhicule a-t-il commencé ?

Madame DELAVILLA

Bonjour, merci de m'avoir conviée à votre émission. Alors depuis la fin du mois de juin 2018, la région parisienne a vu le nombre de trottinettes électriques en circulation exploser.

Journaliste

Ces nouveaux véhicules comportent de nombreux avantages et ont le mérite d'être moins polluants que les voitures. Mais est-ce que cette solution est vraiment 100 % écologique… ?

Madame DELAVILLA

Alors oui elle l'est, mais pas totalement. Aujourd'hui, 26 % des émissions de gaz à effet de serre en France proviennent des transports.

Face à ce constat, la trottinette électrique apporte de nombreux avantages et a le mérite de ne produire aucun gaz à effet de serre. En effet, cette dernière fonctionne simplement avec une batterie électrique. En préférant ce mode de transport, nous diminuons notre consommation d'essence et économisons donc du pétrole. Aussi, puisque silencieuse, la trottinette électrique réduit également la pollution sonore.

Journaliste

Mais vous sembliez dire qu'elle n'était pas totalement écologique...

Madame DELAVILLA

C'est vrai. Le service de maintenance n'est pas si écologique que ça. En effet, la charge de la batterie d'une trottinette n'est pas illimitée. Alors, comment se fait-il qu'elles soient toujours pleines ? Bonne question…

En fait, pour pouvoir rouler toute la journée, les trottinettes doivent être « juicées », c'est-à-dire ramassées, ramenées, et branchées, afin de recharger entièrement la batterie. Un service de maintenance, polluant, est donc mis en place durant la nuit. Socialement aussi c'est dramatique. Les personnes qui s'occupent de « juicer » les trottinettes sont souvent des indépendants ou des étudiants, et ils font ce travail pour obtenir des revenus complémentaires. Ils sont généralement dans une situation très précaire. Donc la trottinette est écologique le jour, mais la nuit, pas tant que ça.

Journaliste

Mais pourquoi séduit-elle autant ?

Madame DELAVILLA

Il est vrai que c'est une alternative séduisante face aux voitures, et même aux transports en commun. En effet, plus besoin d'attendre à l'arrêt de bus ou de subir d'interminables embouteillages, la trottinette électrique vous accompagne dans tous vos déplacements. Voilà pourquoi elle a tant d'adeptes.

Journaliste

Les riverains sont, eux aussi, ravis, je suppose. Comme vous le disiez, la trottinette électrique réduit la pollution sonore.

Madame DELAVILLA

Oui, c'est l'un des plus grands avantages de la trottinette. Cependant, les riverains ont d'autres choses à reprocher à ce nouveau moyen de transport. Les trottinettes sont en effet éparpillées dans l'espace public, le plus souvent sur le trottoir. Même si seule, elle occupe moins d'espace qu'un vélo et bien moins encore qu'un scooter, l'agacement des piétons finit par peser, car la *« marchabilité »* de la ville se réduit et il en est de même pour sa qualité de vie.

Journaliste

Merci madame DELAVILLA d'être venue sur notre plateau.

Madame DELAVILLA

Merci à vous

EXERCICE 3

DOCUMENT 1

Journaliste

Selon une dernière étude menée par le professeur Rousseau de l'Association Nationale pour l'Amélioration de la Vue, les adolescents français passeraient un tiers de leur journée devant un écran, soit de télévision, d'ordinateur, de tablette ou bien encore de smartphone. On observe donc depuis plusieurs années une augmentation des troubles liés à cette surconsommation d'écran, tels que des problèmes visuels, une fatigue oculaire, un mal de tête, des démangeaisons au niveau des yeux ou bien encore des troubles du sommeil.

Concernant ce dernier problème, il semblerait que ce soit la lumière bleue qui en soit la cause. En effet, cette énergie émise également par le soleil serait même capable d'altérer certaines parties de l'œil. Elle perturberait aussi la production de mélatonine, l'hormone du sommeil produite par l'organisme et causerait des retards d'endormissement, d'apprentissage et de croissance chez de nombreux jeunes. Afin de se protéger de ces potentiels dégâts produits par cette lumière, il existe des applications pour « jaunir » les écrans. Il existe également d'autres solutions, comme des filtres que l'on peut appliquer sur son écran ou bien encore sur ses lunettes.

Quoi qu'il en soit, nous devons rester vigilants, car nous ne connaissons pas encore tous les dangers de cette lumière bleue.

DOCUMENT 2

Journaliste

Vous en avez assez de voir votre ado affalé sur le canapé le week-end en train de regarder la télévision ou d'être scotché sur son téléphone portable. Vous essayez de le faire bouger, mais en vain, il vous répond qu'il est fatigué et qu'il ne veut rien faire, car il est en train de grandir.

Il s'agit là en fait d'un cercle vicieux, mal du XXIe siècle, qui fait que les enfants ont moins d'énergie et moins de motivation tout simplement parce qu'ils ne bougent plus assez.

En effet depuis maintenant une soixantaine d'années, la dépense énergétique des jeunes a diminué tout comme le temps consacré à l'activité physique. Durant la semaine, les jeunes restent assis à l'école tout au long de la journée, et cela renforce énormément leur passivité physique.

Les quelques heures d'éducation physique et sportive ne suffisent pas à compenser cette perte de puissance au niveau des muscles, qui provoque cette sensation de fatigue, et qui rend nos enfants moins toniques, et parfois même malheureux. Il n'y a donc qu'une seule chose à faire : c'est proposer à nos ados de sortir le week-end.

Faire des choses ensemble comme des promenades, du vélo, de la cuisine ou bien toute autre activité pour le faire bouger. Votre adolescent vous en sera donc plus reconnaissant, car il sera plus motivé et sans doute bien plus épanoui.

DOCUMENT 3

Journaliste

Quand vous faites vos courses au supermarché, vous regardez la liste d'ingrédients qui composent votre plat préféré. Et là, vous tombez sur des termes un peu barbares comme glucose, fructose, saccharose, que vous ne connaissez pas du tout. Derrière ces noms scientifiques se cache en réalité le sucre, et plus précisément le sucre ajouté. On le retrouve dans plus de 200 produits de notre alimentation quotidienne. Il est maintenant devenu omniprésent dans nos plats. Il est souvent utilisé pour faciliter la production industrielle et la transformation alimentaire, mais surtout pour une histoire de goût, car l'homme a toujours aimé le sucre.

Cependant, il faut s'en méfier, car depuis quelques années, il est avéré que l'abus de sucre est très mauvais pour la santé et peut provoquer des maladies comme le diabète, le surpoids voire l'obésité. Selon l'OMS, la consommation journalière maximale de sucre par adulte devrait être de 50 grammes. Or en France, nous serions plutôt entre 70 et 100.

À noter que la consommation d'édulcorants de type faux sucres comme l'aspartame ou la stévia est à proscrire, car ils comporteraient également des risques pour la santé. C'est pourquoi il est important de bien lire les étiquettes avant d'acheter les produits afin de réduire au mieux notre consommation de sucre.

3 Compréhension de l'oral

▶ EXERCICE 1

Journaliste
  Nicolas BULOT, Bonjour.
Nicolas BULOT
  Bonjour.
Journaliste
  Nous allons nous entretenir avec vous cet après-midi à propos du tourisme durable. Quand on entend parler de cette nouvelle forme de tourisme, on a tendance à penser à la protection de l'environnement et donc, indirectement, à la diminution de l'impact des voyages sur la nature. Cependant Nicolas ce n'est pas tout, n'est-ce pas ?

Nicolas BULOT

Non, en effet, car lorsque l'on regarde la liste des nominés aux prochains grands prix du tourisme durable organisés par le magazine VoyageMag, prix qui seront décernés d'ici tout juste un mois, et bien on s'aperçoit que derrière cette expression se cachent de très nombreux acteurs et des projets très divers.

Journaliste

On peut citer par exemple, Figatella, un tour-opérateur corse, qui réduit son empreinte carbone en plantant des marronniers en Corse. On trouve aussi le groupe hôtelier Barrière qui organise un challenge anti-gaspi pour que ses cuisiniers inventent des recettes sans gaspillage et pratiquement sans déchet. On pourrait en citer bien d'autres également, comme la compagnie de ferries la Manchette, qui assure la liaison France-Angleterre avec des bateaux électro-solaires, et que lorsque ces bateaux sont à quai, ils se raccordent au réseau électrique ce qui réduit leur impact carbone ainsi que les nuisances sonores. Mais surtout, il y a une notion extrêmement importante, celle du partage des fruits du tourisme, explication de Marco BUFFALO, expert en tourisme durable :

Marco BUFALLO

Ce qui est bien avec le tourisme durable, c'est qu'une grande partie de l'économie revient directement à la population : on ne passe plus à côté des habitants locaux à travers les vitres d'un bus ou derrière les fenêtres des hôtels, on va les rencontrer, on vit avec eux, on partage, et on tente surtout de reverser les revenus de ces excursions directement à la population. Une sortie dans un village pour un groupe de touristes qui va passer une journée avec des villageois. Ces derniers leur préparent des repas locaux, des activités traditionnelles, etc. c'est beaucoup plus intéressant financièrement que de manger tous les jours au restaurant d'un grand hôtel. Et surtout, pour le touriste, c'est très bien, car le coût du circuit n'est pas plus élevé, c'est une idée fausse : un circuit de tourisme responsable n'est absolument pas plus cher qu'un circuit normal ou qu'un voyage traditionnel, bien au contraire !

Journaliste

Et puis Nicolas, beaucoup plus près de chez nous encore, il existe d'autres initiatives qu'on pourrait qualifier aussi de tourisme durable, dans certains hôtels par exemple. Vous pouvez nous expliquer ?

Nicolas BULOT

En effet, on peut voir de plus en plus souvent de petits panneaux nous demandant d'utiliser moins de serviettes de toilette, mais il y a encore mieux, par exemple l'association bordelaise « Passer un savon » a eu une bonne idée toute simple et surtout très efficace, son directeur, Patrick GALBANI, nous explique laquelle.

Patrick GALBANI

Nous récupérons les savons usagés dans certains hôtels en France, nous les recyclons par la suite, avant de les donner à d'autres associations.

Par exemple en un seul mois, nous avons collecté dans un hôtel niçois de 250 chambres plus de 66 kg de savon. Tout dépend de la taille de l'hôtel bien sûr, et du poids des savonnettes, car certains savons peuvent peser parfois entre 60 et 120 grammes. Mais nous avons environ une trentaine d'hôtels partenaires et nous avons déjà collecté en 6 mois un peu plus de 600 kg de savon.

▶ **EXERCICE 2**

Journaliste

Le jeu vidéo a longtemps été considéré comme un simple média de divertissement, mais depuis plusieurs années il a évolué et s'est diversifié. Il s'est mis à toucher différentes tranches d'âges et à aborder des thèmes touchant plus ou moins les joueurs. Parmi nous aujourd'hui, Philippe SINED, conservateur du Musée du Jeu Vidéo de Paris. Philippe, bonjour.

Philippe SINED

Bonjour.

Journaliste

Alors, expliquez-nous, les jeux vidéo sont souvent considérés comme des œuvres à part entière, mais peut-on parler d'œuvres d'art ?

Philippe SINED

Lorsque l'on parle de la classification des arts, le 8e, le 9e et le 10e sont rarement évoqués, cela est peut-être dû au fait que les termes « sept arts » ou « septième art » pour le cinéma sont fréquemment utilisés dans le langage courant. Ce qui en vient à faire oublier les trois derniers.

Journaliste

Mais concernant le jeu vidéo ?

Philippe SINED

Il est reconnu comme étant le 10e art si l'on en croit ce classement. De plus, il est officiellement reconnu comme un art par la Cour suprême des États-Unis depuis 2011. En France, le ministère de la Culture reconnaît, depuis 2006, le jeu vidéo comme une forme d'expression artistique.

Journaliste

Quand vous parlez d'expression artistique, qu'entendez-vous par là ?

Philippe SINED

Je veux dire que l'argument qui est très souvent mis en avant lorsqu'on se penche sur la question, c'est qu'il s'apparente à un art total. Regroupant ainsi plusieurs formes artistiques comme l'architecture, la musique, le dessin, la littérature ou encore la mise en scène, le cinéma par exemple bénéficie également de cette particularité. Ce qui est magnifique avec ce média, c'est la liberté d'expression à laquelle peuvent s'adonner les nombreux artistes travaillant à l'élaboration de leurs jeux. Ils peuvent créer ce qu'ils veulent, de la manière qu'ils le souhaitent.

Journaliste

Il y a donc des ressemblances avec les autres arts que nous connaissons ?

Philippe SINED

Il y a en effet un point commun entre les jeux vidéo et les autres formes d'art : l'évolution et l'adaptation à travers le temps. Certains jeux ont marqué l'histoire au point d'être clairement considérés comme des œuvres d'art, et de nombreux personnages sont aujourd'hui connus de tous et sont devenus des icônes de la pop culture. Dans toute forme d'art, des œuvres marquent, d'autres perdurent et certaines sont éphémères. Elles forment un tout qui s'adapte constamment à son époque. Certains courants artistiques reviennent cependant faire parler d'eux, en profitant au passage des technologies modernes. Les jeux en pixel art par exemple, sont récemment revenus sur le devant de la scène avec les jeux indépendants notamment et jouissent aujourd'hui d'une grande popularité. À titre de comparaison, on pourrait évoquer le retour du vinyle qui est presque devenu plus populaire que le format CD en musique.

Journaliste

Il y a donc des ressemblances, mais peut-on dire qu'il y a aussi des différences ?

Philippe SINED

Là où le jeu vidéo tranche avec les autres secteurs artistiques, c'est dans l'interaction entre lui et le joueur. Oui, ici on ne parle pas de spectateur, de lecteur ou d'auditeur, le joueur est tout ça à la fois en plus d'avoir un certain contrôle sur l'œuvre qui lui est exposée. Dans le cas d'un jeu en monde ouvert, il peut aller explorer chaque recoin de l'aire de jeu mise à sa disposition. Dans celui d'un jeu narratif, le scénario suit des embranchements choisis par les joueurs. Chaque personne aura finalement une expérience différente guidée par ses émotions et son ressenti devant les situations à choix multiples. C'est ici que ce média se démarque des autres, il peut faire tout ce qu'il veut. On peut rester le temps que l'on veut devant un tableau, il en est de même pour un jeu. Un film a une durée déterminée, il peut comporter plusieurs niveaux de compréhension, certains jeux aussi. On a le goût de la mise en scène et du bon jeu d'acteur, eh bien, certains jeux disposent de tout cela. Dans tous les cas et dans tous les genres de jeux, le but est de provoquer une réaction du joueur, initialement du plaisir, puis tout un tas d'émotions et de sentiments.

Journaliste

Dernière question Philippe, vous ne pensez pas que chaque personne perçoit l'art à sa manière et qu'il en est de même pour les jeux vidéo ?

Philippe SINED

Tout à fait, même si l'on peut globalement percevoir le jeu vidéo comme un art en considérant tout ce qu'il englobe, cela n'empêche pas les joueurs de décider quels jeux méritent d'être réellement classés comme des œuvres d'art.

Et dans le cadre de l'esprit collectif, le fait de le considérer en tant que tel donnerait ses lettres de noblesse aux jeux vidéo.

Journaliste

Merci beaucoup Philippe SINED.

Philippe SINED

Je vous en prie.

▶ EXERCICE 3

DOCUMENT 1

Animateur

Depuis 2008 et jusqu'à maintenant, de nombreux médicaments pouvaient être vendus en accès libre, le client pouvant se servir seul dans les rayons des pharmacies, chacune d'entre elles ayant la possibilité de placer ces médicaments derrière leurs comptoirs. Malheureusement, suite à des complications de santé de certains malades ayant pris des produits en automédication, un certain nombre de médicaments seront prochainement retirés des rayons de libre-service. Docteur YAOWU, vous êtes pharmacologue, que pensez-vous de cette mesure qui devrait être prise prochainement ?

Docteur YAOWU

Oui, comme vous l'avez dit, depuis juillet 2008, ce sont plus de 220 médicaments qui ont été mis en automédication, en vente libre.

Ce sont des médicaments très utilisés, il est important que les patients puissent y avoir accès, mais encore faut-il qu'ils soient utilisés correctement. Il faut redonner de l'importance au rôle du pharmacien ou de la pharmacienne. Ils sont là pour conseiller les patients quant à l'utilisation de certains médicaments. Vous le savez tous, un mauvais usage comporte des risques. Prenons l'exemple de l'un des composants médicamenteux les plus connus, le paracétamol. Pris à des doses trop élevées, le paracétamol peut provoquer de graves lésions du foie, qui peuvent nécessiter une greffe, voire être mortelles.

DOCUMENT 2

Animateur

Nous accueillons aujourd'hui le professeur KALAM, linguiste de renommée internationale. Vous venez d'écrire un nouveau livre, *Nos Mots*. Vous y affirmez que le vocabulaire d'une langue est le miroir de la société qui la parle. En d'autres mots, que la surreprésentation lexicale d'un concept ou, au contraire son absence, révèle les caractéristiques et les maux, cette fois-ci, M-A-U-X, d'une société.

Docteur KALAM

Oui, tout à fait, dans les pays où la neige est abondante, les mots qui la décrivent abondent également.

En same, une langue parlée en Norvège, en Suède et en Finlande, on compte plusieurs dizaines de mots pour désigner la neige.

Il en va de même pour la corruption. Là où elle est courante, elle porte une foule de noms. Dans des pays comme l'Italie, la Grèce, le Nigeria et l'Inde, il existe des centaines de mots qui signifient « corruption ». Mais les concepts pour lesquels nous n'avons pas de mot sont tout aussi intéressants que ceux pour lesquels nous en avons trop.

En espagnol, par exemple, le terme de lanceur d'alerte n'a pas d'équivalent — impossible de faire référence, en un mot, à quelqu'un qui a le mérite de signaler une activité illégale ou un comportement contraire à l'éthique. En espagnol, les noms qui s'en rapprochent le plus ont tous des connotations négatives, évoquant plutôt un indic, un mouchard, un crapaud ou un rat — ce qui est révélateur de ces sociétés.

DOCUMENT 3

Chroniqueur

Une nouvelle étude affirme qu'à cause du changement climatique, un tiers des plantes pourraient disparaître d'ici 50 ans.

Des scientifiques ont essayé d'estimer les pertes futures de biodiversité dues au changement climatique et ils estiment qu'une espèce de plantes sur trois pourrait être menacée d'extinction d'ici à 2070.

538 espèces dans 581 milieux naturels ont été étudiées. À chaque fois, les scientifiques disposaient de relevés effectués à dix années d'écart.

Ainsi, ils ont constaté que 44% d'entre elles avaient déjà disparu dans l'un de leurs milieux naturels habituels.

Alors pourquoi cette hécatombe ? Ce sont principalement les jours estivaux les plus chauds qui sont à blâmer. Les périodes de chaleur et sécheresse momentanées auraient un effet désastreux sur la faune.

Les animaux sont en effet très sensibles aux pics de chaleur. Ainsi, environ 50 % des espèces s'éteindraient dans un milieu donné si les températures maximales augmentaient de 1,5°C, 95% si elles augmentaient de 3°C.

Un seul espoir pour les chercheurs : si nous respectons les accords de Paris, et cela semble difficile, seules deux espèces sur dix seront victimes d'extinction d'ici à 2070. Si le réchauffement climatique ne ralentit pas, on pourrait bien provoquer l'extinction de la moitié des espèces et plantes.

4 Compréhension de l'oral

▶ **EXERCICE 1 Transcription du document audio**

Journaliste

Les préjugés ont la vie dure. En effet, selon une dernière étude il semblerait que les femmes aient toujours environ deux fois moins de chances que les hommes d'accéder à des postes à hautes responsabilités via des promotions. Malgré des études et des compétences parfois égales, cette différence serait encore plus élevée dans le privé que dans le public.

Christian GAUTHIER, qui a réalisé cette étude nous explique pourquoi :

Christian GAUTHIER

« On s'est aperçu que l'égalité entre les sexes est loin d'être atteinte au travail. Les hommes accèderaient plus facilement à un emploi de cadre supérieur que les femmes, alors que ces dernières représentent plus de 65 % des jeunes diplômés. Seulement 40 % d'entre elles auraient des postes hautes responsabilités mais ce serait principalement dans l'administration et la fonction publique.

En effet, dans le privé, il leur faut plus de temps pour accéder au poste de manager et l'on trouve également une différence de salaire pouvant aller jusqu'à 300 € entre certains hommes et certaines femmes qui occupent ce même poste. De plus, les femmes se retrouveraient à la tête d'équipes réduites par rapport à celles de leurs collègues masculins.

On remarque également que les femmes ayant obtenu une mention très bien au bac, un doctorat, ou une expérience professionnelle à l'étranger rivaliseraient plus aisément avec leurs homologues masculins lors de promotions. Cela serait un gage supplémentaire de fiabilité selon certains employeurs.

Tout cela à cause de préjugés toujours bien ancrés dans notre société. Les responsables considèrent toujours que les femmes doivent rester plus impliquées dans la sphère familiale que les hommes, plus particulièrement dans l'éducation de leurs enfants. Devoir terminer son travail plus tôt pour aller à l'école, ne pas pouvoir se déplacer pour voyages d'affaires, sans parler des congés maternité… Tout cela dissuade de nombreux employeurs de confier des postes à hautes responsabilités aux femmes.

Mais surtout, il semblerait que les femmes soient moins ambitieuses que les hommes, puisque seulement un quart d'entre elles voient leur poste actuel comme un moyen d'atteindre à l'avenir de hautes responsabilités. Les hommes seraient donc plus carriéristes et profiteraient ainsi de la situation.

Journaliste

Il reste encore beaucoup de travail à faire, sachant que le gouvernement envisage de proposer prochainement un projet de loi afin de réduire cette inégalité. Merci beaucoup Christian GAUTHIER.

Christian GAUTHIER

Je vous en prie.

▶ EXERCICE 2

Animateur

Bonjour à tous, merci de nous écouter. Aujourd'hui, en compagnie de monsieur JANIER, responsable bien-être dans une grande entreprise du CAC 40, nous allons parler de la déconnexion numérique.

Monsieur JANIER

Alors, oui. Le numérique a pris une place très importante dans nos vies. Il suffit de se promener dans la rue ou de prendre les transports publics pour constater l'ampleur du phénomène : la très grande majorité des gens disposent d'un téléphone portable. Et cette dépendance se prolonge à la maison et au bureau. Au point, d'ailleurs, que le smartphone remplace de plus en plus l'ordinateur. Dans ces conditions, il devient difficile de tracer une frontière claire entre l'usage privé ou professionnel de cet accessoire désormais incontournable de la communication.

Animateur

> Pouvez-vous nous expliquer rapidement en quoi l'hyperconnectivité est néfaste pour les travailleurs ?

Monsieur JANIER

> En ramenant du travail à la maison, nous pensons gagner du temps et disposer d'une certaine liberté, or ces comportements, lorsqu'ils deviennent habituels, sont chronophages et coûteux sur le plan psychique.
>
> Les nouvelles technologies entraînent un état de fatigue mentale, physique et un stress important dû au trop grand nombre d'informations à traiter. Cela favorise l'épuisement professionnel, qu'on appelle aussi burn-out.
>
> Cela est également à l'origine de troubles du sommeil. En effet, se reconnecter au bureau avant de dormir provoque une excitation, souvent responsable de troubles de l'endormissement.
>
> Par ailleurs, un autre danger est constaté. Celui de l'addiction. Lorsque nous ramenons du travail à la maison, une certaine accoutumance se crée. Nous plaçons, en effet, la barre très haut et manquons de temps pour pouvoir répondre à nos propres exigences. En travaillant le soir, nous voyons un moyen de compenser et d'éprouver de la satisfaction en mettant fin à notre stress, mais ce n'est que palliatif.

Animateur

> De nombreuses personnes s'inquiètent de cette situation qui met à mal la sphère personnelle des travailleurs.

Mais qui doit résoudre ce qui s'apparente à un problème de société : les entreprises ? L'État ?

Monsieur JANIER

Alors c'est une vraie question. Certaines entreprises mettent déjà en place des règlements intérieurs visant à garantir l'équilibre entre la vie professionnelle et la vie privée de leurs employés. Malheureusement, ces entreprises sont trop peu nombreuses. La tendance dans le monde de l'entreprise est même plutôt contraire. Un grand nombre d'employeurs attendent de leurs salariés d'être réactifs durant leur temps personnel, c'est-à-dire le soir ou pendant les vacances. Il me semble donc crucial que le gouvernement règle la question une fois pour toutes.

Animateur

Pensez-vous que les employés soient les seuls affectés par ce manque de régulation ?

Monsieur JANIER

Non pas seulement les employés. Les entreprises bénéficieront aussi de cette régulation. Elles souhaitent également des règles claires pour l'ensemble des collaborateurs. En effet, de nombreux chefs d'entreprise le constatent tous les jours : des employés n'hésitent pas à passer des commandes privées ou à réserver leurs vacances pendant les heures de travail.

EXERCICE 3

DOCUMENT 1

Journaliste

Aujourd'hui en France de nombreuses entreprises estiment que leurs salariés sont de moins en moins concentrés. Est mise en cause l'utilisation personnelle d'Internet pendant le temps de travail. En effet, selon une étude menée par un cabinet d'observation indépendant, certains employés passeraient jusqu'à 80 minutes par jour sur les réseaux sociaux. Il faut savoir que la nouvelle génération de cadres voit ces derniers comme un nouvel outil de travail au même titre que le téléphone ou bien encore l'ordinateur, il y a quelques années. Tout d'abord, cela leur permet de communiquer avec leurs collègues, mais également avec leurs associés et autres partenaires. Quand ils font face à des difficultés au travail, ils peuvent facilement rentrer en contact avec ces personnes afin de trouver une solution à leur problème.

Bien que de nombreuses entreprises comprennent et autorisent l'utilisation des réseaux sociaux, certaines ont, au contraire, tout simplement décidé de limiter voire de couper l'accès à Internet pour leurs employés. D'autres font signer une charte de bonne utilisation, obligeant les salariés à ne pas les utiliser, sous peine de sanctions pouvant aller jusqu'au licenciement.

Enfin, d'autres ont décidé d'ouvrir de grands bureaux à partager afin que les employés puissent être côte à côte pour ainsi les dissuader d'utiliser leur messagerie personnelle et autres pendant leur temps de travail.

DOCUMENT 2

Journaliste

Selon une toute récente étude du ministère français de l'Enseignement supérieur de la recherche et de l'innovation, qui cherchait à comparer les niveaux de diplôme des jeunes actifs à celui de leurs parents, environ 45 % des Français de 24 à 60 ans auraient un niveau d'études supérieur à celui de leurs parents. En effet, ces dernières années, on observe que les lycéens après leur bac, accèdent de plus en plus facilement aux établissements d'enseignement supérieur. Il semblerait donc qu'une très faible proportion de ces actifs aient un diplôme de niveau inférieur.

Alors faire des études longues et être plus diplômé que ses parents c'est bien, mais attention cependant, car certains jeunes se lancent parfois dans des études de plus en plus longues, sans aucune garantie d'obtenir par la suite le poste qu'ils souhaitent. Bien qu'avoir un diplôme soit toujours une bonne solution face au chômage, il faut cependant savoir qu'il est préférable avant tout de se lancer dans des études qui vous plaisent. Eh oui, cela paraît simple à dire, cependant, il vaut mieux être épanoui par la suite dans son travail, que de regretter son choix d'orientation professionnelle une fois qu'il est trop tard !

DOCUMENT 3

Journaliste

Nous utilisons beaucoup trop de sacs en plastique lorsque nous faisons nos courses et les emballages de produits que nous achetons génèrent également par la suite une montagne de déchets, tout cela après une utilisation relativement brève. C'est le constat alarmant qui a incité Maxime à ouvrir sa propre supérette qui a pour objectif : zéro déchet. Elle vient tout juste de voir le jour dans le centre de Paris, le 15 juin dernier. Il nous explique pourquoi.

Maxime

Je me suis rendu compte en faisant les courses qu'entre les sacs plastiques et les emballages, je me retrouvais toujours avec une quantité énorme de déchets. Je me suis alors lancé dans l'ouverture de cette supérette écoresponsable au principe révolutionnaire : les clients viennent avec leurs propres sacs réutilisables, et achètent la quantité nécessaire d'aliments et de produits qu'ils souhaitent consommer. Une fois de retour chez eux, ils stockent ces produits dans des boîtes réutilisables. C'est une initiative qui plaît beaucoup aux jeunes principalement, car ils sont particulièrement sensibles aux problèmes environnementaux liés à la surconsommation dont la planète souffre depuis maintenant plusieurs années.

> Le but est maintenant d'inspirer un maximum d'autres commerces, dans le quartier d'abord, puis dans le reste de la ville si l'initiative fonctionne bien.

5 Compréhension de l'oral

▶ EXERCICE 1

Journaliste
  Bonjour à toutes et à tous, aujourd'hui donc nous parlons consommation avec Régine BOULET.

Régine BOULET
  Bonjour.

Journaliste
  Régine, bienvenue, vous êtes médecin en nutrition et selon vous, il est impossible depuis quelques temps de faire ses courses sans voir sur la plupart des produits proposés en magasin des étiquettes estampillées « bio » : fruits, légumes, produits transformés même... Ce label rassure le consommateur, qui pense donc acheter des produits de qualité, mais surtout bons pour la santé.

Régine BOULET
  En effet, il a plus confiance en achetant des produits marqués bio, pourtant le débat fait rage parmi les experts.

Ils sont nombreux à se demander si les aliments bio sont réellement meilleurs pour la santé, comparés aux autres. C'est pourquoi une toute nouvelle étude a été menée par un laboratoire indépendant afin de prouver que les personnes qui mangent bio seraient en bien meilleure santé.

Journaliste

Alors, oui, parlons-en un peu de cette étude.

Régine BOULET

J'allais y venir, ne vous inquiétez pas. Débutée en 2016, cette enquête menée sur 40 000 individus avait pour objectif d'étudier leur comportement en tant que consommateur, et surtout leur état de santé générale. Ainsi des questionnaires alimentaires ont été spécialement établis et les participants ont dû détailler précisément leurs habitudes alimentaires.

Après quatre années d'analyse de données, les résultats ont été publiés dans le journal en ligne Masantédabord. Des spécialistes de l'environnement, des économistes ainsi que des nutritionnistes y ont ainsi participé afin de rendre l'étude la plus pertinente possible, et surtout pour interpréter la quantité phénoménale de données récoltées.

Journaliste

J'imagine bien. Et alors, qu'est-ce qu'a prouvé cette étude finalement ?

Régine BOULET

Alors que constatons-nous en regardant ces résultats : tout d'abord, manger bio ne sert à rien si l'on mange parallèlement trop de viande. En effet, les premiers consommateurs de produits bio sont avant tout végétariens et préfèrent choisir des fruits et légumes de bonne qualité. Ils ne consomment peu ou pas de viande rouge ni de produits laitiers, mais gardent tout de même un apport énergétique plus élevé. Car oui, le régime alimentaire bio apporterait plus de nutriments et serait donc plus sain. Il en est pour preuve que la plupart des consommateurs de produits bio seraient moins en surpoids ou obèse que la normale. Leur indice de masse corporelle serait de 23, ce qui est tout à fait correct, contre 27 pour les autres qui ne mangent pas bio.

Journaliste

Est-ce que cela a permis de prouver d'autres aspects positifs pour la santé ?

Régine BOULET

En effet, cela a également prouvé que la production d'aliments bio aurait moins d'impacts négatifs sur l'environnement, étant donné que l'agriculture biologique émet moins de gaz à effet de serre. Par ailleurs, les cultivateurs bio n'utilisant pas de pesticides, les aliments produits présenteraient moins de risques en matière de cancer, car il a été prouvé qu'une exposition aux résidus de pesticides par l'alimentation serait inférieure de 23 à 100 % pour les adeptes du bio, selon les molécules.

Journaliste

Alors, c'est très bien tout ça Régine, mais si manger bio est si bénéfique pour la santé, pourquoi toute la population n'en profite-t-elle pas ?

Régine BOULET

Et bien justement, l'étude a rapidement révélé le point négatif de la consommation bio et sans grande surprise, il s'agit du prix de ces produits, car manger bio coûte plus cher, en moyenne 3 € par jour. Ce qui est justifié par des coûts de production plus élevés que d'autres produits transformés traditionnels, toujours selon l'étude. Cela implique donc un choix important entre budget et santé, que malheureusement, beaucoup de personnes ne peuvent pas se permettre. Il devient urgent de rendre le plus accessible possible, la consommation de produits bio à l'avenir, car pour le moment, ils restent encore un luxe que de nombreuses familles ne peuvent pas s'offrir.

Journaliste

En effet, n'oublions pas que l'une des choses les plus importantes dans la vie, c'est la santé ! Régine merci, et à bientôt !

▶ EXERCICE 2

Journaliste

Bonjour, nous accueillons monsieur Outang, Laurent de son prénom, professeur au collège.

Alors, monsieur Outang, les nouvelles technologies fournissent des outils de plus en plus employés dans les écoles. Pensez-vous que la nouvelle génération est celle de la technologie et ne peut apprendre que par elle ?

Monsieur OUTANG

Tout d'abord, il est important de remettre les choses en perspective. En effet, les enfants grandissent avec les nouvelles technologies, elles font partie aujourd'hui du quotidien des familles, mais ils ne les maîtrisent pas autant qu'on pourrait le croire. Ils connaissent seulement ce qui les intérese de ces objets technologiques. Par exemple, au niveau informatique, certains jeunes ne savent pas utiliser une suite bureautique et sont parfois incapables d'enregistrer une pièce jointe, parce que ce n'est pas de cette façon qu'ils manient les technologies.

Journaliste

Certains professeurs pensent que les nouvelles technologies devraient être bannies de la classe, car elles sont moins efficaces que les livres et ont des effets pervers sur la concentration des apprenants. Qu'en pensez-vous ?

Monsieur OUTANG

> Les technologies doivent avoir une place en classe, car il est important que tous les jeunes aient accès aux TIC afin d'apprendre à les utiliser efficacement et à bon escient tout au long de leur vie. C'est à nous d'enseigner aux élèves le bon usage de ces outils.
>
> Les élèves d'aujourd'hui n'apprennent pas mieux grâce à la technologie en classe. À mon avis, nous n'en sommes pas encore à éradiquer le papier des classes pour le remplacer par des tablettes, et aucune application ne remplacera un enseignant.

Journaliste

> Pourquoi pensez-vous que les enseignants sont irremplaçables ?

Monsieur OUTANG

> Les technologies de l'information et de la communication ne pourront jamais remplacer l'enseignant, car le lien entre l'adulte et le jeune est essentiel à la réussite scolaire de l'élève.
>
> L'important, c'est la pédagogie développée par le professeur dans son ensemble… peu importent les outils que nous avons à notre disposition.

Journaliste

> Quelle est d'après vous, la principale limite des nouvelles technologies dans l'éducation ?

Monsieur OUTANG

> « Il vaut mieux une tête bien faite qu'une tête bien pleine » disait Montaigne, ces outils peuvent être tout aussi inutiles, voire dangereux, que formidables.

Il y a désormais ce qu'on appelle le « mur de l'information » qui nous interdit justement d'accéder à l'information. Cet excès d'informations bloque la voie vers la connaissance. « L'homme contemporain court ainsi le risque de devenir un ignorant bourré d'informations. » Écrivait Igancio RAMONET.

Je crois que la technologie a sa place dans la classe, mais toutes les technologies ne sont pas bonnes à prendre.

Journaliste

Pensez-vous qu'à l'heure actuelle, les enseignants sont capables d'utiliser les outils numériques ?

Monsieur OUTANG

Je crois que l'Éducation nationale doit se donner les moyens d'intégrer la technologie dans les classes. Elle doit également donner les moyens aux enseignants de l'utiliser. Les élèves sont nés avec les nouvelles technologies. C'est donc un bel outil pour un meilleur rapprochement avec le milieu éducatif. Malheureusement, notre génération, celle des professeurs, est moins à l'aise avec les outils numériques. Nous devons donc être formés à leur utilisation.

EXERCICE 3

DOCUMENT 1

Animateur

Avec l'avènement des MOOCs, une révolution de l'enseignement semble se dessiner. Les cours sur Internet pourraient supplanter les cours en classe. Mais que sont ces fameux MOOCs ?

Le Docteur HADHA YAHMINI, s'est intéressé à ce phénomène et répond à nos questions.

Docteur HADHA YAHMINI

Bonjour à tous. Les MOOCs ont un objectif simple et louable. Il est de mettre à la portée de tous, souvent gratuitement et sur Internet, des cours de qualité. En 2011, les universités de Harvard et de Stanford ont pour la première fois proposé ce format de cours en ligne. L'année suivante, 5 millions d'étudiants avaient déjà suivi un MOOC.

Alors la grande question, en général c'est : « Mais que signifie le terme MOOC ? » Il s'agit en fait d'un acronyme anglais. Le M signifie « massive ». Ce qui veut dire que le nombre de participants aux cours est illimité. O signifie « open ». En anglais, open veut dire ouvert. Les cours sont donc ouverts à tous les internautes, quel que soit leur âge, leur nationalité ou leurs études. En général, les cours sont gratuits. Le second O signifie « online », soit en ligne en français. L'ensemble des cours se tiennent sur Internet. Enfin, le C signifie « course », soit cours.

Ce sont de vrais cours qui affichent des objectifs pédagogiques, comme les cours classiques qui se donnent dans les universités.

Avec certains MOOCs, il y a même la possibilité de valider ses acquis par un certificat.

DOCUMENT 2

Journaliste

Lorsque vous tapez votre nom dans votre navigateur Internet, un certain nombre de pages s'affichent et certaines d'entre elles sont de mauvaises surprises. Photos de soirée qui datent d'une dizaine d'années, messages bourrés de fautes sur les réseaux sociaux. Bref, l'image qui est donnée de vous n'est pas très valorisante. Soucieux de votre réputation sur la toile, vous souhaitez faire effacer certaines données. Mais cela est-ce vraiment possible ? Je laisse la parole à monsieur IINSANIUN, spécialiste de la liberté d'image en ligne.

Monsieur IINSANIUN

Bonjour à tous. Oui. Nous avons tous des publications à supprimer sur Internet. Pour ce faire, nous jouissons du droit à l'oubli numérique. Le droit à l'oubli nous permet de faire disparaître les informations personnelles publiées sur la toile.

Les deux applications les plus connues du droit à l'oubli sont le droit à l'effacement et le droit au déréférencement. Le droit à l'effacement est celui de tout individu de demander aux propriétaires d'un site la suppression des postes et des articles le mentionnant.

Ce droit concerne également les photos, vidéos, ainsi que tout autre contenu pouvant porter atteinte à une personne.

Le droit au déréférencement concerne, quant à lui, les moteurs de recherche comme Google. Nous pouvons donc faire valoir notre droit à l'oubli sur les résultats du moteur de recherche afin d'éliminer notre nom des résultats.

DOCUMENT 3

Animateur

Depuis quelques années, l'idée de transhumanisme séduit. Or, comme le dénonce le médecin Yves IROBHOTHI, sur le plan scientifique, le transhumanisme est un miroir aux alouettes. Docteur IROBHOTHI, bonjour.

Docteur IROBHOTHI

Bonjour à tous. Alors oui, demain, l'homme verra dans le noir et il entendra les ultrasons. Il courra plus vite, ne connaîtra plus la fatigue, ses capacités intellectuelles auront décuplé, sa mémoire sera prodigieuse, il se souviendra de tout, même à 100 ans, car les signes de vieillesse auront disparu. Le handicap, la maladie, la vieillesse et la mort auront disparu. L'homme sera immortel ! C'est ça la pensée du mouvement transhumaniste. Ce mouvement s'appuie sur deux mythes qui ont toujours fasciné l'être humain, l'immortalité et la fontaine de Jouvence.

Les leaders de ce mouvement font des appels aux dons constants et de nombreuses personnes, connues ou non, dépensent des sommes colossales pour le transhumanisme. Cependant, d'un point de vue scientifique, de telles améliorations ne sont pas possibles. Du moins dans les prochaines centaines d'années à venir. Alors où va tout cet argent ? On l'ignore. Il s'agit sans doute de l'une des plus grandes arnaques du siècle. Comme disait le philosophe chinois Lao Tseu *« Ceux qui savent ne parlent pas, ceux qui parlent ne savent pas ; le sage enseigne par ses actes, non par ses paroles »*.

6 Compréhension de l'oral

▶ **EXERCICE 1**

Journaliste

Stress, pollution ou dégradation de la qualité de vie sont autant d'arguments qui incitent les urbains à rejoindre les campagnes. Certains recherchent même une reconnexion à la terre. En France, ils sont plus de 150 000 à avoir franchi le pas, à avoir choisi de vivre en autonomie avec la nature. Pour décrypter ce phénomène, nous accueillons monsieur TANLIK, auteur du livre *Le retour à la terre*.

Bonjour, monsieur TANLIK. Alors, dites-nous, le bonheur est-il dans le pré ?

Monsieur TANLIK

Bonjour à tous. Merci de m'accueillir aujourd'hui sur votre plateau. Le bonheur est-il dans le pré, ça je ne sais pas. Le bonheur est quelque chose de très personnel. Mais il est vrai que nous assistons ces dernières années à un exode urbain d'un type nouveau. Des citadins quittent la ville pour vivre dans la nature. Ils veulent se reconnecter à l'essentiel, trouver un véritable sens à leur vie.

Journaliste

C'est un choix courageux. Est-il facile de tout lâcher pour aller vivre avec la nature ?

Monsieur TANLIK

C'est un souhait louable, voire salvateur, on pourrait tous y gagner : l'homme et son environnement.

Mais nous avons tellement été assistés au fil du temps que nous sommes quasiment dans l'impossibilité de tout faire en harmonie avec la nature, car nous n'avons aucune connaissance en matière de survie ni de plantes. Bêcher son lopin de terre, planter, attendre la récolte, pratiquer l'élevage… tous ces gestes oubliés restent un art difficile à maîtriser. Notre éducation nous a trop éloignés de mère Nature.

Journaliste

Donc vous pensez que nous ne sommes pas tous capables de survivre dans un milieu naturel ?

Monsieur TANLIK

Je ne le crois pas. Et je pense même que la nature n'y survivrait pas. Nous avons appris à détruire la nature plus qu'à la protéger, si bien que nos gestes aujourd'hui pourraient tout aussi bien la ruiner davantage, si un flot important d'humains regagnait les clairières et les prairies désertes, quelles pourraient être les conséquences ?

Journaliste

Mais… pourtant, il existe encore des communautés vivant dans la nature et avec la nature aux quatre coins de ce monde. Nous pouvons apprendre d'elles, en tirer quelques enseignements n'est-ce pas ?

Monsieur TANLIK

Vous avez raison. Il reste encore dans ce monde préfabriqué des communautés qui vivent loin de la civilisation moderne. Mais pour encore combien de temps ? Ce sont les derniers vestiges de ce monde. Les témoins qui prouvent bien qu'il est encore possible de vivre de cette façon. Malheureusement, je ne crois pas que l'homme mondialisé soit capable d'apprendre de ces communautés. De toute façon, il n'en aura certainement pas le temps. Ces lueurs d'espoir s'éteignent sous le rouleau compresseur de la mondialisation. Les dernières communautés se font absorber et finissent toutes par disparaître.

Journaliste

Quelle est la situation actuelle de ces communautés ?

Monsieur TANLIK
>La survie culturelle des peuples autochtones est menacée. La protection de leurs territoires ancestraux est primordiale non seulement parce qu'il s'agit d'une source de subsistance pour les peuples autochtones, mais aussi parce qu'ils font perdurer leur identité et leur mode de vie traditionnel. Malheureusement, ces territoires sont sujets à convoitise.

Journaliste
>Merci, monsieur TANLIK.

Monsieur TANLIK
>C'est moi qui vous remercie.

▶ EXERCICE 2

Journaliste
>Face à l'omniprésence des ordinateurs, de la télévision et des tablettes dans nos vies et celles de nos enfants, l'inquiétude grandit. Nous allons creuser le sujet afin de vous aider à y voir plus clair avec nos deux invités : madame LIANO, pédiatre et monsieur DIANI, psychologue.
>
>Bonjour à tous les deux. Merci d'avoir accepté notre invitation.
>
>Alors ma première question est la suivante : les enfants ont-ils vraiment une utilisation abusive des écrans ?

Monsieur DIANI

Oui, c'est vrai. Les chiffres sont explicites : selon une étude, les enfants français âgés de 6 à 14 ans passeraient environ 2 h 30 par jour sur un écran. Ce n'est pas rien ! Cela a bien entendu une incidence sur la santé et l'apprentissage de nos enfants et ados !

Journaliste

Vous dites qu'il y aurait une incidence sur la santé. En tant que pédiatre, pouvez-vous nous donner des précisions ?

Madame LIANO

Eh bien, tout d'abord, les écrans ont la réputation de nuire au sommeil. Lorsqu'un enfant passe 1 heure par jour sur les écrans, cela augmente de 50 % ses chances de moins dormir. Utiliser un appareil avant de se coucher entraîne des nuits plus courtes et une plus grande fatigue au réveil.

Monsieur DIANI

Et ce n'est pas tout ! Les objets technologiques peuvent avoir des conséquences directes sur le développement. La surexposition aux écrans peut modifier le cerveau des enfants. Les scientifiques ont découvert un amincissement prématuré du cortex chez les grands utilisateurs. Le cortex est utile dans les fonctions comme le langage, la mémoire, la conscience, le raisonnement… Il y a bien de quoi s'alarmer !

Journaliste

Cela est vraiment effrayant ! Et qu'est-ce qui rend si attrayants ces écrans ?

Monsieur DIANI

    Alors pour les plus jeunes, ce sont les jeux vidéo et les vidéos en ligne. Je profite aussi de mon passage sur votre antenne pour déconseiller à tous les parents d'occuper leurs enfants en leur passant un dessin animé sur une tablette ou un téléphone. À un très jeune âge, cela peut être très dangereux !

Madame LIANO

    Mais je voudrais préciser que ce qui retient tant l'attention des préados et des adolescents, ce sont les réseaux sociaux. Snapchat, Whatsapp ou encore Facebook. La course aux likes et à la popularité oblige l'adolescent à se surexposer, à rester connecté, à publier de peur d'être oublié. Les ados ne maîtrisent pas non plus les codes ou débordements possibles des réseaux sociaux comme la révélation de la vie privée.
Ils se sentent en sécurité en ligne alors qu'ils ne le sont absolument pas.

Journaliste

    En vous écoutant, je me dis qu'il faudrait complètement interdire les écrans !

Madame LIANO

    C'est leur utilisation excessive qui est problématique. Une pratique qualifiée et encadrée pour les petits peut lancer les bases d'un apprentissage sain via les écrans. Concernant les jeunes et les ados, tout n'est pas noir et si la situation vous inquiète, le dialogue reste la meilleure option.

En cas de besoin, il est aussi possible d'installer un logiciel de contrôle parental sur les différents appareils de la maison pour surveiller les natures et durées de connexion de vos enfants sur les écrans.

Journaliste

Merci beaucoup docteur LIANO et docteur DIANI.

▶ EXERCICE 3

DOCUMENT 1

Journaliste

Vous recevez un lien Internet qui vous renvoie vers un site d'informations inconnu et vous vous posez la question de savoir si ce que vous lisez est vrai ou non. Il existe aujourd'hui des solutions pour identifier les fake news, comme ce site Internet qui combine techniques d'intelligence artificielle et validation d'informations par des personnes. Le principe est simple : l'information proposée est analysée par différentes IA, c'est-à-dire, Intelligences Artificielles qui tiennent ici le rôle de journalistes qui vérifient avant tout la fiabilité de l'information, puis son contenu. Ensuite, le site va proposer quatre choix : tout d'abord un résumé par extraction généré automatiquement par l'IA, qui présente la partie de l'article la plus représentative du contenu. Puis le site proposera des recommandations à l'utilisateur : la fiabilité de l'information, en la comparant avec d'autres sites d'actualités partenaires, déjà validées pour leur véracité, afin de se rendre compte rapidement s'il s'agit d'une fausse information ou non. Et enfin, le site propose une analyse de l'émotion de la polarité, en d'autres mots, il va déterminer si l'article est partisan, s'il prend position plutôt de manière positive ou négative. Enfin, c'est à l'utilisateur lui-même d'être juge en validant la qualité de l'information, qui sera alors ensuite enregistrée sur le site, afin de faciliter de futures recherches par d'autres personnes.

DOCUMENT 2

Journaliste

Un beau jour, ou peut-être une nuit, vous entrez dans la chambre de votre ado et jetez un coup d'œil indiscret sur la messagerie de son téléphone. Là, vous tombez sur un tout un nouveau langage que vous ne connaissez pas. SMS, texto, smiley, vous n'y comprenez rien et vous vous sentez dépassé. Vous avez parfois l'impression que les jeunes ne savent plus écrire, qu'il n'y a plus de jeunesse. Pourtant certains professeurs de français voient dans le langage SMS non pas une méconnaissance de la langue française, mais une source de créativité et d'expression qui permettrait aux jeunes de simplement dire à leurs parents qu'ils ne sont plus dans le coup. Si tout simplement c'était ça être jeune au 21e siècle. Si c'était tout simplement le symptôme de la rébellion de la jeunesse d'aujourd'hui ?

En inventant cette nouvelle forme de communication écrite, les jeunes, qui pensent ne pas avoir besoin d'être compris de leurs aînés, écartent les adultes de leur univers. Ces derniers sont coupés du monde des ados et ne peuvent plus les comprendre. C'est en réalité à ceux qui veulent communiquer de s'adapter et de faire tomber la barrière de la langue.

DOCUMENT 3

Journaliste

Les voitures hybrides ont beaucoup de mal à percer sur le marché de l'automobile, bien que le principe séduise de plus en plus de personnes. En effet, elles seraient principalement plus écologiques et permettraient de diminuer la consommation d'essence d'environ 40 % dans les villes, si toutefois on les utilise d'une manière adaptée bien évidemment. Les particules polluantes, les gaz toxiques et le CO_2 seraient réduits, mais ce n'est pas tout, car on limiterait aussi la pollution sonore en ville, le moteur électrique étant extrêmement silencieux. Cependant attention aux risques d'accident, car ce type de véhicule qui a commencé à conquérir de nombreux pays, aux États-Unis, en Europe et en Asie, ne manifeste aucun bruit et représente un certain danger. Ainsi, selon un dernier sondage organisé par le magazine VroomVroom, il semblerait que 4 Français sur 5 seraient prêts à acheter une voiture de ce type, bien que le prix du véhicule reste élevé, et que les économies d'énergie ne soient pas significatives.

Se pose maintenant la question de la pollution produite lors de la production de ces véhicules, ainsi que celle des batteries intégrées, car il semblerait que leur entretien et leur recyclage posent quelques soucis environnementaux.

📖 동양북스

일본어 수험서

JLPT 일단 합격 시켜드립니다!

- 일단 합격 JLPT 일본어능력시험 종합서
- 일단 합격 JLPT 일본어능력시험 실전모의고사
- 일단 합격 JLPT 일본어능력시험 분야서 (문법, 문자어휘, 독해, 청해)
- 일단 합격 JLPT 일본어능력시험 단어장

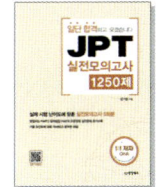

일단 합격하고 오겠습니다
JPT 실전모의고사 1250제

적중률 높은 모의고사 5회분으로 완벽하게 JPT 실전 대비!
오답률 높은 PART2 150문항,
PART6 100문항 보너스 문제 수록
기출 포인트에 맞춘 자세하고 꼼꼼한 해설까지

1:1 저자 Q&A, MP3 무료 다운로드

중국어 수험서

新HSK 필기 시험, 회화 시험 모두 **한 권이면 끝**!

일단 합격 新HSK 한 권이면 끝 시리즈(3~6급)

최신 기출문제·출제 경향 완벽 반영 비법서
기초부터 실전까지 한 권이면 끝

新HSK 한 권이면 끝 회화 시리즈(초급, 중급, 고급)

출제 유형별 문제 공략법과 실제 시험 형식의 모의고사 제공
발음, 듣기, 말하기 연습에서 회화 사고력 배양까지!

TSC 한 권이면 끝
TSC 고득점 획득을 위한
기출 문제 완벽 분석 종합서

일단 합격하고 오겠습니다
TSC 실전문제집
20회분에 해당하는 실전 문제 수록

기타 외국어

기초부터 회화까지 한 권에 첫걸음 시리즈

합격으로 가는 지름길 외국어 수험서 시리즈

외국어 공부의 지름길
동양북스 외국어 베스트 도서

동양북스
문의 02-337-1737 팩스 02-334-6466
www.dongyangbooks.com

영어

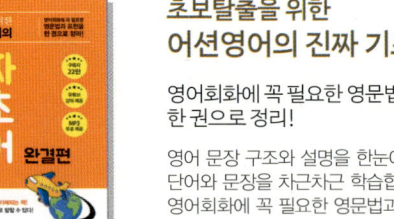

처음부터 시작하는
어션영어의 진짜 기초영어

알파벳부터 파닉스, 단어, 문법, 패턴,
회화까지 한 권에!

영어를 읽는 법(파닉스)부터 차근차근!
설명이 필요할 때 유튜브 강의로 차근차근!

· 영어를 처음부터 다시 시작하고 싶은 분들을 위한
  진짜 기초영어 교재

한글로 쉽게 배우는
어션영어의 진짜 기초영어 파닉스편

알파벳부터 영단어, 실수하기 쉬운 발음까지
한 권으로 쉽게 끝!

알파벳과 자세한 설명을 차근차근 보여줍니다.
학습이 끝나면 Review로 실력을 바로 확인합니다.
헷갈릴 만한 발음은 따로 학습합니다.

· 자신 있게 영어를 읽고 싶은 분을 위한
  진짜 기초영어 파닉스 교재

초보탈출을 위한
어션영어의 진짜 기초영어 완결편

영어회화에 꼭 필요한 영문법과 표현을
한 권으로 정리!

영어 문장 구조와 설명을 한눈에 보여줍니다.
단어와 문장을 차근차근 학습합니다.
영어회화에 꼭 필요한 영문법과 표현을 따로 학습합니다.

· 유튜브 구독자 22만 명, 어션영어의 진짜 기초 영어

일본어

200만이 선택한 베스트셀러

버전업! 굿모닝
독학 일본어 첫걸음

가장 쉽고 빠르게 완성하는 일본어 첫걸음

히라가나 만화, 무료 MP3, 유튜브 무료 강의,
JLPT N5 어휘, 쓰기노트 제공

· 교보문고, YES24, 알라딘 3사 일본어 1위

1권으로 단숨에 해결
일단해 일본어 첫걸음

책 두께도 내맘대로! 강의 스타일도 내맘대로!
한 과씩 뽑아서 공부하는 가장 쉽고 가벼운 첫걸음!
가장 쉬운 단어부터 문장, 회화로 늘려가는
체계적인 학습법!

강의 2종, 원어민 MP3, 문자 연습노트, JLPT N5 맛보기,
동사 활용표 등 제공

· 한 권에 끝내는 유일무이 외국어 학습지

오늘 쓰고 다 외웠습니다
히라가나 가타카나 쓰기노트

따라만 써도 외워지는 기초 일본어 끝판왕
일본어 문자부터 기초단어까지 한번에!

MP3 무료 다운로드, 동영상 강의, 쓰기노트 PDF 제공

일본어

시즈의 일본어 손글씨

일본어 금손 '시즈'의 세상 귀여운 일본어 손글씨!
누구나 쉽게 따라할 수 있는 아기자기한 손글씨로
감성 가득한 일상을 꾸며보세요.

· 귀여운 손글씨 메세지 카드, 스티커 제공

· 파워블로거 700만 HIT

네이티브 일본어에 진심입니다

데일리 니홍고 친구들의 유쾌한 에피소드로 배우는
리얼 일본어!
누구보다 네이티브에 진심이 되는
활용 100% 가이드북!

특별한 포토카드 64장 제공

가장 쉬운
여행 일본어

당장이라도 일본 맛집 투어를 떠나고 싶다면!
휴대전화 번역 앱만으로는 불안하다면!
패턴으로 배우는 생생한 여행 일본어 회화

하루에 한 장 쓰기노트 제공

중국어

혼자 해야 진짜 독학이다!

가장 쉬운 독학
중국어 첫걸음

30일 안에 완성하는 왕초보 독학 입문서
700만이 선택한 입문서의 바이블

무료 학습 강의와 워크북에 쓰기노트까지 제공

· 단 한 권으로 가장 쉽게 첫걸음 마스터

1권으로 단숨에 해결
일단해 중국어 첫걸음

한 과씩 뽑아서 가볍게 공부하는 학습지
오늘 공부할 내용만 쏙 꺼내서 가볍게 학습

정규 온라인 강의 & 저자 스터디윗미 영상 제공
강의, MP3, 정답을 한눈에! 올인원 QR페이지

· HSK 3급 준비까지 1권으로 단숨에 해결

가장 쉬운
여행 중국어

현지에서 바로 써먹는 여행 회화 패턴
당장이라도 중국 맛집 투어를 떠나고 싶다면!
휴대전화 번역 앱만으로는 불안하다면!
생생한 여행 중국어 회화를 배우고 싶다면!

· 필수 패턴으로 배우는 왕초보 여행 회화